国家高水平电子商务专业群重点建设教材

国家职业教育教师教学创新团队建设教材

新编21世纪高等职业教育精品教材·电子商务类

零售基础

主　编／卢彰诚

副主编／朱留栓　赵　琼

马艳丽　杨明斐

立德树人　案例生动　内容丰富　资源立体

中国人民大学出版社

·北京·

图书在版编目（CIP）数据

零售基础 / 卢彰诚主编. -- 北京 : 中国人民大学出版社，2025.4. --（新编 21 世纪高等职业教育精品教材）. -- ISBN 978-7-300-33566-7

Ⅰ. F713.32

中国国家版本馆 CIP 数据核字第 20256DR317 号

国家高水平电子商务专业群重点建设教材

国家职业教育教师教学创新团队建设教材

新编 21 世纪高等职业教育精品教材 · 电子商务类

零售基础

主　编　卢彰诚

副主编　朱留栓　赵　琼

　　　　马艳丽　杨明斐

Lingshou Jichu

出版发行	中国人民大学出版社		
社　　址	北京中关村大街 31 号	**邮政编码**	100080
电　　话	010－62511242（总编室）		010－62511770（质管部）
	010－82501766（邮购部）		010－62514148（门市部）
	010－62511173（发行公司）		010－62515275（盗版举报）
网　　址	http://www.crup.com.cn		
经　　销	新华书店		
印　　刷	北京宏伟双华印刷有限公司		
开　　本	787 mm × 1092 mm　1/16	**版　　次**	2025 年 4 月第 1 版
印　　张	13.5	**印　　次**	2025 年 4 月第 1 次印刷
字　　数	315 000	**定　　价**	45.00 元

前言

党的二十大报告从战略全局上对全面建设社会主义现代化国家做出规划和部署，对办好人民满意的教育提出明确要求，为新时代教材工作指明了前进方向、提供了根本遵循。报告中首次提出要“深化教育领域综合改革，加强教材建设和管理”，表明教材建设国家事权的重要属性，凸显教材工作在党和国家事业发展全局中的重要地位。《国务院关于印发国家职业教育改革实施方案的通知》更具体地提出，要“及时将新技术、新工艺、新规范纳入教学标准和教学内容”“建设一大批校企‘双元’合作开发的国家规划教材，倡导使用新型活页式、工作手册式教材并配套开发信息化资源”。随着科技的进步和消费者需求的变化，零售的内涵也在不断发展和演变。新概念、新模式、新思维的提出和实践，给零售业带来了前所未有的变革和机遇，不仅改变了消费者的购物方式和体验，也推动了零售业的创新和发展。因此，开发一本与时俱进、特色鲜明的零售基础课程新形态教材正当其时。本书正是在这样的背景下编写而成的，旨在帮助学生全面了解零售领域的概念、策略和应用，以及在数字时代下不断发展的新零售模式和思维方式。

本书条理清晰，分 9 章深入探讨零售业的各个环节。第 1 章立足零售业基本概念，解读其特征、发展历程、业态与商业模式以及演化与发展相关理论，助您构筑零售业认知的宏观框架。第 2 章深入分析零售环境，包括政策环境、技术创新环境和竞争环境，助您洞察行业新动态。第 3 章详细解析零售企业战略规划、品牌定位策划及品牌整合营销，为您提供全面战略视角。第 4 章紧跟数字时代步伐，剖析消费趋势及消费者行为变迁与内外影响因素，助您理解市场需求变化。第 5 章关注零售店铺的建设，涉及线上线下店铺布局及多渠道运营模式，为您提供实体店铺及电商平台、小程序等多平台线上店铺的建设方案。第 6 章专注于零售视觉设计，包括视觉识别系统策划、网络店铺装修、商品详情页设计、商品图片拍摄与处理、商品短视频设计与制作等，为您揭示零售行业的视觉美学。第 7 章详解商品基础知识与管理技巧，涵盖采购、库存等方面，助您洞察提升商品动销率的秘密。第 8 章引领您走进新零售的营销推广世界，讲授图文内容、短视频、直播等数字化营销技巧，助您拓宽营销渠道。第 9 章聚焦零售店铺客户服务，涵盖售前沟通、售中支付、售后物流配送等服务环节，助您提升客户满意度，增加营收。全书内容丰富，助您全方位掌握零售业精髓。

本书作为国家"双高计划"专业群建设教材、国家职业教育教师教学创新团队建设教材、省级专业教学资源库"零售基础"课程配套教材，具备以下显著特色：

1. 价值引领，产教融合

本书在编写过程中始终坚持价值与专业知识的深度融合，紧密围绕党的二十大精神，彰显历史自信与文化自信。书中特别设置了"法律透视镜"等栏目，巧妙地将职业道德、法治意识、行业精神等元素融入教材，既保证了专业知识的完整性，又赋予了教材温度、品质与力量。同时，本书积极探索产教融合之路，通过"行业直通车"等栏目，紧密对接行业企业前沿实践，采用校企"双元"协同开发模式，将企业岗位实战资源融入教材，确保教学内容与行业需求无缝对接，为学生提供贴近实战的学习体验。

2. 内容新颖，体系完整

本书贯彻《国家职业教育改革实施方案》的核心理念，紧扣教育部最新版《职业教育专业简介》中的有关要求，将职业院校的教育特色与学生发展需求深度融合，致力于打造集前沿性、实用性、创新性于一体的教学内容。书中设置了"科技瞭望塔"等栏目，将新技术、新业态、新模式、新思维有机融入其中，全面反映了新零售时代线上线下融合、数据驱动的发展趋势。全书九章内容循序渐进，从零售认知出发，逐步深入，探究了零售环境分析、战略规划与品牌策划、消费者行为分析、店铺建设、视觉设计、商品管理、数字化营销及客户服务等多个领域，体系完备，逻辑清晰，为学生搭建起全面、系统的零售业知识体系框架。

3. 资源丰富，模式革新

本书依托智慧职教平台，精心打造与教材配套的专业资源库课程"零售基础"，利用数字化技术，开发了微课、动画、课件、题库、案例库、操作视频及拓展资料等丰富多样的教学资源，使教材内容更加生动多元，学习体验更加直观深刻。特别是"经典案例库"等栏目，通过真实案例的引导，让学生体验零售运营的实战情境，激发学习兴趣，提高学习效率，掌握解决问题的关键技能。同时，本书还支持"课堂教学＋在线自学＋实战促学"的混合式教学模式创新，推动以教材为核心的"三教"改革，让学生在"教、学、做"一体化的教学活动中不断提升零售知识与技能，为未来的职业生涯奠定坚实基础。

本书由浙江商业职业技术学院卢彰诚教授担任主编，朱留栓、赵琼、马艳丽、杨明斐担任副主编，郑贵莲、高才慧、卢毅昌参编。具体分工如下：卢彰诚负责第 1 章、第 2 章、第 3 章、第 4 章、第 5 章、第 7 章、第 8 章、第 9 章的编写及全书内容策划、统稿工作，朱留栓负责第6章的编写以及微课录制、课件制作、教学方案设计等工作，赵琼、马艳丽、杨明斐负责习题开发、数据分析、素材收集、图片处理等工作，郑贵莲参与数据分析和习题开发等工作，高才慧参与微课录制和课件制作等工作，卢毅昌为新形态教材开发提供信息技术支持。在教材建设和教材配套教学资源开发过程中，我们得到了浙江商业职业技术学院的大力支持，也得到了中教畅享北京科技有限公司、点晶网络（浙江）股份有限公司、杭州熙霖科技有限公司等相关合作企业的鼎力相助，以及周佳男、徐睿涵、郭利民、吴有权、聂爽爽、林泉君、李爱红、方泼金、沈伦、蔡陈阳、汪辉、方园等老师的关心帮助，在此一并表示诚挚的谢意。

本书可作为各类高校零售基础、零售学、数字化零售等相关课程的教材，也可作为零售领域从业人员的实用参考书。书中内容经过多轮审阅和修改，力求准确、全面、实用。然而，随着零售领域的快速发展，部分内容可能随着时间的推移而有所更新，因此，建议读者在学习过程中，不断关注最新的零售动态和趋势，以保持对这一领域的敏感性和适应性。同时，我们诚挚地欢迎读者提出宝贵的意见和建议，您的反馈将是我们不断完善和更新教材的重要动力，我们期待与您共同为零售领域的学习和实践贡献力量。最后，祝愿每一位读者通过本书的学习，都能在零售领域取得丰硕的成果！

编 者

目　录

第1章 零售认知

案例引入

"淘咖啡"无人超市与新零售的崛起

在数字化浪潮的推动下，零售行业正经历着前所未有的变革。新零售作为这一变革的重要产物，以消费者需求为核心，依托大数据、云计算、人工智能等先进技术，实现了线上线下的无缝融合和智能化运营。阿里巴巴旗下的"淘咖啡"无人超市，便是新零售模式的一个典型代表。

"淘咖啡"是阿里巴巴在第二届淘宝造物节上首次公开亮相的无人超市，占地200平方米，集购物与餐饮于一体，它以一种前所未有的方式，将科技与零售完美结合。店内布满了摄像头和各种传感器，能够捕捉消费者的行为数据，并通过算法模型进行分析和预测。消费者只需扫码进店，选购商品后通过结算门即可自动扣款离开，全程无须人工干预。

"淘咖啡"运用了物联网支付技术，融合了计算机视觉、传感器融合、深度学习、生物识别等多种前沿技术。这些技术不仅提升了消费者的购物体验，还为商家提供了丰富的消费者行为数据，助力其进行精准营销和提供个性化服务。

"淘咖啡"无人超市最大的亮点在于其"无人"特性。走进店内，顾客会发现这里没有传统的售货员，琳琅满目的玩具、公仔、日用品和饮料等都在静静等待着被挑选。挑选完毕后，顾客可以拿起商品直接离开，无须烦琐的扫码支付或等待收银员结算。神奇的是，当顾客走出无人超市大门时，系统会自动识别已选购的商品，并通过支付宝进行扣款。顾客甚至还未完全意识到购物已完成，手机上就已经收到此次购物的扣款信息。邵小姐在体验"淘咖啡"后表示："购物简化成进门→拿东西→出门，太方便了。"无人超市的便捷性和科技感吸引了大量消费者前来体验，进一步推动了新零售的普及和发展。

"淘咖啡"无人超市作为新零售模式的代表，展示了新零售在技术创新、业态变革和消费者体验提升方面的巨大潜力。新零售的崛起不仅改变了传统零售行业的面貌，也为消费者带来了更加便捷、个性化的购物体验。未来，随着技术的不断进步和消费者需求的持续升级，新零售将在全球范围内产生更大的影响，引领零售业的发展。

请结合案例内容，思考和讨论以下几个问题：

1. 什么是新零售？结合“淘咖啡”无人超市，分析新零售与传统零售最显著的区别是什么。

2. 零售行业的变革经历了哪些重要阶段？新零售应运而生后，面对新技术的飞速进步和消费者需求的不断变化，其未来将走向何方？

3. 新零售商业模式有哪些主要创新点？这些创新点是如何改变零售行业的运作模式的？“淘咖啡”无人超市的商业模式中有哪些值得借鉴的创新元素？

4. 新零售的崛起与哪些经济学或管理学理论相契合？如何运用这些理论来解释新零售的发展？同时，新零售模式的发展将如何推动零售理论的演化？

学习目标

知识目标：

1. 掌握零售的概念，理解新零售的提出背景及内涵，熟悉新零售的特点。

2. 了解零售业的发展历程，特别是我国零售业的发展历程及发展特征。

3. 熟知我国零售业的发展趋势，预测并理解未来零售行业可能发生的变化。

4. 明确零售业态的概念，掌握我国零售业态的分类及特点，了解新零售业态的发展状况。

5. 认识商业模式的构成要素及新零售商业模式的精髓，理解其与传统零售模式的区别和所具备的优势。

6. 熟悉零售业演化与发展的相关理论，如零售生命周期理论、零售轮转理论、零售组合 7C 理论、零售商圈分析理论、零售顾客行为理论和零售长尾理论等。

技能目标：

1. 能够运用新零售理念分析零售市场的变化，预测零售业的未来动向。

2. 能够根据零售业态的分类，分析各类零售企业的经营特点和发展方向。

3. 能够根据新零售商业模式的相关理论，为零售企业创新提供思路。

4. 能够运用零售业演化与发展的相关理论，分析零售行业的现状和未来趋势，为零售企业决策提供支持。

素养目标：

1. 培养对零售行业的敏锐洞察力和创新精神，树立不断适应市场变化、追求商业模式创新的意识。

2. 提升团队协作和沟通能力，以便在零售行业中与各方利益相关者进行有效合作。

3. 锻炼批判性思维和解决问题的能力，在面对零售行业的有关问题时能够独立思考并提出有效的解决方案。

4. 树立终身学习的观念，不断更新零售行业知识，提高个人竞争力。

学习导图

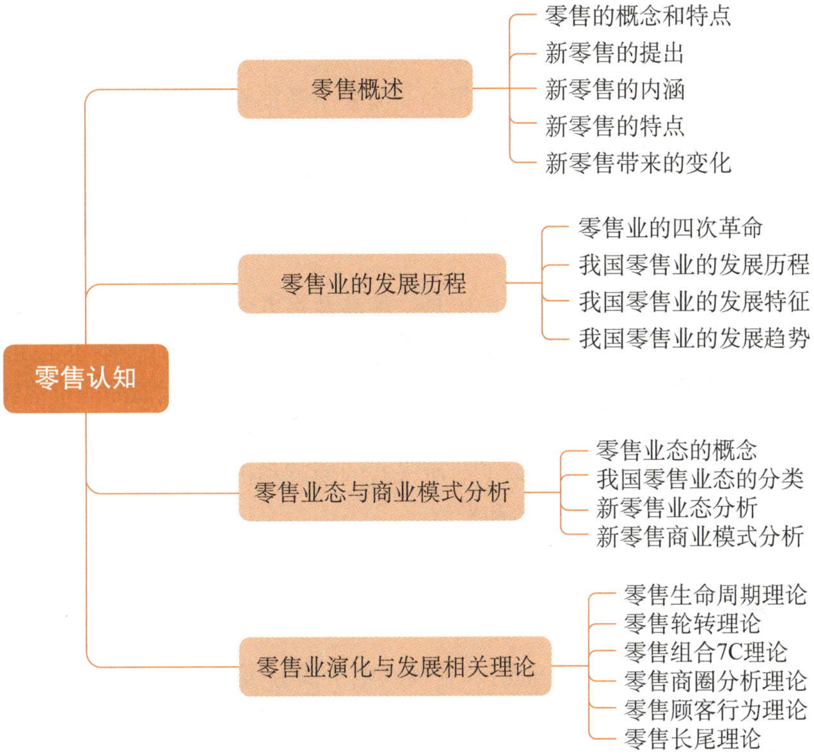

1.1 零售概述

1.1.1 零售的概念和特点

零售是指将商品或服务直接销售给最终消费者（包括个人消费者和社会团体消费者）的商业活动，它是商品流通的最后一个环节。零售连接着人、货、场，涵盖了“人”在“场”中拿到“货”的过程。零售直接为消费者服务，因此与消费者的日常生活有着直接、紧密的联系。

零售活动并不局限于传统的实体店铺形式，而是可以利用各种便利的设施及方式开展，如上门推销、自动售货机、电子商务平台、直播带货等，以灵活多样的方式满足消费者的需求。但无论通过何种方式或在何地出售商品，零售的实质都不会改变。零售涵盖了商品销售、服务提供、管理优化以及市场适应等多个方面，相应地具有以下几个特点。

1. 方便性

零售业致力于为消费者提供最大的便利，无论是商品的选择、购买方式还是售后服务，都力求满足消费者的需求。

2. 服务性

零售不仅仅指商品的买卖，更包括为消费者提供全方位的服务，如咨询、配送、安装、维保等，以提升消费者的购物体验。

3. 管理性

有效的管理是企业成功的关键，零售企业需要不断提高管理效率，优化运营流程，以降低成本、提高效益。

4. 动态性

零售业是一个不断变化的行业，需要不断适应市场变化，创新商业模式，以满足消费者的新需求。

零售不仅仅是一个商品交换过程，更是一种涉及多方面因素的复杂商业活动。它关注消费者的需求和体验，致力于为消费者提供更好的购物体验。同时，零售也是连接生产者和消费者的桥梁，它通过有效的商品流通和良好服务的提供，实现商品的价值转移和增值。随着科技的进步和消费者需求的变化，零售的内涵也在不断发展和演变。新概念、新模式、新思维的提出和实践，为零售业带来了前所未有的变革和机遇，不仅改变了消费者的购物方式和体验，也推动了零售业的创新和发展。

1.1.2 新零售的提出

21 世纪初期，当传统零售企业还未觉察到电子商务可能会对整个商业生态圈产生颠覆性作用之时，以淘宝、京东等为代表的电子商务平台却开始显露头角并快速发展，给传统零售行业带来了巨大的影响，并逐步占据了中国零售市场的主导地位。而今，随着技术的进步和数字经济的发展，线上的电子商务和线下的传统零售从原来的相对独立、相互冲突逐渐转化为相互促进、彼此融合，电子商务的表现形式和商业路径开始发生根本性的转变，使零售业又迈入一个新时代。当所有实体零售都具有明显的“电商”基因特征之时，传统意义上的“电商”将不复存在，而电子商务给实体经济带来的严重冲击也将成为历史。

随着新的零售模式逐步落地，各大商业巨头纷纷提出自己对未来零售业的发展设想。2016 年 10 月，阿里巴巴率先提出“新零售”的概念，随后苏宁提出“智慧零售”，而京东则提出“无界零售”。2020 年伊始，一场新冠疫情让人猝不及防，却催生了“宅经济”，并让新的零售模式获得了前所未有的关注。尽管大家对新的零售模式称谓各异，但其本质却是大同小异，我们把新的零售模式通俗地称为“新零售”。

新零售，英文是 New Retailing，即企业以互联网为依托，通过运用大数据、人工智能、云计算、物联网、区块链、云宇宙等先进技术手段，对商品的生产、流通与销售过程进行升级改造，重塑业态结构与生态圈，并对线上服务、线下体验以及现代物流进行深度融合的零售新模式。

在习惯于线下小卖部购物的时代，我们认为大超市就是新零售；在互联网时代，经营超市的人可能认为电商就代表新零售；站在电商的角度来看，线上线下融合，更高效率的信息流、资金流、物流才是新零售。每个时代都有属于自己的“新零售”，“新”是一个相对的概念。正如雷军所说："新零售，就是更高效率的零售。"这个说法通俗易懂，其实世界上哪有什么"新零售"，只有更高效率的零售。在本教材后续内容中，如果不做特别的区分说明，所提到的零售就是指新零售。

1.1.3　新零售的内涵

虽然时代在变，从传统零售发展到电子商务，再发展到新兴的新零售，但是零售的核心要素没有变，只不过是"人"从顾客变成了用户，"货"从标准工业品变成了个性定制化商品，"场"则从商场、卖场变成了场景。在不同的时代，人、货、场三者的关系是不同的。在物质短缺的时代，"货"毫无疑问是第一位的，需求大于供给，任何商品都很容易卖出。在电子商务时代，物质丰富，供给大于需求，"场"便占据了核心位置，谁占据了电子商务平台的有利位置，谁就能在商品的汪洋大海中脱颖而出。而在新零售时代，新型的营销模式则是以"人"为本，谁抓住了"人"这一决定性要素，谁就能掌控未来零售的大势。新零售重构了传统零售系统中人、货、场的结构关系，以更高的效率和更好的体验将商品销售给终端消费者。下面我们从"人""货""场"三个角度来理解新零售的内涵。

1. 从"人"的角度看新零售

所谓"人"，就是指消费者。从消费者的角度看，有四个指标对新零售来说非常重要——流量、转化率、复购率和客单价。要做好新零售，就要想办法提高这四个参数。新零售可以通过口碑经济提高流量、社群营销提高转化率、会员经营提高复购率、大数据圈定提高客单价等方式，精准地把握消费者的需求和喜好，为消费者提供更加个性化、精准化的服务。

2. 从"货"的角度看新零售

在新零售模式下，由于线上线下的融合，商品及相关服务得到了扩展，"货"不再仅仅是满足消费者基本需求的物品，它还与服务紧密结合，并为消费者提供全方位的生活解决方案。零售企业可以通过提供增值服务，增加商品的附加值，对供应链进行整合与优化，采用先进的物流技术和数据分析技术，实现库存的实时管理、快速配送和精准预测，为消费者提供更加便捷、高效的购物体验。

3. 从"场"的角度看新零售

在新零售中，"场"的变化主要体现为消费场景的扩展与融合，"场"不再局限于实体店铺，而是扩展到了线上平台、社交媒体、移动应用等多个渠道，消费者可以在任何时间、任何地点进行购物，享受更加灵活的购物体验。同时，在新零售中，线上和线下渠道被打通，实现了无缝对接，增加了零售企业的销售渠道和触达消费者的机会。

综上所述，尽管数字技术的发展不断推动着商业的变革，创造价值和实现价值的方式也在不断改变，未来零售业甚至会呈现出"场景无限、货物无边、人企无间"的景象，但零售的本质要素并没有改变，仍然是成本、效率和体验。零售企业应通过业务流程再造、组织变革和管理创新等途径，努力实现信息流、资金流、物流三流合一，降低运营成本，提升运营效率，改善用户体验，最终实现商品的价值转移和增值，并实现盈利的目标。

科技瞭望塔

在当前数字经济迅猛发展的商业图景中，用户与商品之间构筑起了一座由信息流、资金流与物流三大支柱精妙支撑的桥梁。科技创新的浪潮，以其前所未有的力量深刻重塑了这三者的面貌，绘就了一幅前所未有的商业生态画卷。

其中，信息流之变革，尤为璀璨夺目。随着互联网的广袤蔓延与物联网的细腻织网，商品信息的透明度达到了前所未有的水平，仿佛每一款商品都披上了数字外衣，在光影交错间诉说着自己的故事。试想，当阿里巴巴的创意火花点亮了线上线下融合的促销活动，消费者在实体超市中所走的每一步，都伴随着天猫超市 App 的贴心指引，只需轻轻一扫条形码，价格的差异便跃然屏上，消费者可以在虚拟与现实间优雅跨越，选择以更经济的姿态拥抱心仪之物。这背后，是线上与线下成本结构的智慧博弈，互联网以其无与伦比的效率优势，降低了信息展示的门槛，让实惠与便捷并肩而行，而实体店则以其独有的沉浸式体验，守护着那些不可言喻的触感与情感温度。

新零售的诞生，恰恰是对线上线下微妙平衡的深刻洞察与巧妙融合的结果。它如同一位匠心独运的织梦者，运用科技的魔法棒，一步步拉近用户与商品之间的距离，让每一场购物之旅都成为一次心与物的深度对话。科技变革推动下的新零售，在于不断探索与提升信息流、资金流、物流的效率极限，让信息畅通无阻，让资金灵活高效，让物流化作无形的纽带，将远方的温暖传递至每一位消费者的心田。

于是，我们见证了一个个新零售的奇迹，它们不仅重塑了商业的边界，更在无形中提升了生活的品质，让每一次消费都成为一次有趣的探索、一次美好的遇见。在这个新零售的时代，每一件商品的流转，都承载着对未来的期许，每一段信息的传递，都闪耀着新技术应用和智慧商业的光芒，它们共同塑造着一个更加便捷、高效、温馨的商业世界。

1.1.4 新零售的特点

1. 生态化

新零售的商业生态建设涵盖网店、实体店、支付终端、数据系统、物流系统、营销媒体等多个方面，并嵌入购物、娱乐等多样化功能，从而促进零售企业在线服务、线下体验、资金支持、物流支持四大能力的整体提升，更好地满足消费者在购物过程中对便利和舒适的需求，进而增强用户黏性。

2. 无界化

零售企业通过高效整合线上和线下平台、有形和无形资源，全方位清除零售渠道之间的各种障碍，模糊业务流程中各主体的现有边界，促进人员、资本、信息、技术和商品的合理、顺畅流动，实现整个业务生态链的互联互通和共享。依靠“无界化”的零售系统，消费者可以通过网店、实体店、新媒体平台甚至智能家居等丰富多样的渠道，随时随地以多种可能的方式进行咨询、互动、讨论、产品体验、情景模拟及商品和服务的购买。

3. 智能化

新零售商业模式产生和发展的重要基础，是人们在购物过程中对个性化、及时性、便捷性、互动性、精准性、碎片化等要求的逐步提高。要想满足消费者的上述要求，新零售就需要不断提高业务流程的智能化水平。可以肯定的是，在新零售产品升级、渠道整合、顾客至上的时代，人们的购物流程和购物场景会表现出典型的“智能化”特征。未来，智能试装、空间感应、图片搜索、语音购物、VR 购物、无人物流、自助结算、虚拟助手等一定能得到更加广泛的应用和推广。

4. 体验式

随着我国居民人均可支配收入的增加和物质产品的丰富，消费者主权得以充分彰显，人们的消费观念正逐渐从价格消费向价值消费转变，购物体验的质量将日益成为决定消费者是否买单的关键因素。在现实生活中，人们对某一品牌的认知和理解往往来源于线下的实地体验或感受，这就使新零售成为一种“体验式”商业模式。“体验式”商业模式是将产品嵌入利用线下实体店面所创造的各种现实生活场景中，让消费者有机会直接了解商品和服务，从而引发消费者在视觉、听觉、味觉等方面的全面反馈。

1.1.5　新零售带来的变化

1. 零售模式的重大变革

零售是一个非常传统的行业。延续几十年的零售模式几乎已成为行业的固化思维，中国的零售行业迫切需要深度的变革创新。而新零售在短短几年内便给零售业带来翻天覆地的变化，打破了线下企业只看线下市场、线上企业只看线上市场的传统模式，推动企业转向线下线上相结合的全渠道零售模式。做全渠道模式、追求全渠道发展已经成为很多零售企业创新变革的主要方向。线上企业正在快速走入线下，线下企业也在快速接入线上的零售手段。

2. 零售理念的重大突破

在零售理念方面，新零售不断推动传统零售理念的深层变革——由重点关注商品逐步转向更加关注人、关注目标消费者。如何适应当前新的市场特点，重构以消费者为中心的新零售，成为很多零售企业探讨的热点。聚焦目标消费者，重构与消费者之间的关系，更好地满足目标消费者的需求，成为新零售理念的主要创新点。

3. 零售方式的重大发展

新零售基本打破了多年以来形成的格式化零售模式，改变了“千店一面”的零售方式。目前，各种传统零售业态在不断创新零售方式，如沃尔玛的惠选、大润发的盒小马；各种生鲜店、社区店、专业店在创新小业态、便利店形式；各种 O2O 平台推出“到家零售”模式；各种无人店、无人架、自贩机不断推出更近、更便利的碎片化零售形式；各种严选模式也在创造新的零售形式；拼多多、爱库存等基于互联网工具的电商企业在积极创新社群模式、拼团模式。各种零售方式的创新使中国的零售市场呈现出高度的多元化格局。

4. 零售技术的重大创新

新零售加速了零售技术的革新步伐。大数据赋能的零售信息技术日新月异，它们利用互联网科技，帮助企业重塑旧有信息系统，搭建起企业的数字化中枢，以数字化为桥梁，实现人、货、场的无缝对接，有力提升了零售效能。在阿里巴巴、腾讯、京东、苏宁等业界巨擘的引领下，整个零售行业的数字化转型取得了显著进展。数字化手段深化了对消费者的精准洞察，推动了数字化选品，实现了全链路的数字化贯通，并构建了高效的数字化供应链系统。

5. 零售组织的重大变化

新零售推动了零售组织的变化，使零售行业的组织边界越来越模糊，零售已经不再是专属于传统零售企业的商业活动，目前中国的零售行业呈现出组织多元化的特征。以阿里、腾讯、京东为代表的线上企业在快速走入线下，它们既以投资的方式融入线下零售领域，又不断创新线下零售形式，还以技术、供应链优势寻求与线下零售企业的更多融合。

6. 零售关系的重大转折

零售市场已经进入消费者主权时代，这就要求零售企业构建以消费者为中心的新零售体系。互联网的快速发展，为零售企业重构与消费者之间的关系创造了必要条件。未来新零售的创新要重点朝向重构与消费者之间的关系，以新的更紧密的关系塑造更高效的零售模式。

总之，新零售变革的主要方向是提高零售效率，技术将是提高零售效率的主要推动力量，零售企业的核心任务是用新兴数字技术打通消费者与商品的连接，打通零售的交易场景，提升对消费者的洞察效率。零售生态的变化不仅是技术的迭代、商业模式的革新，更是多维认知的理解重构。零售正在从传统零售的重度决策走向轻度决策，而零售企业营销也需要从传统的产品营销走向认知营销。

微课

新零售的概念和特点

1.2 零售业的发展历程

1.2.1 零售业的四次革命

零售业是一个历史悠久的行业，其源头可以追溯到古代的交易市场和集市。从 1852 年全球第一家百货商店成立至今，零售业的发展路径基本上是通过零售业态与组织形态的创新，以及应用现代科技成果，实现自我改进、自我提升、自我完善。经济学界把百货商店、连锁商店、超级市场、智慧零售的出现称为零售业的四次革命。

1. 零售业的第一次革命——百货商店

在工业革命以前，零售业主要以小型店铺的形式存在，一般实行专业化经营。1852 年，第一家百货商店“乐蓬马歇”在法国巴黎成立，掀起了第一次零售革命的风暴，使零售业实现了从作坊式小店向百货商店的飞跃。百货商店的诞生，打破了“前店后厂”的小作坊运作模式，是零售商业对以机械化为基础的大批量生产体制的直接反映。相较于传统店铺，百货商店有许多优势——明码标价、货架陈列、价格低廉，因此，百货商店广受顾客喜爱，飞速发展壮大。百货商店的诞生带来了两方面的变化：一是在生产端，支持大批量生产，降低了商品的价格；二是在消费端，百货商店像博物馆一样陈列商品，使购物成为一种娱乐和享受。由于兼顾成本和体验，百货商店成为一种经典的零售业态，一直延续至今。

2. 零售业的第二次革命——连锁商店

连锁商店的诞生离不开当时的社会背景。工业革命后，资本主义进入快速发展时期。随着现代大工业的发展，零售业急需一种与大工业规模化的生产要求相适应的零售业态。1859 年，美国大西洋和太平洋茶叶公司建立了世界上第一家连锁商店。这是一种可以快速复制的零售商铺经营模式。连锁商店一般都会建立统一化管理和规模化运作的体系，能够提高门店运营效率，降低成本。同时，连锁商店分布范围广泛，选址贴近居民社区，使购物变得非常便捷。连锁商店的出现为零售业提供了一种新的经营方式，但其高速发展则是在 20 世纪 50 年代以后。

3. 零售业的第三次革命——超级市场

从 1929 年起，世界经济进入大萧条时期，消费者不断缩减日常开支。另外，生活节奏的加快使人们倾向于每周集中进行一次购物。在此背景下，1930 年，美国人迈克尔·卡伦开设了世界上第一家超级市场——金·库伦。超级市场在继承百货商店经营模式的基础上，对经营方法进行了创新，满足了城市居民的需求，开创了开架销售、自我服务的模式，为消费者带来了一种全新的购物体验。这种更具活力、更适应规模经济的零售业态，推动了零售业向标准化和规模化发展。20 世纪 30 年代中期以后，超级市场逐渐由美国流传到欧洲，随后风靡全球。

4. 零售业的第四次革命——智慧零售

在零售业前三轮革命的坚实基础之上，随着移动互联网等多种现代信息技术的飞速发展与日益成熟，零售业正展现出前所未有的全新风貌。智慧零售，作为建立在互联网电商之上却又超越其范畴的第四次零售业革命，正引领我们迈向智慧商业的新纪元。自 20 世纪 90 年代以来，网络技术的不断演进对零售业产生了巨大而深远的影响，其力量远超以往的任何一次技术革新。互联网与电子商务让人们在家中即可享受到更高品质、更优惠价格、更广泛选择的商品和服务，重塑了人们的消费观念。随着社会经济的蓬勃发展，人们的消费行为日益多元化，各种新兴业态层出不穷，精准满足着不同消费群体的多样化需求。与此同时，人工智能、大数据、云计算等前沿技术的融合应用，使零售业的经营与管理变得更智能、更智慧。

总的来说，这四次变革都是随着科技的进步和消费者需求的变化而发生的，每一次变革都极大地推动了零售业的发展和创新。

1.2.2 我国零售业的发展历程

世界零售业发展史上的几次变革，为我国零售业的发展指引了方向。改革开放以前，计划经济体制下的零售业以公有制经济为主，零售业的业态陈旧，商业设施落后，没有连锁商店和超级市场，只有屈指可数的百货商店。1978 年改革开放后，我国零售业迅速引进世界上最新的零售业态，在新的经济环境下，经历了前所未有的发展与变革。

在我国零售业与国外零售业的碰撞与交汇中，新的理念和业态得以引入和推广，我国零售业进行着一次又一次的创新，走出了独特的发展轨迹。零售业的发展受社会经济发展水平、消费需求变化、商业竞争及零售业态自身生命周期等多种因素的共同作用，这些因素共同推动零售业态不断推陈出新。目前，我国零售业已经形成百货商店、综合超市、便利店、专业店、专卖店、折扣店、仓储式商店、网络零售等多业态共同发展的局面。

1. 百货商店进入我国

1900 年俄国人在哈尔滨开设的秋林洋行，是中国第一家百货商店，至今仍在营业。

改革开放后，我国经济增长速度加快，商品供应日益富足，消费品市场逐渐由卖方市场向买方市场转变，人们生活水平提高，购买力不断增强，百货商店如雨后春笋般在全国各地涌现。

百货商店由于生意兴隆，数量快速增加，迅速成为我国零售业中的主导业态，到 20 世纪 90 年代更是掀起了百货商店热潮。此后经过十多年的探索，我国的百货商店实现了日用型传统百货向时尚型现代百货的转型，化妆品、钟表、珠宝、高档服饰等成为主要经营类别。

2. 超级市场（超市）进入我国

20世纪80年代末，我国引入了超市业态。1991年上海市内外联合贸易公司创办了“联华超市”，标志着中国零售业进入新的发展时期。超市商品齐全，交易便利，为消费者提供了良好的消费环境，成为当时我国零售业中发展最快的业态。

1997 年后，大型超市开始关注生鲜食品经营，逐渐出现生鲜超市、社区超市等多种业态。连锁超市销售规模逐年扩大，成为中国最具市场活力与竞争力的零售业态。

2001 年中国加入世贸组织，与国外的交流逐渐增多，国外的零售商蜂拥而至，其主要业态便是大型超市，这加快了国内大型超市的发展。

3. 连锁商店进入我国

我国连锁经营的萌芽可追溯至 20 世纪 80 年代末。1987 年，北京前门迎来首家肯德基快餐店，这标志着国际连锁企业正式登陆中国市场。步入 90 年代，连锁经营模式在中国迎来快速发展期，且在超市行业得到广泛应用。1991 年，上海联华超市率先行动，短时间内开设了多家连锁店。至 1993 年底，上海地区的各类超市及自选商场门店数量已增长至近千家。可以说，20 世纪 80 年代末 90 年代初的上海，是中国连锁经营蓬勃发展的起点。

4. 中国电子商务的发展

继百货商店、超市、连锁商店进入中国后，电子商务的出现使中国的零售业发生了巨大的变化。1995 年成立的亚马逊被视作电子商务的起源。而在中国，电子商务最早出现于 20 世纪 90 年代末。1999 年 5 月成立的 8848 电子商务网站，是中国首家电子商务企业，其主要业务方向为 B2B 与 B2C。而同年 9 月成立的阿里巴巴，逐渐发展为中国电子商务行业的标杆，也可视为中国电子商务革命的领军企业。

2003 年，淘宝成立，标志着中国正式进入电子商务时代。电子商务在发展初期，并没有被业内看好，传统零售商认为实体经济才是零售业的王道。然而，以淘宝为首的线上购物平台对实体门店造成了巨大的冲击，实体零售业的市场份额不断缩小。在各种新技术的加持下，电子商务的发展加快了步伐。

2011 年 5 月 26 日，支付宝拿到第一张第三方支付牌照。随着网上订货、电子支付、送货到家等的应用与推广，移动化与无钞化逐渐成为国人消费的日常。2012 年，微商兴起，并逐渐发展为"通过个人社交平台发布产品"的一种零售模式。电子商务的发展改变了中国传统商业的格局，使零售业发生了深刻的变革。在互联网时代，从电商平台到线上线下的融合，每一步都对零售业产生了巨大影响。

5. 新零售

2016 年，"新零售"概念在云栖大会上被提出。2017 年 6 月，盒马鲜生北京首店开业，新零售时代正式拉开序幕。2017 年可以说是中国线上线下融合的实践年，在消费升级以及数据驱动的大背景下，中国网络零售市场活力重现。2017 年中国网络零售市场规模突破 6 万亿元，在社会消费品零售总额中占比达到 16.4%，同比增长 29.6%，多年以来增速首次回升。新零售提升了整个零售行业的整体效益，为消费者提供了更多不同的消费场景。线上线下、物流以及智慧技术的结合，使传统零售模式下单一的购物方式发生了改变。

门店的数字化转型给零售业带来了两方面的巨大影响：一方面，随着"新零售"的提出，零售业的商业模式发生了改变。线上线下渠道融合、打造 O2O 模式，以及现在流行的直播带货，都是商业模式升级的表现。另一方面，消费者的消费习惯也随之改变。线上线下的加速融合，使消费者足不出户就能买到所需的商品，线上消费的便利性使消费者的消费习惯向线上倾斜。

2016 年 11 月 2 日印发的《国务院办公厅关于推动实体零售创新转型的意见》明确了推动我国实体零售创新转型的指导思想和基本原则，同时，在调整商业结构、创新发展方式、促进跨界融合、优化发展环境、强化政策支持等方面做出了具体部署。

可以看出，中国零售业的改革与发展取得了显著成绩，整个零售行业呈现出良好的发展态势。随着零售业态的引进和创新速度的不断加快，中国零售市场仅用几十年便走完了西方国家经过 100 多年才走完的发展历程。

如今，各种新技术整合应用，充分发挥效能，也为新零售的进一步升级奠定了基础。随着移动支付和智能硬件的兴起，智能 POS 机、微信、支付宝等被广泛应用到了零售界。零售门店可以依托大数据、人工智能、物联网等技术手段，实现"人""货""场"的数字化，将线上和线下整合，进而重塑业态结构与生态圈，提供卓越的消费者体验，实现门店消费升级。

与此同时，随着互联网流量成本的提高，线上获客成本也在不断提高，有时甚至会超过线下，互联网巨头纷纷开始布局线下门店。在各种有利条件的推进下，新零售覆盖领域和行业规模不断扩大，未来有望实现全覆盖。

1.2.3 我国零售业的发展特征

我国零售业的发展特征表现在市场规模不断扩大、多元化经营模式、数字化转型加速、外资零售企业进入、线上线下融合趋势、消费者需求多样化、绿色可持续发展以及竞争日益激烈等多个方面。这些特征既是我国零售业发展的动力，也是其面临的挑战。未来，我国零售业将继续探索和创新，以适应不断变化的市场环境和消费者需求。

1. 市场规模不断扩大

随着我国经济的持续发展和居民消费水平的提升，零售业市场规模呈现出不断扩大的趋势。越来越多的消费者愿意在零售市场投入更多的资金，推动了市场总量的增长。

2. 多元化经营模式

我国零售企业一直在不断探索和实践多元化的经营模式。除了传统的百货商店和超市，还出现了专卖店、折扣店、便利店等多种业态。同时，线上零售、跨境电商等新兴模式也层出不穷，满足了消费者多样化的购物需求。

3. 数字化转型加速

随着信息技术的发展，我国零售业的数字化转型正在加速。许多零售企业利用大数据、人工智能等技术手段优化供应链管理，提升客户服务质量，并在线上开设虚拟店铺，提高销售效率和营利能力。

4. 外资零售企业进入

随着对外开放的深入，越来越多的外资零售企业进入我国市场。外资零售企业不仅为我国零售业带来了资金、先进的技术和管理经验，还促进了我国零售企业服务质量和创新能力的提升。

5. 线上线下融合趋势

线上线下的融合已成为我国零售业发展的一个重要趋势。越来越多的传统零售企业开始重视线上渠道的拓展，而线上零售企业也在积极探索线下实体店的开设和经营，力求为消费者提供更加全面和便捷的购物体验。

6. 消费者需求多样化

随着我国居民收入水平的提高和消费观念的转变，消费者需求呈现出多样化、个性化的特点。零售企业需要密切关注市场动态，及时调整商品结构和服务方式，以满足消费者的不同需求。

7. 绿色可持续发展

随着人们环保意识的日益增强，绿色可持续发展已成为我国零售业的一个重要发展方向。零售企业纷纷采取环保措施，减少资源消耗和废弃物排放，并积极推广绿色产品和服务，以响应国家的可持续发展战略。

8. 竞争日益激烈

随着市场规模的扩大和外资企业的进入，我国零售业的竞争日益激烈。零售企业需要不断提升自身的核心竞争力，加强品牌建设、营销创新和客户服务，以在激烈的市场竞争中脱颖而出。

1.2.4　我国零售业的发展趋势

零售业是一个瞬息万变的行业。在消费者需求多样化、竞争越来越激烈的年代，零售企业必须增强创新意识，在改革和创新中不断寻求发展。我国零售业的发展趋势主要有以下几方面。

1. 构建线上线下融合新格局

与电子商务发展初期不同，如今实体店的价值正在被重新认知。特别是随着移动互联网的普及率越来越高，人口红利已经越来越少。同时，随着各种智能产品的不断涌现，线上入口和渠道越来越碎片化，在线零售的流量成本、获客成本越来越高。此外，在消费升级的大环境下，许多消费者的消费喜好、消费习惯和消费需求都呈现出新的特点，他们越发注重个性化、场景化的消费体验，因此商品的展示与体验成为他们的关注点。对纯电商企业而言，需要实际感知、实际体验的服务是其最大的软肋。而电商冲击下的实体商业也开始探索线上运营，试图寻找一条生存之道。线上线下融合成为中国零售业发展的必然趋势。

2. 多业态跨界协同趋势明显

在新零售时代，零售企业将围绕多样化、个性化的消费需求开展业务，各类商业综合体将聚合教育、亲子、医疗、健身、旅游、商务等多样的服务业态，从以往单纯的购物中心逐渐转型为体验中心，为消费者提供全方位、一站式的服务体验。例如，天虹百货逐步推动自身转型升级，对旗下门店的主题场景、零售、餐饮与娱乐三大板块统一按照 2∶1∶1 的比例布局，为消费者营造舒适的购物环境，同时也满足了不同消费群体的购物、休闲、娱乐需求。

3. 社交化、场景化模式成为主流

在互联网时代，以广告为主的单向传播方式效果不断衰减，口碑、信任成为零售品牌得到消费者认可的重要因素。未来的零售企业将不再是纯粹的商品售卖者，而将成为整合资源，打造社交化业务生态，实现多方共赢的市场组织者。

4. 构建智能高效的供应链体系

传统零售企业对全供应链的控制能力较弱，信息传导响应不及时、供需错配导致了企业库存高、周转率低、商品同质化严重等问题。未来，新供应链将实现全链条数字化，零售企业可以通过数据分析掌握消费需求，以需定产、柔性制造，深耕上游供应链，确保企业的差异化、高端化、定制化战略精准实施，最终实现零售升级。

5. 社区零售进入黄金发展期

在场地租金攀升、企业利润不断下降的大环境下，门店越开越小已成为中国实体零售不可阻挡的发展趋势，便利店、精品超市、社区型购物中心等将成为零售企业寻求转型升级的重要方向。随着中国社区零售整合化、全渠道发展进程逐步加快，投资成本低、成熟周期短的社区零售必将成为行业发展的重要支撑。从长期发展角度看，“小而美”的社区零售业态更符合新形势下消费市场的客观需求。

6. 业态创新将是中国本土零售企业突围的利刃

西方零售业的发展历程表明，不同的零售业态往往是与不同的生产力发展水平相适应的，国外成熟的业态和模式未必都适合中国，我们绝不能一味复制照搬，而要开发适合国情的零售业态，这是零售业未来发展的方向，也是零售专业人士共同追求的目标。

7. 精细化管理将是中国零售业可持续发展的关键

在零售业中，无论是单品管理，还是品类关系，都离不开信息化。信息化是零售业实施精细化管理的重要抓手，但目前国内零售企业对信息技术的应用水平不高，还没有真正实现“智能分析”。跨国零售企业的实践表明，信息技术不只是单纯的管理工具，而且是企业塑造竞争优势的关键因素之一。深度信息化是零售企业发展走向规范化、精细化的有力武器。

微课

零售业发展与变革历程

1.3 零售业态与商业模式分析

1.3.1 零售业态的概念

零售业态，即零售店铺的营业形态，是指零售企业为满足不同消费者需求而形成的不同经营形态，可以理解为零售业的经营者在店铺这一零售业经营的具体场所中采用或实行的各种经营战略的总和，即“怎么卖”。

零售企业经营者以特定目标市场为对象，对店铺的选址、备货、规模、价格策略、销售方法、附加服务和设施等经营内容进行决策，这些决策的结果就形成了零售业态。不同的经营内容、不同的决策组合，可以形成不同的业态，这些业态又可以表现为不同的组织形式。因此，零售业的业态和形式有许多种。

1.3.2 我国零售业态的分类

各种新业态自引入我国以来发展势头强劲，超级市场、专卖店、便利店等如雨后春笋般出现，打破了传统的以百货商店为主的单一业态局面。目前我国的零售业态主要有以下几种。

1. 百货商店

百货商店是指在一个建筑物内集中布置若干专业的商品部，向消费者提供多种品类的商品及服务的综合性零售形态。百货商店诞生于19世纪50年代，引领了零售业的第一次革命。

百货商店的特点如下：(1) 拥有比较豪华的店堂，从事大规模经营，营业面积在 5 000 平方米以上；(2) 大多地处城市中心或交通要道旁，能吸引较大范围内的消费者；(3) 经营的商品范围广泛、品种繁多，小批量、高毛利；(4) 在管理上实行商品部制，由各部门单独负责商品计划、销售业务、商品管理并实行独立核算；(5) 采取柜台销售与开架销售相结合的方式；(6) 采取定价销售方式，可以退货；(7) 兼营一些其他项目，为消费者提供多方位的服务。

2. 超级市场

超级市场是指实行自助服务和一次性集中付款，以销售包装食品、生鲜食品和日常生活用品为主，满足消费者对日常生活必需品的需求的一种零售业态，如今它已普遍实现连锁经营。

超级市场诞生于 1930 年的美国纽约，被称为零售业的第二次革命。超级市场初期发展迅速，到 20 世纪 60 年代在发达国家已进入成熟阶段，其后发展速度逐渐放慢。进入 20 世纪 80 年代，超级市场开始发生重要变化，具体如下：(1) 向大型化方向发展；(2) 商品与服务向多样化与综合化方向发展；(3) 在经营业态上转向细分化。

超级市场的种类如下：(1) 按组织形式划分，可分为独立超级市场和连锁超级市场；(2) 按经营特征划分，可分为传统超级市场和新型超级市场；(3) 按营业面积划分，可分为大型超级市场、中型超级市场、小型超级市场和自动售货店；(4) 按商品组合和目标消费者划分，可分为精品超级市场和一般超级市场。

超级市场的特点如下：(1) 商品构成以食品、服装、日用杂货等日常必需品为主，可基本满足消费者一次性购齐生活用品的要求；(2) 采取开架自选的销售方式，实行自助服务和一次性集中结算；(3) 薄利多销，商品周转速度快；(4) 商品明码标价，并在包装上注明商品质量；(5) 实行商品部经营管理制度，按部门陈列和出售商品；(6) 结算点多设在出口处。

3. 专业店与专卖店

专业店一般是指经营一类或几类商品，拥有专业知识丰富的销售人员，可提供适当的售后服务，以满足消费者对某大类商品的选择需求的一种零售业态。也有人认为专业店还应包括专门经营某一特定消费群体所需商品的商店。常见的专业店有时装店、鞋店、食品店、电器店、珠宝店等。

专业店的特点如下：(1) 选址多样化，多设在繁华的商业中心、商店街或百货商店、购物中心内；(2) 营业面积根据主营商品特点而定；(3) 商品结构具有专业性、深度性，品种丰富，选择余地大，主营商品占所经营商品的 90% 及以上，能深度满足消费者需求；(4) 所经营的商品、品牌具有自己的特色，有明确的目标市场，针对性强；(5) 经营方式灵活，多与厂家合作；(6) 经营特色明显，个性化突出；(7) 采取定价销售和开架销售的形式；(8) 从业人员对所售商品有相当的专业知识，可以为消费者提供系列化的售前、售中、售后服务。

专卖店是指专门经营或授权他人经营某一制造商品牌的系列商品，适应消费者对品牌的选择需求的一种零售业态。近年来也出现了一批专卖某一个品牌商品的集合店，如名创优品。专业店与专卖店有本质的区别，前者专门经营某一类或某几类商品，后者则专门经营某个品牌的系列商品，如海尔电器专卖店、李宁体育用品专卖店、格力空调专卖店、苹果手机专卖店等。

专卖店的特点如下：（1）大多选址在繁华商业区、商店街或百货商店、购物中心内；（2）营业面积根据主营商品特点而定；（3）所经营商品以著名品牌、大众品牌商品为主；（4）商品销售量小、质优、毛利高；（5）商店的陈列、照明、包装、广告比较讲究；（6）采取定价销售和开架销售的形式；（7）注重品牌声誉，从业人员须具备丰富的专业知识。

4. 便利店

便利店是指以经营加工食品等居民日常生活离不开的消费品为主，在时间和地点上都力求为消费者提供最大便利的小型独立或合伙经营的商店。

便利店的特点如下：（1）主要分布在居民住宅区、主干线公路边以及车站、医院、娱乐场所、机关、团体、企事业单位所在地；（2）营业面积在 100 平方米左右；（3）步行购物 5 ～ 7 分钟可到达；（4）商品以速成食品、饮料、小百货为主，有即时消费性、小容量、应急性等特点；（5）以开架自选商品为主，结算在收银机处统一进行；（6）营业时间长，一般在 16 小时以上，甚至 24 小时，终年无休。

5. 仓储式商店

仓储式商店是指仓库与商场合二为一的一种零售业态，主要设在城乡接合部、交通要道旁，其目标客户以中小零售商、餐饮店、集团和有交通工具的消费者为主。此种业态的商店营业面积大，一般为 10 000 平方米左右。商品以食品（有一部分生鲜商品）、家庭用品、体育用品、服装衣料、文具、家用电器、汽车用品、室内用品等为主。

仓储式商店的特点如下：（1）经营范围广泛，包括食品、日用品、耐用品等；（2）规模较大，设备简陋，人员较少，经营费用和商品价格较低；（3）采取仓库式陈列方式，并采用自选式销售方式，一般设有较大规模的停车场；（4）批量作价，多是成件或大包装出售；（5）多实行会员制。

6. 无店铺零售

无店铺零售主要有网络商店、邮购商店、目录样本商店、自动售货机、访问销售等形式。其中，网络商店是通过互联网开展商品经营活动的一种商店形式。零售商在互联网上开设虚拟商店，建立网上营销的网站，上网的消费者可以访问网站浏览商品目录等各种信息，找到合意的商品后可以向零售商订货，并利用电子支付系统完成交易。零售商则通过快递公司把商品寄给顾客。邮购商店是指通过商品目录或广告宣传材料等资料对商品进行宣传，顾客以电话或邮件的形式订购，待收到订单后再寄送商品的商店。

1.3.3 新零售业态分析

随着各种新技术的发展，零售业也经历了诸多变革。传统的零售业经历了百货商店、连锁商店、超级市场等业态。在这之后，随着居民消费需求、消费理念的差异逐渐明晰，出现了消费分层，零售业态也向着专业店、专卖店、便利店、仓储式商店和无店铺零售等并存的多元化格局发展。如今，由互联网和电子商务引发的智慧零售已成为新一轮零售业态变革的引领者。

整体而言，新零售业态大致可以分为以下几种。

1. 线上线下融合的整合业态

这是一种强调线上线下融合发展、相互支撑的发展模式。它可以通过现代信息技术的应用，有效破除营业时间、店面位置和货架空间的限制，让消费者充分享受全天候的购物体验。这种新的发展业态，是对传统零售行业的一大冲击。

2. 技术优化零售体验的新型业态

这是新零售的典型业态之一，无人零售就是其中的一个代表。

随着移动支付的普及，支持消费者自助下单的“无人商店”模式受到不少企业的青睐。近年来，已有不少企业开始探索“无人商店”，如 Amazon Go、缤果盒子等。无人商店是对零售的三个核心要素“人”“货”“场”中的“场”进行的一次探索，主要采用目前主流的 RFID 技术识别商品，同时集成了一系列人工智能技术，如人脸识别、动作行为识别、计算机视觉识别等。

2017 年，阿里巴巴在第二届淘宝造物节上推出无人超市“淘咖啡”，店内没有收银员，顾客也无须排队，买完东西就能走。店中的生物特征自主感知和学习系统，可以在顾客不看镜头的情况下，精准地通过生物特征识别真人，再加上蚂蚁金服提供的物联网（IoT）支付方案，可以说为顾客创造了近乎“无感”的结算体验。

随着无人零售风潮的兴起，市场上陆续出现了无人健身房、无人酒店、无人加油站、无人图书馆等，这种商业模式也受到诸多投资机构的追捧。

如今，无人零售已派生出自动售货机、无人店、开放货架这三种细分业态。

3. 零售产业链整合业态

这是当前零售转型的一个重要方向，也是未来零售发展的一大趋势。随着“人”“货”“场”的结合，新零售对于各种产业链的整合已经开始。零售产业链整合的要素不仅包括物流、营销、技术，还包括很多环节，如娱乐等深度服务。产业链整合也将深刻地影响消费者的消费行为和消费心理。

4. 其他新业态

在这三种业态的基础之上，结合新的技术，适应新的消费习惯，还出现了一些新的新零售业态。

（1）新电商。

这是在传统电商的基础上产生的一种新的零售模式。比如以小红书、蘑菇街为代表的社交化电商，在传统电商中巧妙融入社交元素，利用微信等社交平台的巨大用户基数及社交场景进行销售。用户可通过微信公众号、小程序等便捷入口，无缝跳转至电商平台，轻松完成选购与支付流程。

再比如以优衣库 VR 试衣间为代表的服务型电商，旨在解决传统电商无法使客户充分认知商品的问题。它可以通过 VR 和 AR 技术，使客户在购买前看到试穿效果，也可以提供试穿服务，利用数据分析为客户定制衣服并送货上门，客户可以根据自己的喜爱程度进行付费或申请退货。

（2）生鲜电商。

生鲜产品属于高频刚需、易消耗、市场需求量大的产品。很多生鲜产品零售企业在B2C、O2O等商业模式上精心布局，催生出配送中心式、社区拼团式、跨界合作式等多种生鲜电商创新模式。

供应链管理成为生鲜行业最重要的环节，通过运用大数据、人工智能、物联网等技术，追踪用户行为、精准预测市场需求、把控产品质量、缩短供应链条成为企业在生鲜电商领域的竞争中制胜的关键。

（3）新实体店。

新实体店是指通过技术赋能传统实体店，把易分散的客户变为会员用户，增强客户黏性，提供优质和有针对性的产品或服务的一种新型业态，包括体验门店、服务门店、智慧门店等多种形态。

1.3.4 新零售商业模式分析

1. 商业模式的概念和内涵

随着数字经济的发展，商业模式这一概念受到人们的广泛关注。从国内外的研究成果来看，商业模式的相关研究已经具备一定的基础，并且从早期的商业模式概念、构成要素研究逐渐转向商业模式创新途径、创新动力、创新实施策略和创新评价指标等方面的研究。但是，关于商业模式的概念还是众说纷纭，业界没有达成共识。目前比较有代表性的一种说法是把商业模式理解为企业的“价值创造、传递和获取的机制架构”。对于商业模式的构成要素，由于研究对象或者视角的差异，不同学者也给出了不同的见解。我们采用张敬伟等人的说法，认为价值主张、营利模式和经营系统是商业模式最为重要的三个要素，它们之间存在着密切的逻辑关系且相互影响。这三个要素分别涉及价值确定或识别、价值创造与传递、价值获取三方面的问题，它们构成了商业模式的基本内涵。

在数字经济环境下，用户行为的社交化趋势和上网时间的碎片化趋势对顾客与零售企业的接触方式产生了深远的影响。“社交化”作为一种功能元素，正在全面融合到各类互联网应用中。移动互联网使用户的上网时间呈现出碎片化的趋势。当人们在等公交车、乘坐地铁、饭店就餐、旅行等过程中感到有闲或者无聊时，就会拿出手机，利用移动互联网看新闻、发微信、购物消费、与朋友分享美食和景点等。对零售企业来说，这个改变看似简单，但其实影响巨大。零售企业不得不面对顾客购物行为和购物需求的改变，重视短、快、精、微的价值主张，利用创新的方法更精准、更及时、更充分地获取顾客需求信息，改善顾客的消费体验，满足顾客需求并实现自身的可持续发展。

营利模式是商业模式的核心要素，是一个企业在市场竞争中逐步形成的独特的赖以营利的商务结构及其对应的业务结构。营利模式关注的不是产品和服务的内容，而是其实现方式，旨在使营收与利润最大化。成功的营利模式往往是难以模仿的，因为它体现了一个企业不同于其他组织的独特性，这种独特性主要表现在如何细分和选择顾客、如何识别顾客需求和偏好、如何研判竞争态势，以及如何通过定位清晰的产品和服务吸引顾客以创造利润等能力上。不少零售企业积极投身到数字经济的潮流中，但其市场运作效果并不理想，甚至陷入困境之中，究其原因，主要是这些零售企业缺乏相应的营利模式。在当前激烈的市场竞争中，价值网络往往复杂多变，常会发生分裂、合并或重构，价值和利润频繁地在产业价值网络中移动，昨天在价值网络中最赚钱的环节也许今天就不赚钱了。零售企业应该建立一个能够联系和沟通外部资源的价值网络，完善与合作伙伴、供应商和分销商的沟通渠道与协调机制，有效整合资源，实现线上与线下有机融合，形成一个共同为目标顾客群体提供价值的差异化价值网络。同时，零售企业还要根据技术创新和市场竞争状况的变化，及时了解顾客需求，分析线下业务与线上业务之间的潜在关系，充分考虑原有的资金、人员、技术、市场、管理等方面的资源优势，明确企业的核心竞争力所在，集中精力和资源将某一环节做专、做深、拔高，形成自己独特、持久的营利模式，让别人难以模仿。

一个企业往往会根据其经营领域以及确立竞争优势的要求，对其所掌握的各种经济资源（如人、财、物和信息等）在质和量上进行必要的分配，从而形成实现价值诉求所需要的经营结构或体系，这就是经营系统。在数字经济环境下，信息技术的适应性运用已经是零售企业成功经营的必要条件，或零售企业经营的必备手段。零售行业正逐步由“经验管理”向“数据管理”，再向“智能管理”转变。零售企业的数字化转型不仅要求硬件与软件的集成，而且需要根据自身独特的营利模式，对经营系统进行根本性的重新思考和重新设计，依托信息系统充分整合各方资源，对资产、人员和业务流程进行合理安排，同时进行组织变革，精简管理层次，构建高效顺畅的业务流程，使整个经营系统更具柔性，实现信息流、资金流、物流的统一，从而大幅提高经营效率。

2. 商业模式画布

商业模式画布作为一种直观且全面的框架，旨在深入剖析组织或个人是如何巧妙构思并执行其创造价值、传递价值、获得价值的蓝图的。它如同一幅精心布局的战略地图，能够引领企业清晰洞察自身在复杂商业生态中的定位与游戏规则，确保企业能够明确自身面临的市场机遇与挑战，精准定位目标客户群体并构建出独具特色的商业模式，从而实现稳健发展与持续增长。

（1）客户细分。在商业模式画布的起始点，企业需细致入微地描绘其目标客户群体的轮廓。这些群体并非千篇一律，而是由有着共性特征的个体凝聚而成的独特社群。例如，零售企业根据价格敏感度与品牌偏好的双重维度，将消费者划分为对价格敏感、追求性价比的族群与注重形象、对品牌忠诚的精英群体。这种细致入微的划分，使企业能够制定有针对性的营销策略，对前者强调优惠促销的吸引力，对后者则聚焦于产品的高端定位与时尚潮流，从而实现精准触达与深度共鸣。

（2）价值主张。价值主张是企业向市场抛出的核心竞争力宣言，它清晰阐述了企业如何以独特的方式解决消费者痛点，满足其未被充分满足的需求。这不仅是产品或服务的功能性描述，更是情感与理性的双重共鸣，能够构建起品牌与消费者之间不可替代的链接。企业需深入挖掘并清晰传达其独特价值，使之成为吸引并留住客户的强大磁石。

（3）渠道通路。渠道通路是企业触达目标市场的桥梁，它涵盖了从线上到线下、从传统媒体到新兴数字平台的全方位路径。通过精准选择并优化渠道组合，企业能够有效扩大市场覆盖范围，实现与消费者的无缝连接。从外卖平台的地推传单到应用商店的精准分发，每一种渠道都是企业传递价值、建立品牌形象的宝贵窗口。

（4）客户关系。客户关系管理是企业与消费者之间情感与利益交织的纽带。通过建立会员体系、社区论坛等多元化互动平台，企业不仅能够增强客户黏性，还能深度洞察客户需求，为客户提供个性化服务。长期而言，这种深度绑定不仅有助于提升客户忠诚度，还能为企业创造持续稳定的收入来源与增长动力。

（5）核心资源。核心资源是企业执行商业模式不可或缺的能力与资产。它们构成了企业的竞争优势，驱动着企业的持续创新与发展。无论是技术专利、人才团队还是品牌影响力，核心资源都是企业在激烈的市场竞争中脱颖而出的关键所在。

（6）重要合作。在全球化与数字化的今天，企业难以孤立存在。重要合作是企业商业模式的重要组成部分，它涵盖了企业与供应商、合作伙伴乃至竞争对手之间的协同共生关系。通过建立广泛而深入的合作网络，企业能够整合资源，与合作网络内的成员共享信息、共同应对市场挑战，实现生态圈的共赢发展。

（7）关键业务。关键业务是企业商业模式运行的心脏，它决定了企业如何创造价值并实现持续增长。以唯品会为例，其核心业务聚焦于奢侈品电子交易，通过自建仓库与高效的物流体系，确保商品快速流通与优质服务的提供。这种以"买"与"卖"为核心的双轮驱动模式，不仅提升了企业的运营效率与营利能力，更为企业确立了独特的行业地位。

（8）成本结构。成本结构是企业运营过程中所有成本的构成比例。通过精细化的成本管理，企业能够在保证服务质量的同时有效控制成本支出，提升整体营利能力。原材料采购、生产制造、营销推广等各个环节的成本控制都是企业不可忽视的重要议题。

（9）收入来源。收入来源是企业商业模式的最终落脚点，也是其持续发展的动力源泉。通过多元化的收入来源设计，如产品销售、增值服务、广告收入等，企业能够有效分散风险并提升整体收益水平。同时，根据市场变化与消费者需求调整收入来源结构也是企业保持竞争优势的关键所在。

3. 新零售商业模式的精髓

在新零售的广阔蓝图中，其商业模式的精髓在于消费场景的重塑、数据赋能的深化与会员营销的深耕，三者相辅相成，共同绘制出一幅智慧零售的绚丽画卷，驱动着零售行业的转型升级与持续繁荣。

（1）消费场景的重塑：从静态展示到动态体验。新零售下的消费场景超越传统框架，不再仅仅是商品陈列与交易的场所，而是转变为集销售、宣传、信息采集、消费追踪、形象展示与体验于一体的综合舞台。企业需匠心独运，设计场景化的产品定位与主张，让客户的每一次消费体验都成为品牌故事的生动演绎。正如一听到"怕上火"即联想到王老吉的清凉，一听到"横扫饥饿"即唤醒士力架的能量记忆，这些鲜明的场景标签，无形中构建了品牌与消费者间的情感纽带，指引着消费决策的方向。

（2）数据赋能的深化：从海量数据到智能洞察。步入数据驱动的新纪元，零售企业纷纷拥抱云计算，将其视为核心竞争力的基石。未来，企业都将成为数据驱动的实体。构建大数据云平台，是收集并储存终端实时传输的海量信息的关键；持续迭代算法，则是确保数据分析结果的精准性与前瞻性的必由之路。通过细致描绘消费者画像，企业能够精准把握市场脉搏，制定个性化的运营与营销策略，实现由数据到决策的无缝对接，开启智慧零售的新篇章。

（3）会员营销的深耕：从单次交易到终身价值。会员营销作为新零售的一个重要引擎，致力于构建稳固的粉丝经济圈，深度挖掘顾客价值。通过会员体系的建立与管理，企业不仅能够提升顾客忠诚度，还能通过积分奖励、分级服务、消费追踪及增值服务等手段，持续激发顾客的消费潜力，实现顾客价值的最大化。例如，小米“为发烧而生”的理念，正是其会员营销策略的生动体现。通过极致的用户体验与深度互动，小米构建了一个个忠诚的品牌社群。

更进一步，当消费场景、数据赋能与会员营销三大维度相互交织、融合创新时，便催生出更多元、更高效的商业模式。宜家家居与名创优品的成功实践，正是这一理念的典型例证，它们将消费场景、数据赋能与会员营销紧密结合，创造出既具吸引力又个性化的购物体验，引领着新零售的潮流。

微课

新零售业态与商业模式分析

1.4　零售业演化与发展相关理论

自工业革命以来，零售业取得了巨大的发展，而零售业的每一次发展都是以零售业态和模式的变革为标志的。随着科技的进步，各种新型的零售业态和模式应运而生，它们打破了传统的时间和空间限制，为消费者提供了更加便捷的购物体验，推动了整个零售业的发展。为了说明新型零售业态和模式形成的机理，探索零售业演化的规律和趋势，许多学者从不同的角度提出了一系列关于零售业演化与发展的理论，其中比较有影响力的有零售生命周期理论、零售轮转理论、零售组合 7C 理论、零售商圈分析理论、零售顾客行为理论以及零售长尾理论等。

1.4.1　零售生命周期理论

零售生命周期理论认为，零售业态如同产品一样具有生命周期，即导入期、成长期、成熟期和衰退期，每个阶段都有不同的市场特征和策略重点。理解这一理论有助于零售企业和从业者站在更加全面的视角来审视和管理零售业务的发展过程，适时做出调整和创新。

1. 导入期

零售企业刚刚进入市场，品牌知名度低，市场份额小，需要投入大量资源进行市场引导和品牌建设。

2. 成长期

随着品牌知名度的提升和市场份额的扩大，企业开始实现规模化增长，利润也逐渐增加。

3. 成熟期

企业市场份额稳定，利润丰厚，但增长速度放缓，需要寻找新的增长点。

4. 衰退期

企业面临着激烈的市场竞争、技术变革或消费者行为改变，可能出现衰退迹象，此时需要进行战略调整或业务转型。

零售生命周期受到多种因素的影响，包括市场需求、竞争环境、技术进步、消费者行为、政策法规等。这些因素在不同阶段会对零售企业产生不同的影响。企业需要通过创新和变革来应对市场挑战，抓住机遇，比如引入新技术、开发新产品、优化服务流程、拓展新市场等。

随着消费者需求的变化、技术的不断进步和市场环境的改变，零售生命周期理论也将不断发展和完善。零售业未来的发展趋势包括线上线下融合、多业态跨界协同、注重精细化管理等，这些趋势将给零售企业的生命周期管理带来新的挑战和机遇。

1.4.2 零售轮转理论

零售轮转理论指出，新的零售业态会通过提供更低的价格、更好的服务或更新的商品来取代旧的零售业态。这一理论由麦克奈尔（M. P. McNair）在 1958 年提出，揭示了零售市场不断演变的本质，以及新兴业态对传统业态的挑战和替代过程。麦克奈尔认为，各种零售业态都是由价格诉求到商品组合诉求，再到服务内容诉求的反复运作，零售业态的变革有一个周期性的发展过程，就像一个旋转的车轮一样。新的零售组织最初都采取低成本、低价格、低毛利的经营策略，而当它们取得成功后，其他经营者便纷纷效仿，致使低价格策略原有的竞争优势逐渐消失，使其不得不采取低价格以外的竞争策略，诸如增加服务、改善店内环境等，这势必增加费用支出，使之转化为高成本、高价格、高毛利的零售组织。与此同时，又会有新的以低成本、低价格、低毛利为特色的零售组织问世，于是又开始了新一轮的演化过程。

零售轮转理论虽然较好地说明了超级市场、折扣商店、仓储式商店等以低价格、低服务水平为特征的零售业态的演化过程，但对诸如便利店、专卖店等以高服务水平、高价格水平为特征的零售业态的形成和发展却无法做出合理的解释，这也成为该理论的一个明显的缺陷。

1.4.3 零售组合 7C 理论

零售组合 7C 理论是一个由七大核心要素构成的零售策略架构，这些要素包括：顾客便利（Convenience）、顾客价值与利益（Customer Value and Benefits）、顾客成本（Cost to the Customer）、沟通与顾客关系（Communication and Customer Relationships）、计算机与品类管理（Computers and Category Management）、顾客特许（Customer Privileges）、顾客关心

与服务（Customer Care and Service）。这些要素精准地概括了零售成功的关键维度，鉴于这些要素的首字母均为 C，故称为零售组合 7C 理论。通过综合运用这些策略和方法，零售企业可以更好地满足顾客需求、提升零售业务绩效。

1. 顾客便利

顾客便利是指零售企业通过提供方便、快捷的购物体验来满足顾客的需求。这包括提供多种支付方式、灵活的退换货政策、便捷的购物流程等。零售企业需要关注顾客的购物习惯和需求，不断优化购物流程，提升顾客购物的便利性。

2. 顾客价值与利益

顾客价值与利益是指零售企业通过提供高质量、具有竞争力的商品和服务，满足顾客的期望和需求。零售企业需要关注顾客对商品和服务的评价，不断优化商品结构和服务质量，提升顾客对商品和服务的满意度。

3. 顾客成本

顾客成本是指顾客在购买商品和服务的过程中所需支付的各种成本，包括商品价格、时间成本、精力成本等。零售企业需要关注顾客的购买成本，合理定价，提供性价比高的商品和服务，降低顾客的购买成本。

4. 沟通与顾客关系

沟通与顾客关系是指零售企业通过积极与顾客沟通并与顾客建立良好的关系，提高顾客的忠诚度和满意度。零售企业需要关注与顾客沟通的方式和频率，积极回应顾客反馈和投诉，建立稳定、互信的顾客关系。

5. 计算机与品类管理

计算机与品类管理是指零售企业通过运用先进的计算机技术和管理方法，优化商品品类和库存管理，提高商品的销售效率和顾客满意度。零售企业需要关注计算机技术在零售业务中的应用，不断引进新技术和新方法，提升品类管理和库存管理的水平。

6. 顾客特许

顾客特许是指零售企业通过提供特定的优惠、权益或服务，给予顾客特殊的待遇和体验。这包括会员制度、积分奖励、会员专享活动等。零售企业需要关注顾客的个性化需求，提供符合其需求的特许服务，增强顾客的归属感，提高顾客的忠诚度。

7. 顾客关心与服务

顾客关心与服务是指零售企业通过提供细致、周到的关心和服务，满足顾客的个性化需求，提升顾客的满意度和忠诚度。这包括售前咨询、售中指导、售后服务等。零售企业需要关注顾客的购物体验和需求，提供个性化的服务方案，提升顾客的满意度和忠诚度。

1.4.4　零售商圈分析理论

商圈，也称贸易圈或购买圈，是指消费者进行商品或服务购买活动的地理区域。它是零售商业活动的基本空间单位，也是零售企业进行市场定位、制定销售策略的重要参考。对零售企业所在地的人口结构、消费水平、竞争状况等因素进行分析，有助于企业了解目标市场，优化资源配置，提高竞争力。根据消费者购物行为的差异，可将商圈分为以下几类：

（1）核心商圈：位于零售店铺附近，消费者购物频率高，购买力强。

（2）次级商圈：位于核心商圈外围，消费者购物频率稍低，购买力相对较弱。

（3）边缘商圈：距离零售店铺较远，消费者购物频率最低，购买力最弱。

商圈发展趋势受到多种因素影响，如城市化进程、人口流动、消费观念变化等。企业需要密切关注这些变化，及时调整市场策略，以适应商圈发展趋势。在商圈分析的基础上，企业可以制定具体的商圈策略和规划，包括市场定位、商品组合、价格策略、促销手段、店铺选址、店面设计、物流配送等，并制定更具针对性的营销策略，提高竞争力，实现可持续发展。

1.4.5 零售顾客行为理论

零售顾客行为理论主要研究顾客的需求、消费习惯、购买决策过程以及购买时间、数量、金额、频率等行为模式。了解零售顾客行为可以帮助零售企业更好地了解顾客的需求和购物习惯，从而提供更加精准的产品和服务，提升顾客的满意度和忠诚度，同时也可以为零售企业制定有效的营销策略提供依据。

1. 顾客需求分析

顾客需求分析是零售顾客行为研究的核心内容之一。它主要关注顾客在购物过程中对于产品或服务的实际需求。这种需求可能来自生活的基本需要，如食品、衣物，也可能是为了满足某种特定的心理或社会需要，如时尚、身份认同等。了解顾客的需求，有助于零售企业准确地定位产品和服务，以满足不同顾客群体的需要。

2. 消费习惯分析

消费习惯分析主要研究顾客在购物过程中的行为模式，包括顾客的购物时间、购物地点、购物方式等。通过对顾客消费习惯的分析，零售企业可以了解顾客的消费偏好，进而优化店铺的布局、调整营业时间，甚至改进营销策略，以更好地迎合顾客的消费习惯。

3. 购买决策过程分析

顾客的购买决策是一个复杂的过程，包括识别需求、收集信息、评价选择、做出决策和购后评价等环节。零售企业需要了解顾客在每个环节的心理和行为变化，以便提供恰当的信息和服务，帮助顾客做出购买决策。

4. 购买时间分析

购买时间分析研究的是顾客在何时进行购买决策。这受到多种因素的影响，如个人日程、商店营业时间、促销活动等。零售企业需要了解顾客的购买时间偏好，以便在高峰时段提供更好的服务，并在非高峰时段进行有效的促销。

5. 购买数量和金额分析

购买数量和金额是指顾客在一次购物过程中购买的产品数量和总金额。这受到顾客需求、预算、促销活动等多种因素的影响。零售企业可以通过定价策略、促销活动等方式，影响顾客的购买数量和金额。

6. 购买频率分析

购买频率是指顾客在一段时间内购物的次数。这反映了顾客的购物习惯和对产品的需求程度。零售企业需要了解顾客的购买频率，以便制定合适的库存策略、营销策略等，以满足顾客的购物需求。

1.4.6 零售长尾理论

长尾理论由克里斯·安德森（Chris Anderson）在 2004 年首次提出。它描述了在数字经济时代，当商品存储和流通的渠道足够宽广时，那些销量不高但种类繁多、数量庞大的产品所共同占据的市场份额，可以匹敌甚至超越那些少数热销产品的现象。在零售领域，长尾理论强调关注并满足广大非主流、小众消费者的需求，从而挖掘出更大的市场潜力。

长尾市场呈现出以下几个显著特征：

（1）多样性：商品种类极为丰富，满足各种细分需求。

（2）个性化：消费者能够根据自身喜好和需求选择商品。

（3）小众化：热销商品不再是少数，许多小众商品也能获得稳定的销量。

零售长尾理论为现代零售企业提供了一种新的视角和策略。通过充分利用数字技术、满足小众化需求、提高运营效率和用户满意度，零售企业可以在长尾市场中获得更大的竞争优势。在长尾市场中，用户口碑的力量尤为强大，良好的口碑能够迅速传播，吸引更多潜在消费者。因此，零售企业需要重视长尾市场的用户运营，提供优质服务，鼓励用户分享购物体验。

经典案例库

"缤纷宅趣"专注于小众和个性化家居饰品，是一家成功地将长尾理论应用于零售领域的电商平台。通过市场调研和深入分析消费者行为数据，"缤纷宅趣"将目标市场定位为追求独特家居风格、注重生活品质的中青年群体。这一细分市场在传统零售中难以得到充分满足，但在网络上却能展现出巨大的消费潜力。

"缤纷宅趣"对目标市场进一步进行了细分。为了满足不同细分市场的需求，"缤纷宅趣"引入来自世界各地的独特家居饰品，包括手工编织的抱枕、复古风格的灯具、限量版艺术画作等。这些产品种类繁多，从日常用品到装饰品应有尽有，确保了平台上的商品能够覆盖广泛的个性化需求。

利用先进的 ERP（企业资源计划）系统和大数据分析工具，"缤纷宅趣"实现了对库存的精细化管理。通过实时监控销售数据和市场趋势，平台能够精准预测哪些产品将受到欢迎，从而优化库存结构，减少滞销商品，提高资金周转率。

基于用户画像和购买历史，"缤纷宅趣"运用 AI 算法进行个性化推荐，向用户推送最符合其兴趣和需求的产品。同时，"缤纷宅趣"还通过社交媒体、电子邮件等多渠道营销，结合节日促销、限时折扣等活动，有效增强了用户黏性，提高了用户的转化率。

"缤纷宅趣"充分利用互联网平台的低成本优势，通过自建网站和入驻第三方电商平台（如天猫、京东）来扩大销售渠道。此外，"缤纷宅趣"还与网红、KOL（关键意见领袖）合作，通过直播带货等形式，以较低的成本实现了高效的品牌推广和销售增长。

为了增强用户黏性、提高用户忠诚度，“缤纷宅趣”建立了多个用户社群，如微信群、QQ 群等。在社群中，用户可以分享自己的家居装饰心得、晒单评价，甚至可以参与产品设计讨论。这种社群互动不仅提升了用户体验，还促进了口碑传播。

“缤纷宅趣”拥有一支专业的数据分析团队，负责对平台运营数据进行深度挖掘和分析。通过分析用户行为、产品销量、营销效果等关键指标，平台可以不断优化产品策略、营销策略和库存管理策略，确保平台能够持续、稳定地增长。

综上所述，“缤纷宅趣”通过精准的市场细分定位、产品多样化、数字化库存管理、精准营销、低成本渠道利用、用户社群构建以及数据分析优化等策略的综合应用，在零售领域成功运用长尾理论，实现了小众和个性化家居饰品市场的有效开发与拓展。

巩固提升

一、单选题

1. 零售业的四次革命不包括（　　）。

A. 百货商店　　B. 连锁商店　　C. 超级市场　　D. 便利店

2. 以下哪一项不是我国零售业的发展趋势？（　　）

A. 逐渐由线上零售转向线下零售

B. 多业态跨界协同趋势明显

C. 构建智能高效的供应链体系

D. 精细化管理将是中国零售业可持续发展的关键

3. 下列各项对新零售的理解，不正确的是（　　）。

A. 新零售就是消费者赋能

B. 新零售就是供给侧结构性改革

C. 新零售就是数字化革命

D. 新零售就是降维体验

4. 关于新零售带来的变化，下列说法中不正确的是（　　）。

A. 新零售打破了几十年来的传统零售理念，在创新思想上有重大突破

B. 新零售推动了中国零售市场组织的多元化，零售行业的组织边界越来越割裂

C. 新零售基本打破了多年以来形成的格式化零售模式，在零售形式上有重大发展

D. 零售市场已经进入消费者主权时代，要求零售企业构建以消费者为中心的新零售体系

5. 关于零售业态，下列说法中不正确的是（　　）。

A. 零售业态，是指零售企业为满足不同消费者需求而形成的不同经营形态

B. 零售业态，可以理解为零售业的经营者在店铺中采用或实行的各种经营战略的总和

C. 零售业态一般是指百货商店、超级市场、连锁商店，无店铺零售不属于零售业态

D. 对店铺的选址、备货、规模、价格策略、销售方法等进行决策的结果就形成了零售业态

二、多选题

1. 关于零售业的发展历程，下列说法中正确的是（　　）。

A. 世界上第一家百货商店诞生于法国

B. 连锁商店的诞生，离不开当时的社会背景

C. 超级市场为顾客带来了全新的购物体验

D. 第三次零售革命起源于中国

2. 新零售的特点包括（　　）。

A. 生态化　　B. 无界化　　C. 智能化　　D. 体验式

3. 新零售业态包括（　　）。

A. 线上线下融合的整合业态

B. "人""货""场"三方逐渐剥离的独立业态

C. 技术优化零售体验的新型业态

D. 零售产业链整合业态

4. 下列各项对新零售的理解，正确的是（　　）。

A. 新零售就是指电子商务

B. 新零售要实现"人""货""场"的重新组织和优化

C. 新零售提升了零售行业的整体效益，提供了更多不同的消费场景

D. 新零售需要依托新型支付技术，如移动支付、电子钱包等

5. 为了探索零售业演化的规律和趋势，许多学者从不同的角度提出了一系列关于零售业演化与发展的理论，其中比较有影响力的有（　　）等。

A. 零售生命周期理论　　B. 零售轮转理论

C. 零售商圈分析理论　　D. 零售组合 7C 理论

三、判断题

1. 新零售，是指企业以互联网为依托，通过运用大数据、人工智能等先进技术手段，对商品的生产、流通与销售过程进行升级改造，重塑业态结构与生态圈，并对线上服务、线下体验以及现代物流进行深度融合的零售新模式。（　　）

2. 线上购物越来越发达，人们不需要出门就能在线上商城购买商品。因此，新零售未来的趋势是以牺牲消费者的体验为代价，大幅提升购物的便利性。（　　）

3. 电子商务在发展初期便被业内看好，传统零售商认为实体经济将日渐式微。（　　）

4. 中国零售业面临的一大问题是"自主创新"较少。（　　）

5. 对纯电商企业而言，需要实际感知、实际体验的服务是其最大的软肋。而电商冲击下的实体商业也开始探索线上运营，试图寻找一条生存之道。（　　）

四、填空题

1. 零售业的四次革命分别是：__________、__________、__________、__________。

2. 商业模式的精髓在于__________的重塑、__________的深化与__________的深耕，三者相辅相成，驱动着零售行业的转型升级与持续繁荣。

五、讨论分析题

"精细化管理将是中国零售业可持续发展的关键"，请谈谈你对这句话的理解。

第2章 零售环境分析

案例引入

数字经济环境下永辉超市的转型与突破

随着科技的飞速发展和消费者需求的日益多样化，传统零售业正面临着前所未有的挑战与机遇。永辉超市作为国内领先的生鲜超市连锁品牌，积极响应市场变化，通过政策环境利用、新兴技术融合以及竞争策略调整，成功实现了从传统零售向新零售的转型与突破。

近年来，我国政府对零售业的支持力度不断加大，出台了一系列鼓励创新和转型升级的政策措施。例如，支持新零售、智慧零售等新型业态发展，推动线上线下融合，促进零售业的数字化转型。永辉超市充分利用这些政策红利，积极探索数字化、智能化改造路径，获得了政府资金和资源的支持，为其转型升级提供了坚实的政策保障。

在新兴技术应用方面，永辉超市紧跟时代步伐，将人工智能、大数据、物联网等先进技术融入日常运营中。通过智能选品、智能补货、智能结账等系统的应用，永辉超市大幅提升了运营效率，降低了运营成本。同时，通过利用大数据分析顾客购物习惯，永辉超市能够更精准地进行商品推荐和营销策略制定，提高了顾客满意度和忠诚度。此外，永辉超市还引入智能机器人导购、自助结账等创新服务，为顾客提供了更加便捷、智能的购物体验。

面对日益激烈的市场竞争，永辉超市采取差异化的竞争策略。一方面，永辉超市坚持生鲜特色定位，不断优化生鲜供应链体系，确保商品的新鲜度和品质；另一方面，永辉超市注重线上线下融合，通过布局线上商城、开展社区团购等方式拓展销售渠道，增强市场竞争力。此外，永辉超市还积极与科技公司合作，引入先进的智能零售解决方案，提升整体运营效率和服务水平。

经过一系列转型升级举措的实施，永辉超市在新零售领域取得了亮眼的成绩。其销售额和市场份额持续增长，品牌影响力不断扩大。同时，永辉超市还成功打造了多个具有行业示范意义的智能零售门店，为新零售业态的发展提供了宝贵经验。

请结合案例内容，思考和讨论以下几个问题：

1. 政策环境的变化会给零售企业带来哪些机遇和挑战？零售企业应如何有效利用政策红利实现自身的转型升级？

2. 随着技术的不断进步，人工智能等新兴技术在零售业的应用将越来越广泛，这无疑会给零售业的商业模式和消费者行为带来改变。零售企业应如何把握这一趋势，实现技术创新和业务升级？

3. 在激烈的市场竞争中，零售企业应如何通过技术创新、服务提升等方式增强自身竞争力？同时，面对新兴业态和竞争对手的崛起，零售企业应如何调整自身的业务模式和经营策略？

学习目标

知识目标：

1. 掌握国家层面零售业发展规划的主要内容，理解这些规划对于零售业发展的影响和指导作用。

2. 熟悉国家层面的零售业政策文件，包括政策导向、支持措施等，理解其对零售企业经营的直接影响。

3. 了解“十四五”时期部分省市的零售业政策文件，分析地区政策差异和政策特点，为零售企业制定区域发展战略提供参考。

4. 了解零售技术创新环境，掌握元宇宙、人工智能、大数据、物联网、增强现实/虚拟现实、生物识别及区块链等新兴技术的发展现状和应用趋势。

5. 掌握零售竞争环境分析的基本方法，包括 SWOT 分析、五力模型分析、市场定位分析等，能够运用这些方法分析零售企业的竞争状况。

6. 熟悉竞争对手分析的内容和方法，学会分析竞争对手的市场策略、产品特点、经营能力等关键信息。

技能目标：

1. 学会搜集、整理和分析零售政策环境信息，为零售企业决策提供政策依据。

2. 培养对零售技术创新环境的敏感度，能够跟踪新技术发展动态，评估新技术对零售业的影响。

3. 掌握零售竞争环境分析的具体操作步骤，学会运用竞争分析工具和方法，对企业自身和竞争对手进行分析。

4. 锻炼分析和解读竞争对手的能力，能够从竞争对手的市场策略、产品特点等方面发现市场中的机会和威胁。

素养目标：

1. 培养对零售行业的全局观念和战略眼光，能够从宏观和微观层面把握零售环境的发展趋势。

2. 提高对零售市场的敏感度和洞察力，能够及时发现市场变化和企业面临的挑战。

3. 培养独立思考和团队合作能力，能够与团队成员共同分析和解决零售环境问题。

4. 树立终身学习的观念，持续关注零售行业的最新动态和研究成果，不断提升个人专业能力。

学习导图

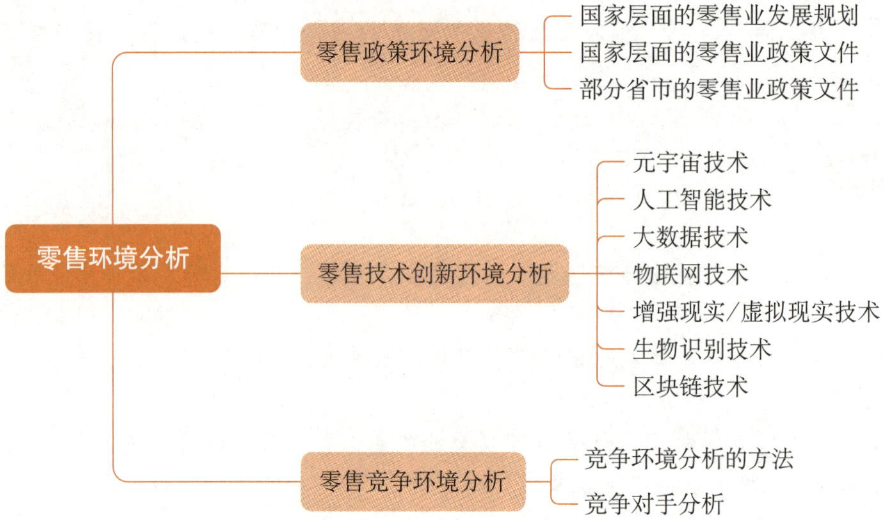

2.1 零售政策环境分析

2.1.1 国家层面的零售业发展规划

1. “十一五”规划

2006 年 3 月通过的《中华人民共和国国民经济和社会发展第十一个五年规划纲要》，简称“十一五”规划，主要是鼓励零售多业态发展，积极发展连锁经营等形式。该规划提出，要“鼓励发展所有制形式和经营业态多样化、诚信便民的零售、餐饮等商贸服务。积极发展连锁经营、特许经营、物流配送等现代流通方式和组织形式”。

2. “十二五”规划

2011 年 3 月通过的《中华人民共和国国民经济和社会发展第十二个五年规划纲要》，简称“十二五”规划，开始推动电子商务发展。该规划提出，要“推动经济社会各领域信息化。积极发展电子商务，完善面向中小企业的电子商务服务，推动面向全社会的信用服务、网上支付、物流配送等支撑体系建设”“优化城市综合超市、购物中心、批发市场等商业网点结构和布局，支持便利店、中小超市、社区菜店等社区商业发展”。

3.“十三五”规划

2016 年 3 月通过的《中华人民共和国国民经济和社会发展第十三个五年规划纲要》，简称“十三五”规划，其中提到要进一步推动物流、供应链等配套设施建设，并提出培育“互联网 +”生态体系。该规划提出，要“组织实施‘互联网 +’重大工程，加快推进基于互联网的商业模式、服务模式、管理模式及供应链、物流链等各类创新，培育‘互联网 +’生态体系，形成网络化协同分工新格局”。

4.“十四五”规划

2021 年 3 月通过的《中华人民共和国国民经济和社会发展第十四个五年规划和 2035 年远景目标纲要》，简称“十四五”规划，在国家层面上将培育新零售作为发展目标。该规划提出，要“加快发展跨境电商、市场采购贸易等新模式，鼓励建设海外仓，保障外贸产业链供应链畅通运转”“深入推进服务业数字化转型，培育众包设计、智慧物流、新零售等新增长点”。

2.1.2　国家层面的零售业政策文件

零售业上接生产、下连消费，是国民经济的重要先导产业之一，它能够直接影响和带动经济总量的增长与产业结构优化，关系着人民群众生活品质的高低。为了规范、促进我国零售行业健康发展，近十年来国家有关部门陆续出台一系列相关政策，在调整商业结构、创新发展方式、促进跨界融合、优化发展环境、强化政策支持等方面做出具体部署，为我国零售行业发展创造了良好的政策环境。如表 2-1 所示。

表 2-1　国家层面的部分零售业政策文件一览表

发布时间	发布部门	政策名称	发布时间	发布部门	政策名称
2015 年 5 月	商务部	《“互联网 + 流通”行动计划》	2019 年 5 月	财政部等	《关于推动农商互联完善农产品供应链的通知》
2016 年 4 月	国务院	《国务院办公厅关于深入实施“互联网 + 流通”行动计划的意见》	2019 年 7 月	商务部	《商务部办公厅关于推动便利店品牌化连锁化发展的工作通知》
2016 年 11 月	国务院	《国务院办公厅关于推动实体零售创新转型的意见》	2019 年 8 月	国务院	《国务院办公厅关于加快发展流通促进商业消费的意见》
2017 年 1 月	商务部	《商务部关于进一步推进国家电子商务示范基地建设工作的指导意见》	2019 年 10 月	国家税务总局	《关于跨境电子商务综合试验区零售出口企业所得税核定征收有关问题的公告》
2018 年 1 月	国务院	《国务院办公厅关于推进电子商务与快递物流协同发展的意见》	2020 年 1 月	商务部等	《关于推动品牌连锁便利店加快发展的指导意见》

续表

发布时间	发布部门	政策名称	发布时间	发布部门	政策名称
2020 年 3 月	国家发展改革委等	《关于促进消费扩容提质加快形成强大国内市场的实施意见》	2021 年 6 月	商务部	《智慧商店建设技术指南（试行）》
2020 年 4 月	商务部	《商务部办公厅关于进一步完善重点零售企业联系制度的通知》	2021 年 7 月	商务部等	《城市一刻钟便民生活圈建设指南》
2020 年 5 月	国家发展改革委等	《数字化转型伙伴行动倡议》	2021 年 10 月	商务部、中央网信办等	《“十四五”电子商务发展规划》
2020 年 9 月	国务院	《国务院办公厅关于以新业态新模式引领新型消费加快发展的意见》	2021 年 12 月	国务院	《“十四五”数字经济发展规划》
2021 年 1 月	商务部	《商务部办公厅关于推动电子商务企业绿色发展工作的通知》	2022 年 1 月	国务院	《国务院办公厅关于做好跨周期调节进一步稳外贸的意见》
2021 年 3 月	全国人大	《中华人民共和国国民经济和社会发展第十四个五年规划和 2035 年远景目标纲要》	2022 年 4 月	国务院	《国务院办公厅关于进一步释放消费潜力促进消费持续恢复的意见》
2021 年 6 月	商务部等	《商务部等 17 部门关于加强县域商业体系建设促进农村消费的意见》	2022 年 6 月	商务部、国家邮政局等	《关于加快贯通县乡村电子商务体系和快递物流配送体系有关工作的通知》

2.1.3　部分省市的零售业政策文件

在“十四五”时期，江苏、浙江、山东、广东、上海、北京等多个省市发布了推动零售发展的相关政策，明确了零售业发展的目标，如表 2–2 所示。

表 2–2　“十四五”时期部分省市的零售业政策文件一览表

地区	发布时间	政策名称	地区	发布时间	政策名称
北京	2021 年 9 月	《北京市“十四五”时期商业服务业发展规划》	湖南	2021 年 8 月	《湖南省“十四五”服务业发展规划》
上海	2021 年 6 月	《上海市服务业发展“十四五”规划》	天津	2021 年 8 月	《天津市加快发展新型消费实施方案》
浙江	2021 年 7 月	《浙江省新型贸易发展“十四五”规划》	福建	2021 年 8 月	《福建省“十四五”商务发展专项规划》
江苏	2021 年 8 月	《江苏省“十四五”消费促进规划》	山东	2021 年 7 月	《山东省“十四五”商务发展规划》

2.2　零售技术创新环境分析

元宇宙、人工智能、大数据、物联网、增强现实 / 虚拟现实、生物识别、区块链等新技术的发展，深刻地影响着零售业，也影响着我们生活的方方面面。新技术驱动着新零售的发展，给消费者带来了更好的消费体验。但技术是一把双刃剑，如何让新技术更好地服务于新零售，是一个值得关注的问题。

2.2.1　元宇宙技术

1. 元宇宙技术的概念

元宇宙是指运用数字技术构建的映射或超越现实世界、可与现实世界交互、具备新型社会体系的数字生活空间。元宇宙本身不是新技术，而是一大批现有技术的集成，包括云计算、人工智能、虚拟现实、区块链、数字货币、物联网、人机交互等。

作为推动未来数字经济发展的重要一环，元宇宙技术正在自上而下融入我们的生活。如今，各种技术的推广应用和智能手机的普及使零售品牌正在发展为线上线下融合型的新零售，并朝着元宇宙的更深层次发展。目前，众多零售品牌、传统商超、电商平台，已经在元宇宙赛道展开新一轮较量。

2. 元宇宙技术在新零售中的应用

元宇宙虚拟主播是一种越来越流行的概念，在这个现代科技迅猛发展的时代，虚拟主播不再像以往只是被人们用于娱乐，还被广泛应用于艺术、商业以及服务等方面。《2022 虚拟人产业研究报告》指出，至 2025 年国内虚拟人相关企业数量将突破 40 万家，2030 年虚拟人整体市场规模将达到 3 095 亿元。元宇宙的风劲吹，带火了一系列相关产业。腾讯、阿里巴巴、字节跳动等大厂均在虚拟主播领域有所布局。

虚拟人物日益成为电商直播的标配，品牌的数字化营销正在被重构，虚拟主播正成为很多品牌的刚需。即便是“顶流”主播，也经常和虚拟主播搭档联合开播，比如虚拟歌手洛天依、天猫美妆虚拟主播猫小美，为直播间增添了不少乐趣。在元宇宙时代，虚拟主播已经成为不可忽视的一部分。随着科技的进步，虚拟主播将变得越来越真实，带给我们更加丰富的体验和更加多元的选择。

市场上与元宇宙相关的新零售案例有很多，但庞大的零售行业对元宇宙尚处于“小马过河”的摸索阶段。零售行业应该对这一概念持开放态度，通过不断尝试，找到虚拟与实体共生共荣的平衡状态，推动零售业的进一步发展。

科技瞭望塔

如今，各大企业和品牌都在押注元宇宙。

沃尔玛推出了两个元宇宙体验项目——“沃尔玛乐园”（Walmart Land）和“沃尔玛的游戏世界”（Walmart’s Universe of Play）。“沃尔玛乐园”是一个在线游乐场，用户可以在此举办音乐会、以奈飞（Netflix）影视 IP 为主题的挑战赛，还可以推出来自现实世界品牌的数字服装店。“沃尔玛的游戏世界”通过数字玩具等活动，汇聚了“侏罗纪世界”“爪子巡逻队”等娱乐品牌。沃尔玛首席营销官威廉·怀特表示，专注于创造新奇的体验，让消费者为之兴奋和感到满意，这便是沃尔玛推出“沃尔玛乐园”和“沃尔玛的游戏世界”的初衷。

2.2.2　人工智能技术

1. 人工智能技术的概念

人工智能（Artificial Intelligence，AI）技术主要研究如何用人工的方法和技术，模仿、延伸和扩展人的智能，实现机器智能，其长期目标是实现达到人类智力水平的人工智能。

AI 技术可以使零售企业对零售商品及消费者数据的采集、分析和应用更加深入和高效，加速促进零售业“人”“货”“场”的环状结构优化，从而重构消费关系，刺激消费需求。目前，“AI+ 零售”仍处于探索阶段，随着零售企业数字化基础设施水平的提高，AI 技术将为零售企业的智能化改革带来更大的空间，助推行业整体价值增长。

2. 人工智能技术在新零售中的应用

无人超市，就是 AI 技术应用于新零售的体现之一。无人超市采用多种 AI 技术，比如人脸识别、图像识别等智能识别技术。此外，AI 技术还应用于无人超市的运营数据采集和分析。通过利用人工智能技术分析用户数据，无人超市能够及时、快速了解商品的销售情况以及顾客喜好，从而提升采购的精准度，增加实际运营利润，并为消费者提供更好的消费服务。

除了无人超市，人工智能技术还应用在无人配送方面。无人车、无人机、无人仓、无人站、配送机器人等“无人科技”正成为电商、外卖、物流等行业的新宠儿，在新技术的重构下，“低头下订单，抬头收快递”的生活方式成为可能。

得益于 AI 和云计算等技术的不断发展，以自然语言处理技术为代表的智能客服系统在零售企业中的应用不断增加，覆盖售前、售中及售后全过程。

综合来看，要想提升“AI+ 零售”解决方案的落地效果，需要依托海量数据，对算法进行优化，并在实际落地过程中打磨方案逻辑，以便“解决真实需求、真实解决需求”。

2.2.3　大数据技术

1. 大数据技术的概念

大数据是现代社会高科技发展的产物，相较于传统的数据，大数据是一种规模大到在获取、存储、管理、分析等方面大大超出传统数据库软件工具能力范围的数据集合。

大数据技术，是指用于处理、分析和管理大规模数据集的技术和工具。它以数据的采集、整理、存储、挖掘、共享、分析、应用、清洗为核心，正在广泛应用于金融、通信、军事、医疗、零售等各个行业中。

2. 大数据技术在新零售中的应用

大数据技术在新零售中的应用主要包括以下几个方面：

（1）细分客户群体。企业可以对消费者进行数据分析，形成清晰的用户画像，并根据各个群体的行为、需求进行有针对性的运营。

（2）模拟实境。借助云计算与大数据技术，企业可以以数字化的形式呈现诸多信息，构建相应的模型，对市场未来的变化进行预测，从而调整经营战略。

（3）管理客户关系。对客户的自然属性和行为属性进行获取和分析，有助于企业与客户维持良好的互动关系，增强客户黏性。

（4）个性化精准推荐。在投放广告的过程中，大数据技术会精准匹配用户的年龄段、性别、爱好、地域等特征，使广告投放更高效。

（5）提高投资回报率。通过对大数据的正确应用，企业可以加强对各环节运营的管理，提高企业整体的投资回报率。

除了互联网企业，实体零售商也认识到了大数据的价值。对于实体零售商来说，大数据在店铺选址、商品陈列等方面发挥着巨大的作用。

2.2.4　物联网技术

1. 物联网技术的概念

物联网（Internet of Things，IoT）技术，是指通过信息传感器、射频识别技术、定位系统、红外线感应器、激光扫描器等各种装置与技术，实时采集声、光、热、电、力学、化学、位置等信息，通过网络实现物与物、物与人的泛在连接，并对物品和过程进行智能化感知、识别和管理的技术。智能手表、智能家居、电子工牌、校园一卡通、ETC 收费等，都是物联网的应用案例。

随着物联网技术的不断成熟和普及，物联网应用的市场前景也越来越广阔。各种软、硬件技术的快速发展，使新技术与物联网的有机融合产生了“1+1＞2”的效果。

2. 物联网技术在新零售中的应用

物联网技术提高了数据采集与传输的速度，零售企业通过相关数据的反馈情况，可以及时获取商品的位置状况以及库存量等实时信息，确保商品能够及时交付。同时，零售企业还可以及时获取商品数量和订单情况，综合实际情况做好预案，帮助顾客处理、分析、解决问题，从而有效优化用户体验。无人零售、智能货架等新的应用场景，都需要依托物联网技术。

物联网技术在新零售中的应用主要包括以下几个方面：

（1）自动结账。物联网可以帮助零售企业通过引入先进的自动化功能来加快和简化结账流程。例如，零售企业可以采用物联网驱动的系统，该系统可以扫描商品的电子标签，并在客户离开商店时通过他们的移动应用程序自动收款。采用自动结账解决方案后，零售企业可以获得多项业务优势。例如，消费者购买商品后可以不用排队，购物体验得到改善，从而使零售企业从竞争中脱颖而出。除此之外，通过采用物联网技术，零售企业可以降低员工成本，同时提高员工生产力。商店员工不再需要花时间进行例行的结账活动，可以更专注于其他个性化服务。

（2）产品布局优化。布局是决定客户是否会购买特定产品的关键因素之一。由于物联网可以帮助零售企业优化产品布局，因此该技术对于增加销售额非常有价值。例如，零售企业可以通过物联网传感器，收集各门店区域或产品区块的客户行为的信息，实时监控客户对特定产品布局的反应。这些信息就可以用于产品布局优化。使用物联网，零售企业可以销售更多来自特定品牌和制造商的产品，或者增加保质期有限的产品的销量。此外，优化后的产品布局还可以帮助零售企业提升平均交易金额，从而提高整体营利能力。

（3）库存管理。低效的库存管理会导致库存不足和库存过多，这对零售业务的正常开展非常不利。如果没有足够的库存，零售企业就无法满足客户需求，从而降低客户满意度。如果库存过剩，运营成本就会增加，从而对营利能力产生负面影响。而物联网技术可以帮助零售企业进行库存管理，从而降低这些风险。零售企业可以使用电子标签标记存货，每个标签包含一个唯一标识符。有了这些标签，零售企业就可以远程跟踪货物，这有助于加快和简化库存审计程序。此外，物联网技术允许将库存数据自动传输到本地或云存储，并支持实时更新。数据的集中化有助于减少人为因素的影响，提高服务质量。

（4）零售设施管理。设施管理是零售企业的一项重要工作。零售企业可以使用物联网传感器对设施的运行状况和所处环境进行监控。例如，这些传感器可以跟踪湿度、温度等参数，如果这些参数偏离标准，物联网驱动的系统就可以自动提醒管理者。此外，零售企业还可以使用物联网进行更智能的资源分配，从而降低运营成本。比如，可以采用智能照明网络，在高峰期以更高的功率运行，并在店内没有顾客时自动关闭，从而减少能源消耗。

（5）营销和推广。物联网技术也可辅助零售企业进行营销和推广。例如，传感器和其他连接设备可以收集客户数据，帮助零售企业更好地了解客户的需求和偏好。基于这些数据，零售企业可以提供更加个性化的折扣和优惠，或者策划更有针对性的广告。

2.2.5 增强现实 / 虚拟现实技术

1. 增强现实 / 虚拟现实技术的概念

增强现实（Augmented Reality，AR）是一种将虚拟信息与真实世界融合起来的技术。而虚拟现实（Virtual Reality，VR）是一种利用计算机技术、仿真技术等高科技手段塑造一个逼真的、多种感官参与体验的虚拟世界，使人产生身临其境般的感觉的技术。

AR/VR 技术，使人们不需要出门就能身处购物场景之中。

2. AR 技术在新零售中的应用

（1）虚拟试衣镜。消费者可以通过虚拟试衣镜在不试穿实物的情况下，看到自己穿上不同款式、颜色的衣服之后的效果。这不仅可以节省消费者的时间，还可以让消费者更加方便地选择自己喜欢的款式和颜色。

（2）虚拟导购。消费者可以通过 AR 技术，看到虚拟导购员在自己面前介绍商品的特点、使用方法等信息。这种方式不仅可以提升消费者的购物体验，还可以减少店员的工作量。

（3）虚拟展示。消费者可以通过 AR 技术，看到商品的虚拟展示，包括商品的外观、功能、使用方法等信息。这种方式可以让消费者更加直观地了解商品的特点，促使其做出购买决策。

3. VR 技术在新零售中的应用

（1）沉浸式购物。商家可以创建一个模拟现实世界的虚拟商店、超市或购物中心，制作虚拟的商品、品牌、货架和走廊，而消费者可以通过穿戴 VR 设备，进入虚拟的购物场景，随时随地进行沉浸式购物体验。消费者在这个虚拟世界里可以随意走动，选择商品，查看价格、保质期、产地等详细信息，然后选择是否购买。最终，确定购买的商品可以以快递的形式邮寄到消费者家中。

（2）虚拟展厅。虚拟展厅就是利用 VR 仿真、多媒体系统展示、人工智能、互联网、大数据、云服务平台搭建等技术，在虚拟空间内搭建的可互动的三维展厅。相比于传统的实体展厅，虚拟展厅更具空间立体感，可以更加灵活地展示内容，并且能够让参观者以更加多样化的方式体验展览。虚拟展厅目前更多地应用在文旅和教育领域，未来也可以和零售结合，比如商家可以举办虚拟的商品促销展会。

（3）VR 娱乐。VR 娱乐的原理就是利用电脑模拟一个三维的虚拟世界，为使用者提供视觉、听觉、触觉等感官的模拟体验，让使用者如同身临其境，同时能够自由地与该空间内的事物进行互动。无论是竞赛式游戏还是角色扮演的游戏，都可以通过 VR 实现沉浸式的逼真体验。目前线下的大型购物中心，往往和娱乐、美食、电影相结合，VR 娱乐也正融入购物场景，赋能购物新体验。

2.2.6　生物识别技术

1. 生物识别技术的概念

在无人零售中，常常用到生物识别技术。它是一种利用人固有的生理特征和行为特征对人进行身份鉴定的技术。指纹、面部、虹膜、笔迹、声音、步态等都可以作为生物识别的依据。成熟的生物识别技术，可以使新零售中的支付过程更加安全、高效和便捷。

2. 生物识别技术的形式

（1）指纹识别。每个人的指纹都有独一无二的特征点，指纹识别技术通过分析指纹可测量的特征点，从中抽取特征值，然后进行认证。指纹识别是生物识别技术中发展最早、技术最成熟的形式，比如企业的指纹打卡、手机的指纹解锁、支付宝的指纹支付等。

（2）人脸识别。人脸识别是基于人的脸部特征信息进行身份识别的一种生物识别技术。它是用摄像机或摄像头采集含有人脸的图像或视频流，并自动在图像中检测和跟踪人脸，进而对检测到的人脸进行面部识别。现在广泛应用的刷脸支付就是运用了人脸识别技术。

（3）掌纹识别。掌纹是指手腕与手指之间的手掌表面上的各种纹线特征，如主线、细小的纹理、分叉点等，每个人的掌纹纹线都不一样。掌纹识别与指纹识别非常类似，有着与指纹识别类似的优缺点。相对于指纹识别来说，掌纹识别所需的设备体积要更大，所以并不适合移动设备。

（4）虹膜识别。虹膜识别技术被认为是生物识别技术中最精确的技术之一。虹膜识别具有唯一性、稳定性、不可复制性、活体检测等特点，在综合安全性能上占据绝对优势。

目前，虹膜识别技术以其显著的优势已经广泛应用于安防、金融、服务等领域。

（5）语音识别。语音识别也称为声纹识别，是从说话人发出的声音的频谱图中提取身份特征信息和声纹特征，再把声信号转换成电信号，用计算机通过相关算法进行比对识别的技术。声纹识别已经开始在部分银行 App 中使用：登录手机银行 App，开启声纹验证，用户只要准确说出随机动态码，系统录制语音信息、验证声纹及随机动态码后，就能进行转账、支付等操作。

2.2.7 区块链技术

1. 区块链技术的概念

区块链，就是由一个又一个区块组成的链条。每一个区块中都保存了一定的信息，它们按照各自产生的时间顺序连接成链条。这个链条被保存在所有的服务器中，只要整个系统中有一台服务器可以工作，整条区块链就是安全的。这些服务器在区块链系统中被称为节点，它们为整个区块链系统提供存储空间和算力支持。简单来说，区块链就是一个没有管理员，但每个节点都拥有全部数据的分布式存储系统。

2. 区块链技术在新零售中的应用

（1）优化供应链运作。在供应链运作中，利用区块链技术可实现高可追溯性。借助区块链技术，企业可以在供应链的所有阶段实时跟踪供应，并将所有信息存储在去中心化的账本上，以改进可追溯性。而且，区块链还能提升供应链的透明度，这样企业将更不容易受到商业欺诈，还能降低成本，提升供应链品质。此外，区块链技术可以通过精准捕捉并修正系统中的微小误差来提高供应链操作的自动化程度，增强供应链和库存管理操作的整体安全性。

（2）使支付更安全。由区块链支持的支付机制，可以使消费者和供应商的支付安全性得到最大限度的保障。而且，利用区块链技术可以更快地进行支付结算，同时降低了支付通道中产生的额外费用，从而大大提高了企业营利能力。总之，区块链提供了一个更透明的支付系统，提升了支付的安全性，同时为企业带来了成本效益。所有的交易记录都可以以去中心化的方式进行有效存储，降低了消费者或供应商受到欺诈的风险。

（3）加强对虚假产品的识别。通过区块链技术，企业可以更高效、更便捷地确认产品是否是假冒伪劣产品。如果供应链中断，企业能通过区块链跟踪每个节点进行识别，这样可以确保产品的真实性。

（4）简化营销。区块链技术也可以在数字营销中起到重要作用。区块链记录的点击量、用户停留时长、搜索关键词等信息，可以为企业的营销决策提供依据，从而实现更精准的营销、提供更个性化的客户服务。

（5）实现任务管理自动化。零售业涉及海量的日常后台管理任务。区块链技术结合人工智能，可以高效地执行自动化工资管理等重复性任务，使企业员工可以专注于其他需要更高智能的任务。

微课

新零售技术创新与应用分析

2.3　零售竞争环境分析

2.3.1　竞争环境分析的方法

竞争环境分析的方法有很多种，常用的方法包括 SWOT 分析、五力模型分析、市场定位分析等。

1. SWOT 分析

SWOT 分析是一种常用的战略分析方法，用于评估一个组织或个人的内部优势（Strengths）和劣势（Weaknesses），以及外部机会（Opportunities）和威胁（Threats）。

（1）优势：组织或个人在内部具备的有利条件和资源，它们可以使其在市场竞争中获得优势。这包括专业知识、经验、技能、优质产品或服务、品牌声誉、强烈的品牌意识、高效的供应链等。

（2）劣势：组织或个人在内部存在的不利条件，它们会对其发展和竞争能力产生负面影响。这包括缺乏某些关键资源、技能不足、薄弱的品牌形象、低效的流程、不足的市场知识等。

（3）机会：外部环境中可利用的有利条件。这包括新的市场机会、行业增长、技术创新、市场需求变化、竞争对手的缺陷等。

（4）威胁：外部环境中可能对组织或个人造成负面影响的不利因素。这包括竞争加剧、新进入者、法规变化、技术变革、经济衰退等。

SWOT 分析的过程通常包括以下三个步骤：收集相关数据和信息；评估内外部因素；综合分析得出结论。这有助于组织或个人更好地了解自身的优势和劣势，以及所面临的外部机会和威胁，从而制订更明智的战略决策和行动计划，改进业务或个人发展的方向。

2. 五力模型分析

五力模型分析是由战略管理学家迈克尔·波特（M. E. Porter）提出的一种竞争对手分析方法，因此五力模型分析也称为波特五力分析。其具体方法是通过对市场竞争的五个方面进行分析，找到企业的竞争优势和劣势，从而制定更有效的营销策略和经营决策。

五力模型分析包括以下五个要素：

（1）竞争对手的竞争程度（竞争力）：评估特定行业内竞争对手的数量、规模、市场份额以及它们之间的竞争程度。竞争越激烈，行业的利润潜力可能越小。

（2）潜在进入者的威胁：分析是否存在进入该行业的障碍，以及潜在进入者进入市场的可能性。若进入障碍高、市场准入困难，则行业利润潜力较大。

（3）供应商的议价能力：评估供应商对该行业的影响力以及在价格、交货条件等方面的议价能力。供应商能够控制供应链，影响行业的成本和利润。

（4）买家的议价能力：分析买家对产品或服务的需求量、在价格和交货条件等方面进行谈判的能力。买家议价能力越强，行业的利润潜力越小。

（5）替代品或竞争产品的威胁：评估替代产品或服务的可用性以及对行业需求的影响。如果替代品的质量和价格具有竞争力，就可能对行业利润和市场份额构成威胁。

五力模型分析可以帮助企业或机构了解所处行业的竞争环境，评估自身竞争力和行业利润潜力，并为制定相应的策略和决策提供参考。企业可以通过五力模型分析发现和利用竞争优势，并应对潜在的风险和挑战，以取得长期竞争优势。

3. 市场定位分析

市场定位分析是一种评估和确定产品或品牌在目标市场中的位置的方法。它可以帮助企业了解目标市场需求、竞争情况以及如何通过定位策略与竞争对手区分开来。以下是常用的几种市场定位分析方法：

（1）市场细分：市场细分即将广泛的市场划分为若干由具有共同需求和特征的消费者组成的较小的市场，然后从细分市场中选择适合自己的目标市场。划分的依据可以是人口统计数据、行为模式、兴趣爱好或其他相关因素。

（2）目标市场需求分析：深入了解目标市场的需求、偏好和行为模式。这可以通过市场调研、顾客反馈分析、数据分析等方式进行。了解目标市场的需求有助于企业确定产品或品牌在市场中的独特定位。

（3）品牌形象分析：评估竞争对手和自身品牌的形象传播与感知情况。这可以通过调查和分析顾客对品牌的感知、品牌关联的信息以及品牌的独特性等方面进行。了解竞争对手和自己品牌的形象有助于企业确定合适的市场定位策略。

（4）价值主张分析：确定你的产品或品牌能够为目标市场提供的独特价值，可以是价格、质量、创新、服务或其他因素。通过明确价值主张，企业可以更好地确定自己在市场中的地位。

通过市场定位分析，企业可以更好地了解目标市场，明确自身的竞争优势，为产品或品牌制定合适的定位策略，并与竞争对手区别开来。这有助于企业更好地满足目标市场的需求，提升市场份额，并与顾客建立紧密的联系。

2.3.2 竞争对手分析

1. 竞争对手分析的概念

竞争对手分析是指对在市场上提供与自己类似的产品或服务的竞争对手进行深入研究和评估的过程。通过竞争对手分析，企业可以洞察和获取关于竞争对手的重要信息，并利用这些信息来制定更具竞争优势的战略。

2. 竞争对手的分类

（1）直接竞争对手：指与自己在同一市场上销售同类产品或服务的竞争对手，与它们的竞争关系直接影响自己的市场份额和利润。

（2）间接竞争对手：指与自己在同一市场上销售相似或相关产品或服务的竞争对手，与它们的竞争关系间接影响自己的市场份额和利润。

（3）潜在竞争对手：指尚未进入市场，但有可能进入市场并成为竞争对手的企业或个人。

法律透视镜

在竞争过程中，企业要寻求公平和诚实的超越竞争对手的方法，通过卓越的表现而非不道德或非法的商业行为寻求竞争优势，尊重并公平对待竞争对手。不可通过操纵、隐藏、滥用特权信息，误传重大事实或其他非法的交易行为获取不合理的利益。

《中华人民共和国反不正当竞争法》第九条规定：

经营者不得实施下列侵犯商业秘密的行为：

（一）以盗窃、贿赂、欺诈、胁迫、电子侵入或者其他不正当手段获取权利人的商业秘密；

（二）披露、使用或者允许他人使用以前项手段获取的权利人的商业秘密；

（三）违反保密义务或者违反权利人有关保守商业秘密的要求，披露、使用或者允许他人使用其所掌握的商业秘密；

（四）教唆、引诱、帮助他人违反保密义务或者违反权利人有关保守商业秘密的要求，获取、披露、使用或者允许他人使用权利人的商业秘密。

经营者以外的其他自然人、法人和非法人组织实施前款所列违法行为的，视为侵犯商业秘密。

第三人明知或者应知商业秘密权利人的员工、前员工或者其他单位、个人实施本条第一款所列违法行为，仍获取、披露、使用或者允许他人使用该商业秘密的，视为侵犯商业秘密。

本法所称的商业秘密，是指不为公众所知悉、具有商业价值并经权利人采取相应保密措施的技术信息、经营信息等商业信息。

3. 零售企业竞争对手分析的重要性

零售企业竞争对手分析对于企业的经营和发展非常重要，它可以帮助企业洞察市场动态和竞争格局，为企业制定明智的经营策略提供依据，使企业在激烈的竞争中脱颖而出并取得成功。零售企业竞争对手分析的重要性主要体现在以下几个方面：

（1）了解市场需求和发展趋势。竞争对手分析可以帮助零售企业了解市场需求和发展趋势，包括顾客的购买习惯、喜好和需求变化等。这些信息对零售企业的产品选择、定位和营销策略的制定都至关重要。

（2）评估竞争对手的优势和劣势。竞争对手分析可以帮助零售企业了解竞争对手的优势和劣势，包括产品特点、品牌形象、服务质量、价格策略等方面。通过评估竞争对手的优势和劣势，零售企业可以找到自身的竞争优势和需要改进之处，从而进行差异化竞争。

（3）发现市场机会和挑战。竞争对手分析可以帮助零售企业识别市场中的机会和挑战。通过了解竞争对手的动态和市场反应，零售企业可以预测市场发展趋势并制定相应的战略，利用机会获得更多的市场份额，同时应对挑战避免被竞争对手超越。

（4）优化产品定价和品牌定位。竞争对手分析可以帮助零售企业了解竞争对手的产品定价和品牌定位。通过比较和分析，零售企业可以调整自己的产品定价策略，进行准确的市场定位，实现品牌差异化，以提供更有竞争力的产品和服务。

（5）制定市场营销策略。竞争对手分析可以帮助零售企业了解竞争对手的市场营销策略，包括广告宣传、促销活动、渠道拓展等。然后，零售企业就可以据此制定相应的市场营销策略，比如选择合适的营销渠道和推广方式，以吸引更多的顾客和提高销售量。

4. 零售企业竞争对手基本信息分析

零售企业可以通过以下维度，对竞争对手进行深入分析，从而帮助企业更好地定位自己的产品或服务、评估市场需求和发展趋势，以及寻找与竞争对手的差距和市场中的机会。

（1）竞争对手数量。竞争对手数量是一项非常重要的统计内容。它可用于分析市场的竞争情况，以及比较电商平台上的市场份额。竞争对手数量的增长可能意味着市场的竞争加剧，其中一些竞争对手可能对企业构成威胁，因此企业需要制定增加市场份额和提高客户忠诚度的策略。在评估竞争对手数量时，企业需要考虑一些指标，例如竞争对手的种类和品牌。相对于品牌知名度高的实体竞争对手，来自电商平台的竞争对手可能才是真正构成威胁的对手。企业需要购买并挖掘竞争对手的电商数据来了解谁才是自己真正的竞争对手，以便制定合适的电商策略。

（2）竞争对手市场份额。市场份额是指某个企业或品牌的销售额或销售数量在整个市场中所占的比例。它是评估企业在特定市场中的竞争地位和规模的重要指标。了解竞争对手的市场份额对于企业制定市场策略、评估竞争优势和监控市场表现具有重要意义。通过持续的竞争对手市场份额分析，企业可以及时调整和优化自身的策略，从而在竞争激烈的市场中保持竞争力并寻求增长机会。

（3）竞争对手品牌。竞争对手品牌分析是评估竞争对手在市场中的品牌表现、品牌特点和品牌优势的过程。具体分析内容包括品牌定位、品牌价值主张、品牌形象、品牌关联与拓展、品牌认知度和推广、品牌忠诚度和顾客关系等。通过竞争对手品牌分析，企业可以更好地了解竞争对手的品牌定位、品牌形象和品牌关联，从而指导自身品牌策略的制定，这有助于企业建立差异化的品牌优势。

（4）竞争对手管理团队。在激烈的竞争环境下，企业需要分析、研究竞争对手的组织结构、人才团队和管理能力，主要是了解竞争对手的人员组成、专业知识和经验的优势及其对业务决策和执行的影响。

5. 零售企业竞争对手行为分析

竞争对手行为分析是指评估和研究竞争对手在市场上的行为和策略的过程。通过了解竞争对手的行为，企业可以更好地理解竞争环境、应对竞争挑战，并制定相应的竞争策略。以下是几种常用的竞争对手行为分析维度：

（1）产品和定价策略分析：研究竞争对手的产品组合、定价策略以及促销活动。了解竞争对手推出的新产品、产品特点、定价水平和促销策略，以及它们对市场的影响。

（2）销售和分销策略分析：评估竞争对手的销售渠道网络和分销策略。了解竞争对手的销售渠道覆盖范围、分销强度、与渠道伙伴的关系以及在线销售等方面的情况。

（3）市场推广和广告策略分析：观察并分析竞争对手在市场上的广告和宣传策略。了解竞争对手的广告渠道选择、广告内容和风格、推广活动的投入和效果等。

（4）产品质量和服务分析：分析竞争对手的产品质量和提供的服务水平。了解竞争对手在产品质量控制、售后服务、客户支持等方面的表现，并与自身进行比较。

（5）创新和研发投入分析：评估竞争对手的创新能力和研发投入情况。观察竞争对手的新产品开发、技术创新、专利申请和研发资金投入情况，以了解其创新能力和竞争优势。

微课

店铺竞争对手分析

巩固提升

一、单选题

1. 新零售高速发展的原因不包括（　　）。

A. 新零售利好政策出台　　B. 线上零售替代了传统零售

C. 传统零售遇到“瓶颈”　　D. 大数据技术的发展

2. 关于零售业的政策，下列说法中不正确的是（　　）。

A.“十四五”规划对零售业的发展规划，表明要在国家层面上将培育新零售作为发展目标

B.“十四五”规划提出，要“推动国有大型百货在新零售中长期稳定发展”

C.《国务院办公厅关于推动实体零售创新转型的意见》明确了推动我国实体零售创新转型的指导思想和基本原则

D.“十四五”规划提出，要“深入推进服务业数字化转型，培育众包设计、智慧物流、新零售等新增长点”

3. 关于新零售中的新技术，下列说法中不正确的是（　　）。

A. 元宇宙是近年来创造出来的与以往技术都不同的全新独立技术

B. 人工智能技术可以使零售企业对零售商品及消费者数据的采集、分析和应用更加深入和高效

C. 大数据技术在新零售中的应用包括细分客户群体、管理客户关系、个性化精准推荐等

D. AR是指增强现实，VR是指虚拟现实，二者都能使人们不出门就身处购物场景之中

4. 关于物联网技术在新零售中的应用，下列说法中不正确的是（　　）。

A. 物联网技术通过网络实现物与物、物与人的泛在连接

B. 物联网技术可实时采集声、光、热、电、位置等信息

C. 物联网技术也称为NFT

D. 通过物联网技术，商家可实现自动结账

5. SWOT分析中的“W”指的是（　　）。

A. 优势　　B. 威胁　　C. 劣势　　D. 机会

二、多选题

1. 新零售中常用的新技术包括哪些？（　　）。

A. 大数据技术　　B. 人工智能技术　　C. 物联网技术　　D. 生物识别技术

2. 关于新零售中的新技术，下列说法中正确的是（　　）。

A. 无人超市就是人工智能应用于新零售的体现之一

B. 大数据技术是指用于处理、分析和管理大规模数据集的技术和工具

C. 物联网技术过于复杂，难以应用于零售设施管理、库存管理等方面

D. 虹膜识别虽然安全等级最低，但却是生物识别技术中发展最早、技术最成熟的形式

3. 关于我国零售政策的演变，下列说法中正确的是（　　）。

A.“十一五”规划，鼓励零售多业态发展，积极发展连锁经营等形式

B.“十二五”规划，提出积极发展电子商务

C.“十三五”规划，提出培育“互联网+”生态体系

D.“十四五”规划，提出将培育新零售作为发展目标

4. 竞争对手的分类包括：（　　）。

A. 行业竞争对手　　B. 直接竞争对手　　C. 间接竞争对手　　D. 潜在竞争对手

三、判断题

1. 区块链技术应用在新零售中，可以优化供应链运作，使支付更安全，加强对虚假产品的识别，简化营销，实现任务管理自动化等。（　　）

2. 目前只有北京、上海、广州等一线城市发布了推动新零售发展的相关政策。（　　）

3. SWOT分析是一种常用的战略分析方法，它通过对市场竞争的五个方面进行分析，找到企业的竞争优势和劣势，帮助企业制定更有效的营销策略和经营决策。（　　）

4. 间接竞争对手指尚未进入市场，但有可能进入市场并成为竞争对手的企业或个人。（　　）

四、填空题

1. 2016年11月11日，国务院办公厅印发________________，明确了推动我国实体零售创新转型的指导思想和基本原则。

2. ____________是指运用数字技术构建的映射或超越现实世界、可与现实世界交互、具备新型社会体系的数字生活空间。

3. 没有管理员，但每个节点都拥有全部数据的分布式存储技术是 ____________ 技术。

4. 经常用于分析竞争格局的五力模型是 ____________ 提出的。

五、讨论分析题

1. 除了元宇宙、人工智能、大数据、物联网、增强现实 / 虚拟现实、生物识别、区块链技术，新零售中还应用了哪些新技术？具体是如何应用的？

2. 竞争对手分析的目标是了解竞争对手的战略、市场地位、产品特点、销售和营销策略、品牌形象、关键能力和资源等方面的信息。这些信息可以帮助企业在市场中更好地定位自己的产品或服务，制定产品定价策略，评估市场需求和发展趋势，以及寻找与竞争对手的差距和市场中的机会。请以一个你所熟知的企业的竞争对手为对象进行竞争对手分析。

第3章 零售战略规划与品牌策划

案例引入

沃尔玛的崛起与品牌塑造

沃尔玛作为全球知名的零售巨头，其发展历程充分体现了战略规划的远见卓识和品牌定位的精准把控。从一家名不见经传的小商店到全球零售业的领军者，沃尔玛的成功故事为零售企业战略规划与品牌定位提供了宝贵的借鉴。

沃尔玛的创始人山姆·沃顿深知低价策略对于吸引消费者的重要性。他始终将成本控制放在首位，通过优化供应链、提高运营效率、大规模采购等方式降低成本，从而为消费者提供物美价廉的商品。此外，沃尔玛还注重市场扩张和渠道布局，通过连锁超市、山姆会员店等多种业态，覆盖不同消费群体和市场需求。在科技应用方面，沃尔玛也走在前列，利用大数据、人工智能等技术提升顾客体验，优化库存管理，提高运营效率。

沃尔玛的品牌定位非常明确，即“天天平价，始终如一”。这一品牌定位不仅体现了沃尔玛的核心竞争力——低价，也传达出品牌的可靠性和稳定性。通过长期的品牌宣传和市场推广，沃尔玛在消费者心目中树立了良好的品牌形象，成为低价、优质、便捷的代名词。同时，沃尔玛还注重践行品牌的社会责任，积极参与公益事业，提升品牌形象和美誉度。

沃尔玛凭借其卓越的战略规划和精准的品牌定位，成功地在全球范围内建立了庞大的零售帝国，其高效的运营模式和强大的品牌影响力不仅为消费者带来了实实在在的利益，也为整个零售行业的发展树立了标杆。

请结合案例内容，思考和讨论以下几个问题：

1. 沃尔玛是如何通过成本控制和市场扩张实现规模效益的？这对于零售企业制定战略规划有哪些启示？

2. 沃尔玛“天天平价，始终如一”的品牌定位是如何形成并深入人心的？除了价格因素外，沃尔玛还通过哪些方式塑造和提升品牌形象？这对零售企业的品牌定位有哪些借鉴意义？

3. 沃尔玛的成功经验表明，零售企业在制定战略规划和进行品牌定位时，需要关注哪些关键因素？这些因素是如何相互影响并共同推动企业发展的？

4. 在当前的新零售环境下，沃尔玛的成功模式是否仍然适用？如果不适用，需要做出哪些调整和创新以适应新的市场环境？

学习目标

知识目标：

1. 了解零售企业战略规划的基本概念和重要性，掌握低成本战略、差异化战略、低成本聚焦战略和差异化聚焦战略的核心内容和适用场景。

2. 深入理解品牌定位策划的概念、内涵、重要性和步骤与方法，能够识别品牌在市场中的独特位置和优势。

3. 掌握品牌整合营销的概念和特点，了解品牌整合营销在零售品牌策划中的应用，以及品牌整合营销在提升品牌价值和市场竞争力中的作用。

技能目标：

1. 学会运用不同的零售战略分析工具和方法，对零售企业进行战略规划，能够为零售企业确定战略目标并选择合适的战略方案。

2. 掌握品牌定位策划的步骤和方法，能够独立完成品牌定位策划。

3. 学会进行零售品牌整合营销，能够运用品牌整合营销的方法提升品牌知名度和美誉度。

素养目标：

1. 培养对零售企业战略规划与品牌策划的全局观念和战略眼光，能够从长远和全局的角度思考零售企业的发展和品牌的建设。

2. 提升分析问题和解决问题的能力，能够独立思考和判断，并能够根据市场环境和企业实际制定合适的战略规划和品牌策划方案。

3. 增强创新意识和实践能力，勇于尝试新的方法和策略，不断创新和优化零售企业的战略规划和品牌策划方案。

4. 锻炼团队协作和沟通能力，能够清晰地向他人表达自己的观点和想法，并能够与他人合作，共同完成零售企业的战略规划和品牌策划任务。

学习导图

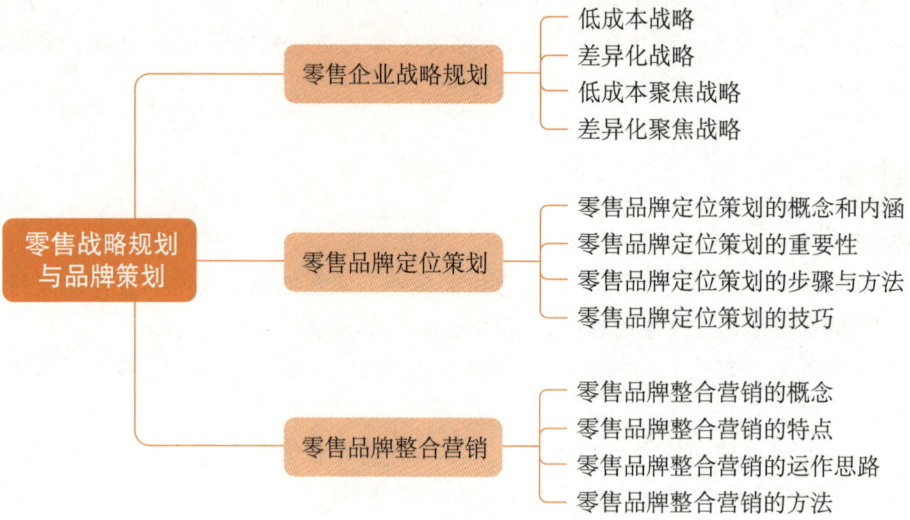

3.1　零售企业战略规划

战略规划是零售企业长期发展的基石，它有助于企业明确未来的发展方向和目标。战略规划能够帮助企业准确应对不断变化的市场环境，预判市场中的机会和挑战，从而为零售企业提供经营指导和决策依据。

3.1.1　低成本战略

1. 低成本战略的概念和动机

低成本战略是一种追求在行业内达到最低成本的竞争策略。当零售企业选择采取低成本战略时，实际上是在追求零售业内的最低生产成本，以便在市场竞争中获得一系列优势。这一战略的动机非常多样化，主要包括以下几个方面：

首先，通过降低成本，企业可以有效地提升其市场份额。当企业能够提供相对较低的产品价格时，消费者更有可能选择购买其产品，从而使企业在市场中获得更大的份额。增长的市场份额进一步促使企业在增加产量的同时实现更多的销售，从而进一步降低成本，形成一个良性循环。

其次，低成本战略可以为企业带来价格竞争的优势。价格竞争是市场竞争的一个关键方面，通过降低产品价格，企业能够吸引那些对价格更为敏感的消费者，从而在市场上获得竞争优势。这种竞争优势可能使企业在一段时间内成为市场的价格领导者，为企业吸引更多的消费者和订单。

再次，低成本战略可以作为一种抑制竞争对手的手段。通过降低产品价格，企业能够限制竞争对手市场份额的增长。当企业能够以更低的成本提供相似或相同的产品或服务时，消费者更有可能选择购买这些产品，从而减少竞争对手的市场份额。

最后，低成本战略可以帮助企业更好地适应经济波动。这主要表现为在经济不景气时期，低成本战略可以帮助企业保持市场地位。在这种时期，消费者更加关注产品的价格和性价比，而低成本战略能够使企业提供更具吸引力的价格，从而在困难的市场环境中保持其产品的吸引力。

综上所述，低成本战略不仅仅是为了追求成本效益，更是一种多面向的竞争策略。它可以通过提升市场份额、带来价格竞争优势、抑制竞争对手以及适应经济波动，使企业在竞争激烈的市场上获得持久的竞争优势。不过，为了成功实施低成本战略，企业需要在控制成本的同时保证产品质量和顾客满意度，以避免可能出现的风险和挑战。

2. 规模经济效应的原理和应用

规模经济效应是低成本战略的重要原理之一，它对零售企业的竞争优势和市场地位具有重要影响。

（1）规模经济效应的原理。

规模经济效应指的是随着企业生产规模的扩大，每单位产品的生产成本逐渐降低的现象。这是由于随着产量的增加，固定成本（如设备、厂房等）可以由更多的产量进行分摊，从而降低每单位产品的固定成本。此外，大规模生产还可以提高生产效率，减少浪费，优化资源配置，进一步降低变动成本，从而实现整体成本的降低。规模经济效应的实现不仅可以降低成本，还可以提升企业的生产能力和竞争力。

（2）规模经济效应在低成本战略中的应用。

采取低成本战略的零售企业可通过充分应用规模经济效应，降低生产成本，在市场竞争中取得优势。以下是规模经济效应在低成本战略中的应用：

1）大规模生产：通过增加产量，企业可以充分利用规模经济效应。随着生产规模的扩大，固定成本的分摊效应会使每单位产品的成本降低，企业也就可以制定更具竞争力的价格。

2）批量采购：规模经济效应在采购方面同样适用。通过大规模的采购，企业可以获得更有利的采购价格和条件，从而降低原材料和组件的采购成本，进而降低总体生产成本。

3）资源共享：合理的资源共享也是实现规模经济效应的途径之一。企业可以在生产、研发、物流等领域与其他企业合作，共享资源和设施，从而减少重复投入，降低单位成本。

4）生产效率提升：大规模生产势必要求生产流程的优化和效率的提升。这可以通过引入自动化设备、优化生产流程、改进工艺等手段实现，进一步降低生产成本。

低成本战略的核心在于通过规模经济效应降低生产成本，从而在市场竞争中赢得优势。然而，实施低成本战略也需要注意平衡，不可过度追求成本的削减而牺牲产品质量和客户体验。有效的低成本战略不仅要关注成本控制，还需要考虑如何提供有价值的产品和服务，以满足消费者的需求。在激烈的市场竞争中，企业需要灵活运用规模经济效应，找到最适合自身的低成本战略，以取得长期的竞争优势。

3. 成本控制和资源优化的策略

在低成本战略的实施过程中，成本控制和资源优化是关键手段。通过采取一系列成本控制和资源优化策略，零售企业可以有效地降低生产和运营成本，从而实现低成本战略的目标。以下是一些常见的成本控制和资源优化策略：

（1）优化生产流程。优化生产流程是实施低成本战略的重要一环。通过深入分析生产过程，识别并消除不必要的环节和浪费，企业可以提高生产效率，降低生产成本。比如引入自动化设备和机械化生产线，降低人力成本，提高生产速度和准确度。

（2）标准化生产。标准化生产可以降低研发和制造成本。通过减少产品的差异化因素，实现组件共享和模块化设计，企业可以更有效地利用资源，提高生产效率，并在供应链中实现规模经济效应。比如设计产品组件以实现部分共享，降低开发和生产成本；将产品设计为模块化结构，便于生产和维护。

（3）优化供应链管理。优化供应链管理可以降低运输和仓储成本，提高物流效率。比如与供应商建立紧密的合作关系，减少中间环节，降低供应链成本；在内部不同部门之间建立协作关系，优化物流和库存管理，减少库存积压，降低资金占用成本。

（4）节约人力资源。提高员工效率和降低人力成本也是成本控制的重要手段。有效的人力资源管理可以实现更高的产出，降低劳动力成本。比如提供员工培训，提升员工技能和工作效率，减少人力资源浪费；在内部不同部门之间建立协作关系，充分利用人力资源，减少重复工作。

通过精心设计和实施上述策略，零售企业可以更好地控制成本，优化资源配置，从而实现低成本战略的目标。然而，需要注意的是，成本控制和资源优化策略并不是一成不变的，需要根据市场和企业的具体情况不断进行调整和优化，以确保策略的有效性和持续性。

4. 低成本战略的适用性

低成本战略虽然在某些情况下可以带来显著的优势，但并不适用于所有行业和情况。了解何时适用低成本战略及其伴随的风险，对于零售企业的战略决策至关重要。低成本战略更适用于以下情况：

（1）大规模生产的行业。低成本战略在大规模生产的行业中特别有效。这是因为大规模生产可以更好地实现规模经济效应，从而降低单位成本。

（2）价格敏感的市场。在价格敏感的市场上，消费者更容易受到价格的影响，低成本战略可以使企业在价格竞争中获得优势。在这种情况下，企业可以通过降低价格来吸引更多的消费者，提升市场份额。

（3）存在明显的规模经济效应。如果一个行业或领域存在明显的规模经济效应，即生产规模扩大会带来单位成本的降低，那么低成本战略就更具优势。

3.1.2 差异化战略

1. 差异化战略的概念和作用

差异化战略是零售企业为应对市场竞争而采取的一种策略，是指通过为产品或服务创造独特的卖点，来满足不同顾客群体的需求。这种战略可以使零售企业在市场中脱颖而出，与竞争对手鲜明地区别开来。差异化战略的目标是通过创造独特的卖点，使零售企业在市场上取得持久的竞争优势。

差异化战略的作用如下：

（1）建立市场竞争优势：通过创造差异化的卖点，企业能够在市场上建立起与竞争对手不同的形象，吸引目标顾客的关注，提高顾客的忠诚度。

（2）提升市场份额：通过满足不同顾客群体的需求，企业可以吸引更大范围内的消费者，从而提升市场份额。

（3）实现价格弹性：差异化的产品或服务通常具有较高的附加价值，使企业能够在价格上保持一定的灵活性，而不是仅仅依赖低价竞争。

（4）降低竞争压力：在市场上创造独特的卖点，能够减少竞争对手的直接比较，从而减轻价格竞争的压力。

（5）提高品牌价值：成功的差异化战略可以帮助企业建立良好的品牌形象，提升品牌的价值和认知度。

2. 创新在实施差异化战略中的应用

创新在差异化战略中的作用不可低估。零售企业应通过不断创新，为产品或服务注入新的元素，提升产品或服务品质，确保提供卓越的用户体验，从而在市场上建立起与众不同的竞争优势。创新主要表现为产品创新、技术创新、服务创新等多个方面。

（1）产品创新：通过独特的产品设计、功能或性能，企业可以创造出与众不同的产品，满足特定顾客的需求，引起市场关注。

（2）技术创新：运用前沿的技术，为产品或服务增加新的特性，提升用户体验，从而取得更好的差异化效果。

（3）服务创新：提供独特的服务模式、定制化的解决方案，使顾客在使用产品或体验服务时感受到独特的价值。

3. 差异化战略的实施步骤和要点

零售企业实施差异化战略需要经过一系列策略性的步骤，有一些不可忽视的要点，具体如下：

（1）市场研究和竞争分析：在实施差异化战略之前，企业需要进行深入的市场研究和竞争分析。具体来说，企业要了解目标市场的细分情况、消费者需求和偏好，同时分析竞争对手的优势和弱点，以便找到实现差异化的机会。

（2）创新和创造独特性：差异化战略的核心是创新和创造独特性。企业需要开发具有独特性的产品或服务，使其与竞争对手的产品或服务有所不同。如前所述，这主要涉及产品创新、技术创新、服务创新等方面。

（3）品质保证：差异化特点不能仅仅是外在的，还需要在顾客的实际体验中得到验证。因此，企业需要确保提供的产品或服务在品质方面表现出色，以充分满足顾客的期望。

（4）市场定位和宣传：在实施差异化战略时，确定差异化特点如何满足目标市场的需求至关重要。企业应该清楚地传达这些特点，使顾客能够理解并认可其独特价值。强化品牌认知和宣传是差异化战略取得成功的关键。

（5）持续改进：差异化战略的实施不是一次性的活动，而是一个持续的过程。企业需要不断地监测市场和消费者需求的变化，不断改进差异化特点，以保持竞争优势。

3.1.3 低成本聚焦战略

1. 低成本聚焦战略的概念和意义

低成本聚焦战略是指企业在特定领域内追求成本领先地位的战略选择。它在实现低成本的基础上，通过专注于狭窄的市场领域，为特定的顾客群体提供有竞争力的产品或服务，从而实现差异化。这种战略的核心在于将低成本与专注相结合，以满足特定市场的独特需求，同时获得市场份额的增长。

低成本聚焦战略的意义在于能够让企业在有限的市场范围内实现成本优势，满足特定顾客的需求，进而获得竞争优势并提升市场地位。这种战略强调对特定领域的专注和差异化，为企业创造长期价值，实现可持续发展。

2. 企业选择低成本聚焦战略的动机

（1）满足特定市场的需求：某些细分市场可能对低成本产品或服务有更大的需求。通过专注于这些细分市场，企业能够满足对价格较为敏感的顾客的需求，从而提升市场份额。

（2）专业知识：企业可能在某一领域拥有专业知识、技术或资源。企业可以利用这些优势，在狭窄领域内实现高效生产，从而降低成本并提供有竞争力的产品或服务。

（3）规模经济：通过专注于特定领域，企业能够更好地实现规模经济效应。随着产量的增加，单位成本逐渐降低，企业可以实现更高的生产效率和更低的成本。

3. 专注和集中优势的关系

在低成本聚焦战略实施过程中，企业需要专注于特定的市场领域，并集中其资源和能力等优势，以降低成本并获得竞争优势。专注和集中优势在该战略中扮演着重要角色。

专注意味着企业将有限的资源和精力集中投入于狭窄的市场领域，而不是分散在多个领域。通过专注于特定领域，企业能够更深入地了解目标市场的需求、发展趋势和竞争情况。这种深入了解能够使企业更准确地满足特定顾客的需求，提供更精细化的产品或服务。

集中优势意味着企业将其资源和核心能力集中在一个或少数几个市场领域。这有助于企业更好地应对市场竞争和变化。通过集中优势，企业可以充分利用其在特定领域内的专业知识和技能，从而提高生产效率、降低成本，并创造出有竞争力的产品或服务。

专注和集中优势相互协调，使企业能够更好地实施低成本聚焦战略。专注帮助企业深入了解顾客需求，提供符合其需求的产品或服务，而集中优势则确保企业能够在狭窄的市场领域内实现高效的生产和资源利用，从而取得成本领先地位。

4. 实施低成本聚焦战略需要考虑的因素

在实施低成本聚焦战略时，零售企业需要综合考虑多个因素，以确保战略的成功实施。以下是在特定领域实施低成本聚焦战略时需要注意的关键因素：

（1）市场选择：选择合适的细分市场是成功实施低成本聚焦战略的基础。零售企业需要仔细分析不同细分市场的特点、需求和机会。这有助于确定哪个市场领域最适合采用低成本聚焦战略，以满足特定顾客群体的需求。

（2）成本优化：实施低成本聚焦战略的核心是寻找降低成本的机会。企业可以通过提高生产效率、优化采购策略、引入更先进的生产技术等方式来降低成本。在特定领域中，精细化的成本控制能够帮助企业在保证质量的前提下降低生产成本。

（3）差异化：在追求低成本的同时，零售企业也需要通过独特的产品卖点来满足市场的需求。这可以通过独特的产品设计、功能创新、品质提升等方式来实现。差异化能够使企业在特定领域中脱颖而出，吸引顾客关注并建立品牌忠诚度。

（4）资源配置：专注于特定领域需要企业合理配置资源。过度分散资源可能会削弱低成本聚焦战略的效果。零售企业应该将有限的资源集中在核心市场领域，以确保能够实现专注、成本优势和差异化。

在实施低成本聚焦战略时，这些因素相互关联并相互支持，帮助零售企业在特定领域取得成功。通过深入分析市场需求、降低成本、实现差异化以及合理配置资源，企业可以成功实施低成本聚焦战略，提高市场份额并获得竞争优势。

3.1.4　差异化聚焦战略

1. 差异化聚焦战略的概念

差异化聚焦战略是指零售企业专注于狭窄的市场领域，通过创造独特的卖点，满足特定顾客群体的独特需求，从而在有限的领域内获得明显的竞争优势。这种战略将差异化和专注的优势相结合，以帮助企业在特定细分市场中取得成功。

2. 差异化聚焦战略的特点

（1）专注性：企业将精力、资源和努力高度集中在一个狭窄的细分市场上，深入了解顾客需求，并力求更好地满足这些需求。

（2）顾客满意度高：差异化聚焦战略旨在提供与众不同的解决方案，能够更好地满足特定顾客群体的需求。这能够为企业带来更高的顾客满意度和忠诚度。

（3）竞争优势：通过创造独特的卖点，企业能够在特定市场领域内实现竞争优势。这种优势可能源于产品设计、产品品质、个性化服务等方面。

（4）精确的市场细分：差异化聚焦战略要求企业专注于一个相对狭窄的细分市场。这意味着企业需要精确地识别和定义目标市场，以便更好地了解顾客需求。

（5）资源优化配置：由于专注于特定领域，因而企业能够更有效地配置资源，将有限的资源集中用于创造独特的卖点和提供出色的价值。

（6）利润潜力大：通过满足特定顾客群体的高度定制化需求，企业能够为其产品或服务赋予更高的价值，从而制定更高的价格，获得更大的利润。

3. 差异化聚焦战略的实施策略和步骤

要成功地实施差异化聚焦战略，零售企业需要遵循一系列明确的步骤和策略，以确保其在狭窄的市场领域内建立起竞争优势，并满足特定细分市场的个性化需求。

（1）市场定位：首先，企业需要仔细选择目标细分市场。这个细分市场应该是狭小而特定的，企业应该能够满足其中某一特定类型顾客的需求。了解该细分市场的特点、需求和偏好对于后续步骤至关重要。

（2）创造独特卖点：在选定的细分市场中，企业需要创造出独特的产品、服务或体验。这些卖点应该能够与竞争对手相区别，从而吸引顾客的关注。这可以通过独特的产品设计、功能和技术创新等方式实现，确保产品或服务能够在市场上脱颖而出。

（3）个性化定制：差异化聚焦战略的核心是满足特定细分市场的个性化需求。企业需要提供个性化的解决方案，确保其产品或服务能够真正解决顾客的问题或提供特定价值。这可能包括定制产品、个性化服务、定制化的购物体验等。

（4）品牌建设：品牌建设在差异化聚焦战略中扮演着重要角色。企业需要建立鲜明的品牌形象，使顾客能够轻松识别并信任企业。通过在细分市场中强调独特的卖点和价值，企业能够建立起顾客的品牌认知度和忠诚度。

（5）持续创新：差异化聚焦战略的实施并不是一次性的事情。市场和顾客需求会不断变化，因此企业需要持续进行创新。企业要不断地进行市场调研，洞察市场的变化趋势，并适时地调整战略，以保持与市场的契合度。

3.2 零售品牌定位策划

品牌定位策划可以从市场营销的角度带动企业的发展，是对企业的品牌形象和产品进行全面市场推广的营销机制和市场策略，在零售企业的发展中起到至关重要的作用。品牌定位策划是品牌建设的基础，是品牌经营的前提，关系到品牌在市场竞争中的成败。目前，越来越多的零售企业开始重视自身的品牌定位策划工作，希望借此来提升企业的品牌形象和品牌市场价值。

3.2.1 零售品牌定位策划的概念和内涵

零售品牌定位策划是指根据市场需求和竞争环境，通过确定零售品牌的核心价值和差异化特点，以及明确目标受众和市场定位，制订出一系列符合零售企业发展目标的策略和计划的过程。零售品牌定位策划的目的是使零售企业在市场上树立起独特的品牌形象，以吸引目标受众关注，并引导受众建立起品牌信任度和忠诚度，从而提高市场竞争力，实现长期发展目标。

零售品牌定位策划的重要性不言而喻。在激烈的市场竞争中，有一个独特的品牌形象是企业赢得竞争的关键因素之一。通过品牌定位策划，企业可以确定自己的核心价值和差异化特点，并将其传达给目标受众，使其对企业产生深刻的印象。这样一来，企业就能够在潜在顾客心中树立起与竞争对手不同的形象，从而吸引更多的顾客选择自己的产品或服务。

零售品牌定位策划的核心在于确定零售品牌的核心价值和差异化特点。核心价值是指品牌所代表的核心理念、价值观或使命，是品牌生存与发展的原因和价值所在。差异化特点是指与竞争对手相比，品牌在产品、服务、形象等方面具有的独特性和优势。确定零售品牌的核心价值和差异化特点是零售品牌定位策划的基础，也是零售品牌建设的精髓。

零售品牌定位策划还需要明确目标受众和市场定位。目标受众是指企业所针对的主要消费群体，也是企业的核心顾客。明确目标受众可以帮助企业更好地了解他们的需求和偏好，从而有针对性地开展品牌推广和营销活动。市场定位是指企业在市场中找到适合自己的位置的过程。企业确定了目标受众的需求和偏好后，需要将产品或服务的特点与之匹配，从而找到适合自己的市场定位。只有找到适合自己的市场定位，企业才能够在市场中有所作为，获得竞争优势。

零售品牌定位策划的过程可以分为三个阶段：分析阶段、策略阶段和执行阶段。分析阶段主要是对市场、竞争对手、目标受众进行全面的调研和分析，了解市场环境和消费者需求，为制定品牌定位策略提供依据。策略阶段主要是根据分析结果，确定品牌的核心价值和差异化特点，明确目标受众和市场定位，并制定相应的品牌推广和营销策略。执行阶段是将策略转化为具体的行动，包括品牌形象设计、品牌推广和营销活动的实施等。

3.2.2　零售品牌定位策划的重要性

1. 使企业在激烈的市场竞争中脱颖而出

在激烈的市场竞争中，企业需要找到一个与众不同的定位，使自己在消费者心目中独具特色。品牌定位策划可以帮助企业与竞争对手区别开来，通过确定自身的独特卖点和价值，企业可以给目标受众留下深刻的印象。通过深入了解目标受众的需求、痛点和偏好，企业可以为其提供有价值的解决方案，并在市场上实现差异化竞争，从而提高品牌的辨识度和记忆度，吸引目标受众的注意力，增加被消费者选择的可能性。

2. 有助于提升品牌信誉度和消费者忠诚度

品牌定位策划可以帮助消费者快速识别和记住品牌，提升消费者的品牌认知度和忠诚度。同时，品牌定位策划可以满足消费者的情感需求，让消费者产生认同感和归属感，从而增强消费者对品牌的信任和喜爱。企业可以通过建立独特的品牌价值观和理念，提升品牌形象和信誉度，从而提高消费者的忠诚度。消费者会记住品牌的特点和优势，甚至成为品牌的忠实粉丝，向他们的朋友和家人积极推荐品牌。因此，企业需要根据自己的品牌特点，建立自己的品牌形象和定位。通过精心规划和传播品牌的核心价值观和优势，企业能够赢得消费者的信任，增强消费者对企业的黏性并建立稳固的品牌关系。

3. 帮助企业更好地满足目标受众的需求

了解目标受众的需求是品牌定位策划的前提和基础，品牌定位策划的目标就是满足并超越市场需求。企业应该明确自己的品牌愿景和定位，找到与品牌核心价值观相匹配的目标受众，并通过调查和研究对目标受众的消费需求、购买决策过程、消费心理等进行深入了解，以确定品牌目标受众的特征和需求。比如，面对越来越繁杂的购物方式，年轻人更愿意购买简单而实用的产品，这就对品牌的属性和形象定位提出了新的要求。因此，企业需要认真分析自身的品牌定位以及目标市场的竞争环境，确定品牌与市场需要的契合点并进行差异化定位。通过品牌定位，企业可以更准确地把握目标受众的需求，并提供满足其期望的产品和服务，建立良好的消费者关系。

4. 帮助企业提高市场竞争力

消费者对于产品或服务的选择往往是基于对品牌的认知和偏好的。通过品牌定位策划，企业可以将自己的产品或服务与竞争对手区别开来，形成自己独特的竞争优势。这样一来，企业就能够吸引更多的消费者选择自己的产品或服务，增加销售额，提高市场份额，进而提高市场竞争力。

5. 促进企业长期发展

品牌定位策划不是短期的宣传和推广活动，而是长期的品牌发展战略。通过品牌定位策划，企业可以建立起稳定的品牌形象和品牌价值，使其成为消费者心目中的首选品牌。长期积累下来的品牌价值和品牌忠诚度，将成为企业持续发展的重要资产。

行业直通车

三只松鼠在品牌定位方面独树一帜。作为一家主打坚果、干果等零食的企业，三只松鼠在成立之后很短的时间内就成为坚果零食类目冠军，发展速度飞快。别出心裁的动漫色彩、与众不同的包装风格、超越顾客期望的细节体验，成为三只松鼠在诸多坚果品牌中脱颖而出的强力武器。三只松鼠这种亲民、可爱的虚拟卡通形象，非常符合坚果这种休闲零食的特质，而且能给消费者带来独特的记忆点。三只松鼠凭借这种模式，带动了整个坚果行业的包装、体验革命。

王老吉也非常重视品牌定位策划。一句“怕上火喝王老吉”，成为家喻户晓的广告词。但王老吉的成功，不只缘于这句广告词，还有赖于品牌战略方面精心的定位规划。王老吉在品牌打造初期，考虑到北方地区对凉茶这种广东的传统饮料并不了解，于是就突出了“预防上火”这个中医概念，将其作为饮料产品的附加价值，这有利于它在全国的推广。对于消费群体，王老吉定位非常明确——经常吃火锅、煎炸和辛辣食品的人，这些人是最怕“上火”的人群。王老吉的精准定位以这类人群为基点，最终辐射至全国的消费者。

3.2.3 零售品牌定位策划的步骤与方法

1. 确定品牌的核心价值观

确定品牌的核心价值观是品牌定位策划的第一步。这一步需要经营者深入了解市场，明确自己产品或服务的定位，并确定与竞争对手的差异化优势。品牌的核心价值观是品牌的灵魂，它代表了品牌所追求的目标和价值。企业需要明确定义品牌的核心价值观，以确保品牌定位的一致性和清晰性。

经典案例库

河南知名的零售企业胖东来，其核心价值观是“扬善·戒恶”。“善”包括：阳光、自由、尊重、信任、真诚、公平、正义等。“恶”包括：虚伪、自私、自卑、嫉妒等。胖东来一直以实际行动践行其核心价值观，致力于把员工培养成有思想、善良的独立个体，而不是工作机器。因此，胖东来的员工也能把正能量传递给顾客，让顾客感觉到温暖、舒适。

2. 研究目标市场

企业应该深入了解自己的目标市场，包括目标消费者的特征、需求和偏好，这是品牌定位策划的关键。企业可以通过市场调研、消费者洞察、竞争分析等方法，收集关于目标市场的数据和信息，然后通过一系列的数据分析技术，从数据中得出结论，明确目标市场的基本情况。只有真正了解目标市场，企业才能做出准确的定位决策，并提供符合消费者期望的产品或服务。

3. 确定目标市场的定位空白

目标市场的定位空白是指在市场分析和品牌定位过程中，尚未明确或不完全清楚的关于目标市场的相关信息和要素。这种定位空白可能包括目标受众的特征、需求和偏好，竞争对手的定位和策略，以及市场发展趋势和机会等方面的信息。确定目标市场的定位空白对企业品牌定位和市场营销策略的制定有重要意义，因此企业需要进行深入的市场研究和分析，以填补这些空白。

首先，目标市场的定位空白可能涉及目标受众的特征、需求和偏好。目标受众是企业所针对的主要消费群体，了解他们的特征、需求和偏好是品牌定位和市场营销策略制定的基础。如果对目标受众的情况了解不足，就无法准确地满足他们的需求，获得他们的认同。因此，企业可以通过市场调研、消费者洞察和数据分析等方法，深入了解目标受众的年龄、性别、地理位置、兴趣爱好、购买行为等方面的信息，以填补这些定位空白。

其次，目标市场的定位空白也可能涉及竞争对手的定位和策略。竞争对手是企业在目标市场中的主要竞争者，它们的定位和策略对企业品牌定位和市场营销策略的制定有直接影响。如果对竞争对手的定位和策略了解不足，就难以找到自己的差异化竞争优势，与竞争对手形成有效的竞争关系。为了填补这些定位空白，企业可以进行竞争对手分析，了解其品牌形象、产品特点、定价策略、推广活动等方面的信息，从中找到自己的定位和发展空间。

此外，目标市场的定位空白还可能涉及市场发展趋势和机会。市场发展趋势是指市场发展和变化的方向；市场机会是指市场中存在的有利于企业发展的条件。了解市场发展趋势和机会对企业制定战略决策具有重要意义。如果对其了解不足，就难以把握市场的发展方向和机会。为了填补这些定位空白，企业可以进行市场研究和分析，了解市场发展趋势，以及潜在的市场机会，从而为品牌定位和市场营销策略的制定提供依据。

4. 创造独特的品牌形象

在激烈的市场竞争中，创造独特的品牌形象至关重要。通过品牌形象的准确定义，可以给消费者留下独特的印象，使品牌与竞争对手区别开来。品牌差异化是品牌营销策划中的关键因素之一，它可以通过产品特点、服务体验、品牌故事等方面的差异化来实现。通常可以通过设计独特的品牌标识、品牌语言、品牌声音和视觉风格等元素，塑造一个与众不同的品牌形象。

5. 与消费者建立情感连接

情感连接是品牌定位策划中的关键要素。企业可以通过引起消费者的情感共鸣、提供个性化的体验和建立长期的关系，建立消费者与品牌之间的情感连接。比如，现在许多品牌纷纷进行怀旧营销，与我们儿时熟悉的各种元素联名。怀旧营销渲染出的怀旧情绪，融入品牌产品本身，能迅速将人们拉回往日的美好记忆之中，成为消费者愿意买单的理由。这也算是品牌与消费者建立情感连接的一种方式。

6. 持续监测和调整

一个品牌有了自己的定位之后，应该保持定位的稳定性和连续性。但是市场是纷繁复杂的，市场环境和消费者需求处于不断变化之中，因此品牌定位策划不是一次性的工作，而需要持续监测和调整。企业需要定期评估品牌定位的有效性，及时调整和优化品牌定位策略，以适应市场变化。其中，市场监测可以通过定期收集和分析市场数据、消费者反馈和竞争动态来实现。

经典案例库

旺旺集团的成功离不开它打造的独特品牌形象。旺旺零食备受人们的喜爱，旺仔形象也承载了好几代人的童年回忆。风格鲜明的旺旺是如何塑造自己的品牌形象的呢?

1. 名字朗朗上口，别有深意。“旺”字象征生意兴隆、人丁兴旺等，是一种美好的期望，更是一种积极向上的理想状态。

2. “大眼萌仔”的可爱形象。旺仔极具感染力的Logo形象早已深入人心，这个形象的周边也是数不胜数，比如杯子、抱枕、耳机盒等。

3. 玩转广告，潮流跨界。旺旺的创意广告从未止歇，近几年，旺旺也和其他品牌联名，从服饰、美妆到家具，让消费者知道“原来旺旺这么潮！”。

4. 紧跟热点，敢想敢玩。借势营销方面，旺旺也是一把好手。但是旺旺“蹭”热点的方式不仅不令人反感，反而提升了消费者的好感度。

3.2.4 零售品牌定位策划的技巧

1. 零售品牌定位策划要与品牌传播、营销活动密切结合

品牌传播是向目标市场传达品牌价值和形象的重要途径，它主要通过广告、宣传活动、社交媒体等渠道进行。营销活动则是在市场中推广产品或服务，以提高品牌的曝光度和认知度。品牌定位策划需要与品牌传播和营销活动紧密衔接，确保向消费者传递一致的信息和体验。

2. 注重品牌故事的讲述

一个好的品牌故事可以帮助消费者更好地理解品牌的价值和独特性，与品牌建立情感连接。品牌故事可以包括品牌的起源、使命、价值观，以及与消费者之间的故事和互动。通过讲述真实、吸引人的品牌故事，企业可以增强品牌的吸引力，提升消费者对品牌的好感度。

微课

品牌定位策划

3.3 零售品牌整合营销

零售品牌整合营销，是对零售品牌整体营销体系、行业、产品和客户的一种战略审视，它要求零售企业根据实际情况制定品牌整合营销策略，传播差异化的企业形象，提高行业知名度，提升品牌产品销量。

3.3.1 零售品牌整合营销的概念

整合营销，是一种对各种营销工具和手段进行系统化结合，根据环境进行即时性的动态修正，以使交换双方在交互中实现价值增值的营销理念和方法。整合就是把各项独立的营销活动综合成一个整体，以产生协同效应。这些独立的营销活动包括广告、直接营销、人员推销、包装、事件赞助和客户服务等。

零售品牌整合营销，是指零售企业通过多种传播方式，如媒体报道、宣传活动、社交媒体、网络推广等，把零售企业的品牌、产品和服务推广出去，让更多的消费者认知和了解。零售品牌整合营销不仅可以提高零售企业的知名度和美誉度，还能提升零售企业的品牌价值，从而为零售企业的发展打下坚实的基础。

3.3.2 零售品牌整合营销的特点

1. 在整合营销的传播中，消费者处于核心地位

“以消费者为中心”是零售品牌整合营销的核心理念。要想成为一个以消费者为中心的企业，就要将消费者目标和企业目标协同起来，关注全面的消费者体验，而不仅仅关注营销传播活动中的消费者体验。因此，深入研究和了解消费者是整合营销的基础，任何产品或服务在进入市场之前都必须定位目标群体，不同的群体对营销渠道的选择有不同的影响，需要通过定位来确定营销渠道选择的范围。

2. 以本质上一致的信息为支撑点进行传播

企业不管利用什么媒体进行传播，其产品或服务的信息一定要清楚一致，避免向消费者传递不同的甚至是相反的信息。这样可以防止消费者出现误解或者企业运营混乱、增加

消费者认知成本等问题。品牌信息的一致性也有利于品牌形象的构建。

3. 以建立资料库为基础，深刻、全面地了解消费者

了解消费者的生活习惯、购物偏好是需要大量的数据支撑的，因此，建立消费者资料库是整合营销取得成功的基础。在传统营销活动中，由于缺乏高效的交互工具，也无法根据消费者心态变化而及时调整策略，因此企业难以建立消费者资料库。但如今，通过网络能够很容易地获取消费者的相关信息，包括年龄分布、职业、消费习惯、性别、地域等，这对于企业调整营销策略有巨大帮助。

4. 培养真正的“消费者价值观”，与消费者保持联系

品牌整合营销强调培养消费者的消费习惯，并与这些消费者建立良好的互动。尤其是那些真正的忠实客户，要与他们建立长期的紧密联系，这样才能建立“百年老店”。过去，企业仅仅借助公关、广告等营销方式就能够实现品牌的差异化，让消费者对品牌印象更深。造成这一现象的一个重要原因是信息匮乏。而在如今的信息时代，消费者最不缺的正是信息，因此原来的方法今天已不再适用。企业正确的做法是与消费者建立长期良好的关系，打造高忠诚度用户，甚至打造私域，只有这样才能真正获取忠实用户。

5. 以各种传播媒介的整合运用作为手段进行传播

随着市场的不断细分，目标人群越来越分散，这意味着企业很难找到一种可以覆盖所有目标人群的交流工具，因此品牌整合营销势在必行。消费者需求的复杂性和选择的主动性使他们希望更全面地了解品牌。单一的营销模型已无法再满足消费者的需求，而品牌整合营销可以更全面地覆盖消费者的认知渠道，反复传达相同的品牌信息，不断激发消费者的购买欲望，大大增加了交易的可能性。整合营销要求不同的营销传播手段和渠道之间相互配合、相互促进，以达到整体营销效果的最大化。

6. 紧跟互联网的发展趋势

移动优化、个性化营销、社交媒体、视频营销、人工智能以及数据安全和隐私保护等已成为营销的关键要素。品牌整合营销要求企业紧跟互联网的发展趋势，运用创新的策略和技术来实现营销目标。只有紧跟时代的步伐，不断探索和创新，企业才能在激烈的市场竞争中脱颖而出，并取得持续的成功。

在营销领域，持续学习和提升自身能力是至关重要的。在科技快速发展和市场不断变化的环境下，企业需要时刻保持敏锐的洞察力和创新思维。只有不断学习新的技能、使用新的工具，才能跟上行业的步伐并取得成功。尤其是在互联网向移动互联网延伸、手机终端智能化的时代，新技术给互联网带来了前所未有的颠覆与冲击，整合营销也要不断转变策略。

3.3.3 零售品牌整合营销的运作思路

1. 以整合为中心

这是指以消费者为思考的中心，然后对企业的各项资源进行整合利用，实现企业的高度一体化营销。整合的内容包括各个方面，既包括企业营销过程、营销方式及营销渠道等方面的整合，也包括企业内外的商流、物流及信息流的整合。相比于单一的营销方法，整合营销要求将品牌的多种营销方法融为一体，产生协同效应。比如将媒体广告、线下地推

营销、事件营销、赞助和冠名等结合起来，在时间、空间上达到协同互补或是互相提升的效果。

2. 系统化管理

在网络媒体时代，信息传播呈现出多向性、交互性的特征，消费者能够听到彼此不同的声音。随着自媒体的爆发，他们不仅倾听，更勇于发声，许多人兼具信息接收者与传播者的双重角色。这就对市场的信息传播提出了更高的要求。任何种类的通信工具和方法都有其特定的针对性和局限性。只有对它们进行战略性的组合，才能获得更好的营销效果。因此，企业要整体配置所有的资源，企业中各层次、各部门与各岗位，总公司与子公司，产品供应商与各合作伙伴要协调行动，形成竞争优势。相较于单一的营销方式需一个个后台或者服务商去管控或对接营销过程及结果，品牌整合营销避免了各营销环节中的衔接管理问题，企业管理者只需要全面把控结果，这就降低了企业管理的人力成本及营销运营成本。

3. 协调统一

整合营销具有协调统一性，这不仅能够保证企业内部发展的协调统一，而且有利于实现企业同外部市场之间的协调统一，使企业生产出来的产品适合市场需求，满足消费者需要。协调统一也有利于企业内部管理的一体化，能够实现企业系统化管理、企业内部资源的整体配置、企业各部门之间的有机配合以及企业同合作伙伴之间的密切配合，帮助企业形成竞争优势。

4. 规模化与现代化

规模化不仅能使企业获得规模经济效益，还为企业有效实施整合营销提供了客观基础。同时，企业要通过现代化的管理方式来对资源进行有效的管理。企业通过规模化与现代化的管理和经营，可以对基础设施、行业资源进行重新整合利用，提高资源利用的整体效率。

经典案例库

小米公司运用整合营销思路，成功推出“小米社区挑战赛”活动，成为业界新典范。该活动以小米社区为平台，结合线上互动与线下体验，鼓励用户分享使用小米产品的创意视频。

参与者通过小米社区上传视频，经社区用户投票及专业评审团评选，优胜者不仅能获得小米最新产品作为奖励，还有机会参与小米新品发布会，与品牌直接对话。活动不仅激发了用户的创造力与参与热情，还通过社交媒体分享，迅速扩大了品牌影响力。

小米巧妙地将产品展示、用户互动、内容营销与品牌体验融合起来，构建了一个从线上到线下、从用户到品牌的全方位营销闭环。此策略不仅提升了小米产品的曝光度与认知度，还深化了用户与品牌之间的情感连接，展现了整合营销在新时代品牌传播中的创新力量。

3.3.4 零售品牌整合营销的方法

1. 建立数据库，进行数据管理

这是零售品牌整合营销的基础和起点。数据管理的主要内容有数据库的建立、数据存储、数据挖掘、数据处理、数据维护等，通过这些工作，企业能更好地了解消费者和潜在消费者，更能了解每一次营销活动的效果和不足，适时做出调整，从而高效地吸引并留住消费者。

2. 进行市场调研，选择目标市场

通过市场调研收集市场数据，并依据这些数据对市场进行细分，在此基础上选择目标市场，进行相应的市场定位。与此同时，在具体目标市场中，还要根据消费者和潜在消费者的行为信息进行重要程度的分类，并根据他们对品牌的认知、信息接收方式和渠道偏好，有针对性地进行各种营销活动。

3. 进行消费者联系管理

只有通过接触渠道，企业才能和消费者建立联系。消费者联系管理要解决的问题是合理地选择与消费者交流的时间、地点、方式。具体做法是：首先，确定所有可能的接触渠道，列出影响消费者购买或使用产品的渠道。其次，对列表进行分析，找出能让消费者联想到品牌和产品的重要接触点，从而确定最能影响消费者购买决定的关键渠道，以及最能影响潜在消费者信息传递的关键渠道。

4. 制定营销策略

企业既要重视品牌的形象传播，又要充分考虑品牌的定位和实力，制定出一套完整、有效的营销策略，以期达到最佳的品牌营销效果。企业在制定营销策略时首先要进行市场分析。在进行市场分析的过程中，要明确市场定位，确定如何才能让消费者选择自己，而不是竞争对手。其次要明确目标受众。企业可以进行用户画像，明确用户的年龄、受教育程度、兴趣爱好、生活习惯、生活方式等信息。再次要制定营销目标，营销目标应该与企业的商业目标挂钩。最后要选择最适合产品定位、用户画像以及营销目标的渠道，根据营销预算、营销时间和渠道特色制订相应的推广计划。

5. 选择概念主题

从策略到创意最关键的一步就是“概念”。企业的营销概念主题对营销策划能否取得成功具有重要的战略意义，营销概念主题是营销策划的灵魂，统率着整个营销策划的创意、构思、方案、形象等各个要素，使它们有机地组合成一个完整的营销策划方案。所以企业要根据不同的营销策划对象（即营销策划项目），拟定各自的概念主题。企业可以创造性地提出一个“新概念”，以新颖独特的语言传达核心信息，也可以归纳出一个“大概念”，通过一句话的升华，精准传递出深层次信息。概念形态多样，可以是口号、观点、主张，也可以是价值观、态度、利益点。比如王老吉的概念“怕上火喝王老吉”；天猫的概念“理想生活，上天猫”。

6. 确定创意表现

零售品牌整合营销策划需要注重创意表现，从而吸引客户关注、提高品牌知名度。创意表现需要与品牌形象和营销策略相一致。企业生发创意的过程，其实就是尝试构建品牌与宇宙万物的关联的过程，这里的宇宙万物可以是时间空间、星辰大海、消费需求……好的创意能让消费者一眼就记住品牌。

7. 使用媒体

首先，要根据企业及品牌定位选择合适的媒体，如微信、微博、抖音、快手、哔哩哔哩（B 站）、小红书、知乎、百度、分众等。在品牌推广中整合媒介渠道不是简单直接地使广告覆盖多种媒介渠道，而是要根据用户画像、产品属性、竞争对手投放渠道、流量平台投放趋势等对媒介渠道进行选择、整合和最终投放。其次，要运用好媒体的玩法，如热搜、话题、信息流、KOL、UP 主、挑战赛、直播、开屏等。最后，要做好媒体组合，有节奏地触达消费者，让传播事半功倍。在这个过程中，要一直遵循整合营销传播的理念，即充分发挥广告、直接反应营销、销售促进和公关等各种传播手段的战略作用，并对其进行组合利用，以获得明晰的、一致的和最大化的传播效果。

微课

品牌整合营销方案

巩固提升

一、单选题

1. 零售品牌定位策划的第一步是（　　）。

A. 确定目标市场的定位空白　　B. 与消费者建立情感连接

C. 确定品牌的核心价值观　　D. 创造独特的品牌形象

2. 零售品牌整合营销的运作思路不包括（　　）。

A. 规模化与现代化　　B. 系统化管理

C. 协调统一　　D. 以拆分为中心

3. 企业在制定营销策略时首先要进行的是（　　）。

A. 市场分析　　B. 明确目标受众群体

C. 制定营销目标　　D. 选择渠道并制订相对应的推广计划

二、多选题

1. 战略规划是零售企业长期发展的基石，它有助于企业明确未来的发展方向和目标，零售企业常用的战略包括（　　）。

A. 低成本战略　　B. 差异化战略

C. 低成本聚焦战略　　D. 差异化聚焦战略

2. 零售品牌定位策划的重要性包括（　　）。

A. 使企业在激烈的市场竞争中脱颖而出
B. 有助于提升品牌信誉度和消费者忠诚度
C. 帮助企业更好地满足目标受众的需求
D. 帮助企业提高市场竞争力

3. 以下属于零售品牌整合营销的特点的是（　　）。
A. 消费者处于核心地位
B. 市场调研处于核心地位
C. 以各种传播媒介的整合运用作为手段进行传播
D. 以本质上一致的信息为支撑点进行传播

4. 以下属于零售品牌整合营销的方法的是（　　）。
A. 建立数据库，进行数据管理　　B. 进行市场调研，选择目标市场
C. 电话销售　　D. 进行消费者联系管理

三、判断题

1. 差异化战略是零售企业为应对市场竞争而采取的一种策略，是指通过为产品或服务创造独特的卖点，来满足不同顾客群体的需求。（　　）

2. 零售品牌定位策划的核心在于确定零售品牌的核心价值和差异化特点。其中，差异化特点是指某品牌与本企业其他品牌相比，在产品、服务、形象等方面具有的独特性和优势。（　　）

3. 零售品牌定位策划的过程可以分为三个阶段：分析阶段、策略阶段和执行阶段。其中，分析阶段主要是对市场、合作伙伴、目标受众进行全面的调研和分析，了解市场环境和消费者需求，为制定品牌定位策略提供依据。（　　）

4. “以产品为中心”是零售品牌整合营销的核心理念。要想成为一个以产品为中心的企业，就要将产品生产目标和企业目标协同起来，而不仅仅关注营销传播活动中的消费者体验。（　　）

四、填空题

1. 当零售企业选择采取 ____________ 时，实际上是在追求零售业内的最低生产成本，以便在市场竞争中获得一系列优势。

2. 零售品牌定位策划是指根据 ____________ 和 ____________，通过确定零售品牌的核心价值和差异化特点，以及明确目标受众和市场定位，制订出一系列符合企业发展目标的策略和计划的过程。

3. “以消费者为中心”是零售品牌整合营销的核心理念。因此，深入研究和了解消费者是整合营销的基础，任何产品或服务在进入市场之前都必须定位 ____________。

五、讨论分析题

请尝试对百事可乐的品牌定位策略进行简要分析。

第4章 零售消费者行为分析

案例引入

星巴克“第三空间”概念下的消费者行为演变

在新零售时代背景下，星巴克作为全球知名的咖啡连锁品牌，通过其独特的“第三空间”概念，不仅提供了高品质的咖啡饮品，还为消费者打造了一个集休闲、社交、工作于一体的多功能空间。星巴克的成功，很大程度上得益于其对消费者行为的深刻洞察和精准把握。

星巴克深刻理解现代人对于生活品质的追求和休闲放松的需求。通过提供舒适的环境、高品质的咖啡和个性化的服务，星巴克满足了消费者在精神层面和社交层面的需求。星巴克不断推出新品和限时活动，激发消费者的好奇心和尝试欲望。星巴克“第三空间”的概念还与消费者的自我概念紧密相连。对于许多人来说，在星巴克消费不仅仅是一种物质享受，更是一种生活方式的体现和自我价值的彰显。

星巴克还通过社交媒体、App等渠道，向消费者传授咖啡文化和品鉴知识，提升消费者的品牌忠诚度和购买频率。星巴克擅长利用社交媒体平台上的KOL进行品牌宣传和口碑传播。这些KOL通过分享自己在星巴克的体验和感受，吸引大量粉丝关注和模仿，进一步扩大了星巴克的市场影响力。当身边的人频繁提及星巴克或分享在星巴克的体验时，消费者更容易产生尝试和购买的欲望。星巴克的成功也离不开对文化和亚文化的精准把握。例如，星巴克推出的“星冰乐”等符合亚洲人口味的产品，以及举办的各种文化沙龙活动，都成功地融入了当地的文化和亚文化元素，赢得了消费者的青睐。

通过深入洞察影响消费者行为的内在和外在因素，星巴克成功地将自己打造成一个集咖啡饮品、休闲社交和文化体验于一体的多元化品牌。其独特的“第三空间”概念不仅吸引了大量忠实消费者，还推动了整个咖啡文化的普及和发展。

请结合案例内容，思考和讨论以下几个问题：

1. 在新零售时代，消费者的需求日益多元化和个性化，企业应如何运用大数据、人工智能等技术手段来精准把握消费者需求，提供更加贴心和个性化的服务？

2. KOL 和参照群体对消费者行为具有重要影响，零售企业应如何识别和选择合适的 KOL 进行合作？如何激发参照群体的正面口碑传播效应？

3. 文化和亚文化的差异对新零售企业的营销策略具有重要影响，零售企业应如何根据目标市场的文化和亚文化特点来制定营销策略？如何避免文化和亚文化差异带来的误解与冲突？

学习目标

知识目标：

1. 掌握新消费的产生背景、概念、内涵以及主要特征，了解新时代消费模式的变革和发展趋势。

2. 理解消费者行为的定义、消费者购买决策过程，以及消费者行为分析对零售企业的重要作用。

3. 了解消费者行为的内在影响因素，包括消费者需要、学习、自我概念等，并分析这些因素是如何影响消费者决策的。

4. 熟悉消费者行为的外在影响因素，如文化、亚文化、参照群体和关键意见领袖等，并分析它们对消费者行为的影响。

技能目标：

1. 能够分析并解读新消费时代的市场动态和消费趋势，为零售企业在新零售环境中定位目标消费者群体提供支持。

2. 熟练应用消费者行为分析工具和方法，能够深入剖析消费者的购买决策过程，预测消费者的消费行为。

3. 识别并评估消费者行为内在影响因素的作用，帮助零售企业更准确地理解消费者需求、优化产品设计和服务。

4. 分析并解释外在因素对消费者行为的影响，为零售企业制定市场营销策略提供参考。

素养目标：

1. 培养对消费模式变革和消费者行为变化的敏感度与洞察力，关注市场动态，保持学习新知识的热情。

2. 提升分析问题和解决问题的能力，增强团队协作和沟通能力，能够完成消费者行为分析项目。

3. 锻炼数据收集和处理能力，能够对消费者数据进行统计分析，为企业决策提供数据支持。

学习导图

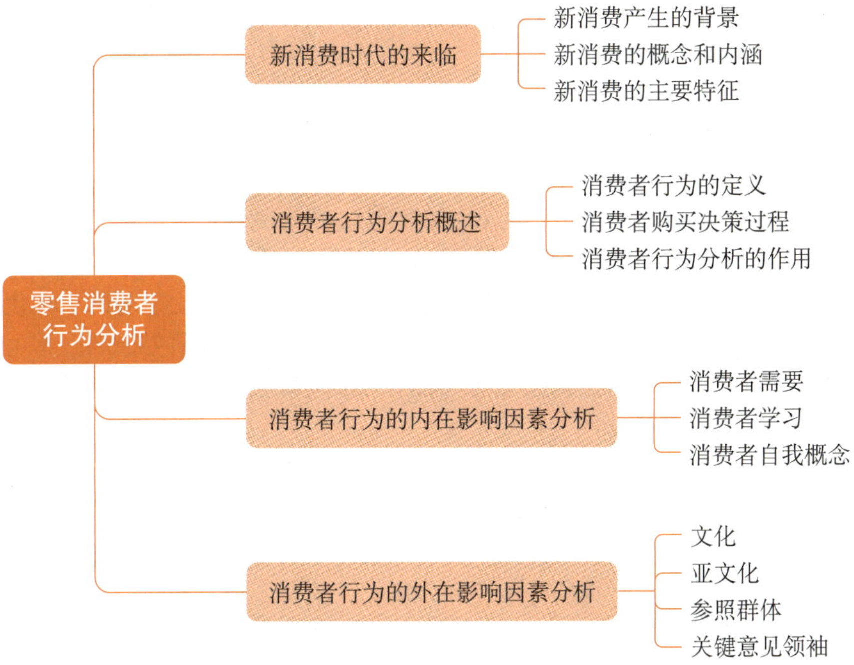

4.1　新消费时代的来临

4.1.1　新消费产生的背景

数字经济作为当今世界的发展潮流和时代赋予的宝贵机遇，正引领着一场全新的经济革命。新一代信息技术，如人工智能、大数据、物联网和元宇宙等，正以前所未有的速度向零售领域深度渗透，打破了传统零售业的桎梏，彻底革新了商品流转程序和营销方式。这一变革不仅催生了丰富多样的新业态和商业模式，更孕育了新消费这一充满活力的经济现象。

新消费不仅是技术进步与消费观念升级的完美结合，更是促进“双循环”供求系统深度融合的重要引擎。通过构建更高效、更精准的供需对接机制，新消费为扩大就业容量、优化产业结构提供了有力支撑，为我国经济的持续健康发展注入了新的活力。

政府部门对新消费的发展给予了高度重视，并通过出台一系列政策加以引导和扶持。从 2015 年开始，我国陆续出台了多项新消费建设政策，这些政策不仅为平台消费、绿色消费和共享消费等新消费模式的发展提供了有力保障，还激发了市场主体的创新活力，推动了消费市场的多元化和个性化发展。

展望未来，随着新一代信息技术的不断进步和推广应用，新消费将继续展现出强大的生命力和广阔的发展前景。我们有理由相信，在政策的支持和市场的推动下，新消费将成为推动我国经济高质量发展的重要力量。

4.1.2 新消费的概念和内涵

新消费概念的提出，始于2015年11月发布的《国务院关于积极发挥新消费引领作用 加快培育形成新供给新动力的指导意见》。该文件明确指出，新消费“以传统消费提质升级、新兴消费蓬勃兴起为主要内容”。在学术领域，不同学者对此有着自己的理解。李小玉（2020）认为，新消费超越了传统的衣、食、住、行等刚性需求，更多地涉及娱乐、健康、养老和智能家居等多元化领域。刘敏（2021）指出，在新兴产业与数字化技术的双重推动下，新消费已扩展至大健康、智能科技等前沿领域，并表现出显著的个性化和虚拟化特点。尽管当前学术界对新消费尚未有统一的定义，但结合多项研究成果，本书认为，新消费是在数字技术的推动和消费新趋势的引领下形成的集新消费关系、新消费场景、新商业模式于一体的消费新形态。

在新消费时代，消费者不再满足于大众化的产品和服务，而是追求符合个人品位与需求的个性化产品和服务。社交媒体和人群圈子在消费者决策过程中发挥着越来越重要的作用，消费者的购买行为更多地受到社交环境的影响，消费者更倾向于在社交环境中认识品牌并与品牌互动。随着线上触点的分散化和多样化，消费者线上和线下消费体验的融合趋势更加明显，线上购物和线下体验相辅相成。在多元化的消费场景和需求下，消费者对新品牌和新产品的接受度不断提高，并且更加愿意尝试新的消费方式和体验。在供给端，代工厂和电商服务为新消费品牌提供了快速创新和发展的支持。新一代企业家与年轻消费者共情的能力，也促进了新消费时代的组织能力创新。

4.1.3 新消费的主要特征

新消费的“新”主要体现在以下三个方面，这也是新消费的主要特征。

1. 数字技术的深度应用

新消费的发展离不开数字技术的全面渗透。无论是传统消费领域的数字化转型，还是新兴消费领域的技术创新，都使新消费产品和服务更加依赖新技术。现代数字技术不仅丰富了市场供给，还通过电商平台为消费者提供了便捷的购物体验。5G、大数据等数字技术还被广泛应用于海外供应链资源的挖掘和利用，以及物流成本的降低，有效推动了新消费的发展。

2. 新型消费关系的建立

新消费在满足消费者需求的同时，也催生了新型的消费关系。商家通过社群电商、直播带货等方式，加强了与消费者的互动，使供需匹配更加精准。消费者之间也因共同的兴趣和偏好形成了特定的社群。同时，平台经济等新模式的发展也改变了消费者和生产者之间的地位关系，消费者信息弱势地位的转变使生产者更加关注消费者的需求和体验。

3. 创新消费模式的涌现

随着社会的进步和新技术的应用，以绿色消费、借贷消费、虚拟场景消费等为代表的新消费模式不断涌现。政府和企业通过促进商业与农业融合、推动休闲农业发展等方式，丰富了消费选择。同时，“先享后付”等新型消费模式也降低了消费者的购买门槛，增强了消费意愿。直播和短视频带货等新型消费场景更是借助 5G、物联网等技术，为消费者提供了更加直观、生动的购物体验。此外，元宇宙等新消费概念也在国内外电商领域引起了广泛关注。

4.2　消费者行为分析概述

在新消费时代，消费者行为分析至关重要。它有助于零售企业精准把握消费者需求，优化产品和营销策略，提高市场竞争力。同时，它也有助于零售企业准确预测市场趋势，帮助企业做出正确的决策，从而在新消费浪潮中抢占先机，实现可持续发展。

4.2.1　消费者行为的定义

1. 消费

消费是通过购买消费品来满足人们自身欲望的一种经济行为。消费是社会再生产过程中的一个重要环节，可分为两大类：一类是生产消费，即通过消耗材料生产出新产品的行为；另一类是生活消费，即人们满足自己物质文化需要的消费行为，它是衡量一个国家或地区经济是否良性循环的重要依据。消费是至关重要的，生产的最终目的就是消费，只有不断地消费才能创造出生产的需要。

2. 消费者

消费者的定义有狭义和广义之分。狭义的消费者，是指购买、使用各种产品或服务的个人、家庭或住户。广义的消费者，除此之外还包括购买、使用各种产品或服务的组织。本书中所说的消费者，主要是指狭义的消费者。

3. 消费者行为

消费者行为是指消费者为寻找、购买、使用和反馈用以满足需求的产品或服务所进行的一切脑力和体力活动。消费者行为可以看成由两个部分构成：一是消费者的购买决策过程；二是消费者的行动。

这一定义强调了三层重要的含义：

（1）消费者行为包含了感知、认知、行为及其与环境因素之间的交互作用，研究消费者行为必须了解消费者的感知、认知、行为以及与感知、认知、行为相互影响的事件和环境因素。

（2）消费者行为是动态变化的，即个体消费者、消费者群体和整个社会环境随着时间的推移在不断地变化，消费者行为会受到特定时期、特定产品以及特定环境的影响。

（3）消费者行为包含了交易的过程，它是交易的行为基础，这使消费者行为的定义与市场营销的定义保持了一致性，市场营销的定义也强调了交易，市场营销就是通过制定适当的战略和策略来促进与消费者的交易。

微课

认识消费者行为

4.2.2 消费者购买决策过程

消费者购买决策过程是由一系列复杂而精细的活动构成的，从识别需求到最终的购后评价，每一个环节都受到多种因素的影响。了解消费者购买决策过程有助于零售企业更好地理解消费者的需求和行为模式，从而制定更有效的市场营销策略，提高消费者的购买满意度和忠诚度。

1. 需求识别

消费者购买决策的第一步是识别自己的需求。这种需求可能源于内部刺激（如饥饿、渴望等生理需求），也可能来自外部刺激（如广告、社会影响等）。消费者可能是主动意识到自己对某种产品或服务有需求，也可能是通过零售企业的市场营销手段意识到自己的潜在需求。

2. 信息收集

一旦需求被识别，消费者通常就会开始收集有关购买选项的信息。这些信息可能来自多种渠道，包括个人经验、口碑、广告、社交媒体、专业评论或在线评价等。消费者在这一阶段的目标是尽可能多地了解各种选项，以便做出明智的决策。

3. 方案评估

在收集了足够的信息后，消费者会对不同的购买方案进行评估。他们可能会比较不同产品的功能、价格、品牌、外观、质量、服务等多个方面。消费者可能会形成一个购买标准清单，并根据这些标准对每个选项进行评分，以确定哪个选项最能满足他们的需求。

4. 购买决策

在方案评估之后，消费者会做出购买决策。这个决策可能基于理性分析，也可能受到情感因素的影响。在做出决策时，消费者可能会考虑多种因素，包括预算、可用性、便利性、品牌形象等。在这个阶段，零售企业可以通过促销、折扣或其他营销策略来影响消费者的决策。

5. 购买行为

做出购买决策后，消费者会进行实际的购买行为。消费者可能会去实体店购买，也可能在线上平台上选择产品、下单、支付。在这个阶段，零售企业的客户服务、支付便利性、交货速度等因素都可能影响消费者的购买体验。

6. 购后评价

购买行为完成后，消费者会对自己的购买进行评价。消费者的购后评价受产品的实际性能、服务质量、价格合理性等多方面因素的影响。如果购买体验良好，消费者可能会对产品或服务感到满意，并可能在未来再次购买或向他人推荐。如果购买体验不佳，消费者可能会对产品或服务感到失望，并可能退款、换货或向他人表达不满。

4.2.3 消费者行为分析的作用

消费者行为分析在多个方面具有重要作用。它不仅有助于零售企业理解消费者需求、预测市场趋势、优化营销策略，还能提升消费体验、支持企业决策。

1. 理解消费者需求

通过消费者行为分析，零售企业可以深入了解消费者的真实需求、偏好和动机，这可以为企业提供定制产品或优化服务的依据，确保所提供的产品和服务能够更贴近消费者的期望与需要。

2. 预测市场趋势

通过分析消费者行为的变化，零售企业可以预测未来的市场走向，包括消费者的购买偏好、价格敏感度、新产品接受度等方面的变化，这能够为企业制定长远的发展战略提供数据支持。

3. 优化营销策略

消费者行为分析可以为零售企业提供制定和优化营销策略的依据。通过对消费者购买决策过程的研究，企业可以制定更精准的营销策略，提升市场投放的效率和效果，实现资源利用效果的最大化。

4. 提升消费体验

通过了解消费者的行为模式和偏好，零售企业可以提供更加个性化的服务，从而提升消费者的购物体验。优质的消费体验能够提高消费者对品牌的忠诚度和满意度，为企业的持续发展奠定坚实的基础。

5. 支持企业决策

消费者行为分析可以为企业高层决策提供重要参考。通过分析消费者的购买行为、满意度和忠诚度等数据，零售企业可以更准确地评估自身的市场地位和竞争力，为企业的战略调整提供决策依据。

4.3 消费者行为的内在影响因素分析

影响消费者行为的内在因素主要包括需要、学习、自我概念等，这些内在因素相互作用，共同影响着消费者的购买决策和行为。因此，零售企业需要充分考虑这些内在因素，以更好地满足消费者的需求、提高市场竞争力。

4.3.1 消费者需要

1. 消费者需要的含义

消费者需要是指消费者在一定的社会经济条件下，为了自身的生存与发展而对商品产生的需求和欲望。消费者需要包括在人类一般需要之中，常常以对商品的愿望、意向、兴趣、理想等形式表现出来。从消费者个人的角度来讲，消费者需要反映了消费者某种生理或心理体验的缺乏状态，这种缺乏状态会引导消费者向一定的方向去努力实施相应的行为，以消除这种缺乏的感觉。

2. 消费者需要的特征

（1）自发性。消费者对自身的需要有所意识，因而希望获得某种商品来满足自身的需要。消费者对自身需要的意识有不同的程度，包括强烈意识、一般意识、朦胧意识、暂无意识等，这些不同程度的意识都可能催生消费者对商品的购买需求。比如，冬季消费者会意识到应该买一件大衣，或者在商店橱窗看到一件漂亮的大衣也可能产生购买的意识。但是如果消费者购买这件大衣是为了参加当晚一个重要的仪式，那么此时的意识程度可能会更高。

（2）多样性。消费者需要的满足要依靠一定的内容或某种具体的商品，消费者会将自己的需要转化为某种动机，再选择满足的方式。不同的消费者有不同的、多样化的消费需求，这与消费者的生活环境、文化背景、风俗习惯、宗教信仰、个人爱好等因素有关。

（3）周期性。消费者需要常常呈现出周期性特征，表现为某种消费需求出现或者满足后，经过一段时间这种需求又再次出现。比如，人们对于食品等生活必需品的需求就有明显的周期性特征，原因在于自然规律、消费者的生理规律、个人习惯、兴趣等，同时也与商品的寿命、消费者的工作与休闲时间等因素有关。

（4）层次性和伸缩性。由于广大消费者的收入水平和购买力大小不均衡，因而不同的消费者购买的商品数量、质量、品牌等均有差异，表现出不同的层次。不同层次的消费者有不同的购买倾向，这就要求市场提供多层次的商品，来满足各种层次消费者的需要。同时，消费者需要也是可伸缩的，既可以增加、扩张和延伸，也可以减少、抑制和收缩，这取决于消费者的个性、购买能力、闲暇时间以及购买对象。一般来说，对于生活必需品，消费者需要的伸缩性小；而对于对消费者基本生活保障影响不大的商品，消费者需要的伸缩性大。

（5）发展性与引导性。消费者需要是不断发展的，当某种需要被满足后，新的、更高级的需要将被激活，这是事物发展的客观规律。消费者的需要也是可以被引导的，社会环境的变化、收入水平的提高、广告宣传的引导、信息知识的增加、时尚潮流的影响、人际交流的启示、亲朋好友的评价等，都可能引发消费者的各种新需求，或者从一种需求转化为另一种需求、从潜在的需求转化为现实的需求。

（6）相关性。消费者需要是多种多样的，一种需要与另一种需要之间可能会存在某种相关性。这种相关性通常包括正相关和负相关。正相关指对一种商品需求的增加会导致对另一种商品需求的增加，比如旅游人数增加必然导致宾馆客房需求上升。负相关指对一种商品需求的增加会导致对另一种商品需求的减少，比如对洗衣粉的需求增加，对肥皂的需求就会相应减少。

3. 马斯洛需要层次理论的应用

美国人本主义心理学家马斯洛提出的需要层次理论，可以用来认识和分析消费者需要。这种理论认为，人的需要或动机可以分为五个层次，即生理需要、安全需要、社交需要、尊重需要和自我实现需要。马斯洛提出，人的需要和动机是一个由低而高逐级形成和实现的过程。在消费活动中，未得到满足的需要会支配意识，并调动有机体的能量去获得满足。已得到满足的需要不再是活动的推动力，新的需要会取代已满足的需要，成为待满足的需要。

（1）生理需要。生理需要是指为了维持个体生存和人类繁衍而产生的需要，如对食物、水等的需要。生理需要是促使人们行动的最首要的动力，是保障人类生存的基本需要，正如马斯洛所指出的，如果所有的需要都得不到满足，有机体就会被生理需要所支配，其他需要甚至会消失，或者退到隐蔽的地位。"对于一位处于极端饥饿状态的人来说，除了食物，他没有别的兴趣，就是做梦也会梦见食物。甚至可以说，这时充饥才是他独一无二的目标。"

（2）安全需要。安全需要是在生理需要得到相对满足的情况下产生的需要，包括安全感、稳定感、熟悉感、有秩序以及各种保险。人们在生理需要得到满足后，就会产生这种需要。在现代社会中，人们参加各种保险以及将钱存入银行等行为就表达了人们希望得到安全保障的需要。

（3）社交需要。在前两种需要得到满足后，人们便会产生社交需要。这种需要主要是交往的社会需要，如友谊、交际、爱与被爱等。人类的生活是社会性的，人们渴望与别人交往、参加团体活动等，也渴望与他人建立一种情感上的关系，并为实现这个目标做出相应的努力。例如，人们通常会为了交际购买时装、饰品，也会为了获得他人的好感而美容、健身等。

（4）尊重需要。尊重需要比前三种需要更进一个层次，它包括我们通常所说的自尊、自重、成功、威信等。马斯洛认为，社会性的人都希望得到稳定、牢固的地位，具有自尊心并希望获得别人的尊重。这种需要主要表现为两种情况：一种是希望自己能胜任现实中的工作，表现出能力和成就，并实现个人的独立与自由；另一种则是重视他人对自己的评价，希望拥有名誉、威望，受到赏识、关心和高度评价。

（5）自我实现需要。自我实现需要位于需要层次的最高层。它是指人们希望实现自己的潜能，最大限度地发挥个人能力。当前面四个方面的需要得到满足之后，人们就希望完成与自己能力相称的事情，成为自己所希望成为的人。例如，人们追求特定的品牌或者是限量版的商品来表达自我、彰显个性，其目的大都是更好地满足自我实现的需要。

行业直通车

马斯洛需要层次理论在零售行业有着广泛而深入的应用，零售企业可以通过理解和满足消费者不同层次的需要，来提升顾客满意度和忠诚度，并最终推动销售业绩的增长。

1. 生理需要——超市基本生活品促销

超市通过定期推出大米、食用油、食盐等基本生活品的促销活动，满足消费者的生理需要。这些商品是日常生活必需品，消费者对其价格较为敏感，促销活动能够吸引大量顾客前来购买，从而增加销售额。

2. 安全需要——食品质量安全保障

零售企业建立完善的食品安全管理体系，确保销售的食品符合国家安全标准，提供无污染的购物环境，让消费者购物时感到安心，满足了他们对购物环境和商品质量的安全需要。例如，超市对生鲜产品进行严格的质量检测，对过期商品进行及时下架处理。

3. 社交需要——社交媒体营销与社群建设

零售企业通过社交媒体平台（如微信、微博、抖音等）开展营销活动，建立品牌社群，为消费者提供交流互动的空间。企业通过发布新品信息、优惠活动、用户评价等内容，增强用户黏性，提高用户参与度，满足了消费者的社交需要，增强了品牌与消费者之间的情感联系，提高了品牌知名度和美誉度。

4. 尊重需要——个性化定制服务

零售企业提供个性化定制服务，如定制服装、鞋履、珠宝等，让消费者根据自己的喜好和需求进行选择和设计。这种服务方式体现了对消费者个性化和差异化需求的尊重，满足了他们的尊重需要。

5. 自我实现需要——高端品牌与限量版商品

零售企业引入高端品牌或推出限量版商品，满足消费者对品质、品位和独特性的追求。这些商品往往具有较高的附加值和稀缺性，能够激发消费者的购买欲望，满足他们的自我实现需要。

4. 新零售环境下消费者需要的变化趋势

（1）消费者需要个性化。不同的消费者有不同的偏好，人们在选择商品时考虑的因素较为复杂，不仅要考虑商品的使用价值或性能，而且要考虑品牌、外观造型、包装、售后服务等。任何一个消费者对商品的这些要素及其组合都有自己的要求。然而，消费者所处的环境不同，因而会产生不同的需要；即便在同一需要层次上，他们的需要也会有所不同。新零售企业要想取得成功，就必须在整个生产过程中——从产品的构思、设计、制造到产品的包装、运输、销售，认真思考这些差异，并针对不同消费者的特点，采取相应的措施和方法。

（2）消费者的主动性增强。在新零售时代社会分工日益细化和专业化的趋势下，消费者对消费的风险感随着选择的增多而加强。在许多大额或高档消费中，消费者往往会主动通过各种可能的渠道获取与商品有关的信息并进行分析和比较。或许这种分析、比较不是很充分、很合理，但消费者能借此减轻风险感或购买后产生的后悔感，增强对商品的信任感和满足感。消费者主动性的增强来源于新零售时代不确定性的增加及人们对心理稳定和平衡的欲望。

（3）消费者直接参与生产和流通的全过程。传统的商业流通渠道由生产者、商业机构和消费者组成，其中商业机构起着重要作用，生产者不能直接了解市场，消费者也不能直接向生产者表达自己的消费需要。而在新零售环境下，消费者能直接参与到生产和流通中来，与生产者直接进行沟通，减少了市场的不确定性。

（4）追求消费过程的方便和享受。在新零售时代，消费者除了能够满足实际的购物需求以外，还能得到许多信息，享受到在传统商业时代没有的乐趣。当前，人们对现实消费过程的追求出现了两种趋势：一部分消费者工作压力较大、紧张程度较高，他们以方便性购买为目标，追求的是时间和劳动成本的尽量节省。而另一部分消费者由于劳动生产率的提高，自由支配时间增多，他们希望通过消费来寻找生活的乐趣。今后，这两种相反的消费心理会在较长的时间内并存。

4.3.2　消费者学习

1. 消费者学习的含义

学习有狭义和广义之分。我们通常所说的学习，是指文化知识的学习，这是一种狭义的学习。而广义的学习泛指一切经过重复练习而产生的较为持久的认知或行为上的变化。市场营销专家认为，消费者学习是这样一个过程，即在购买和使用商品的活动中，消费者不断积累有关购买和消费的知识、经验与技能，并完善其购买行为的过程。

消费者学习是商品、广告刺激与购买反应之间的一个变量，属于隐蔽部分。它是不能直接观察到的，只能通过消费者的行为表现推测其学习情况。在外界条件的作用下，消费者的原有行为发生了改变，就可以认为他经历了消费学习过程。例如，一个从未打过高尔夫球的人想学习这门技术，其大脑是怎样分析、思考、掌握打高尔夫球的过程的，人们无法直接观察到。人们只能看到，他观看了打高尔夫球教学录像、阅读了打高尔夫球教程、进行了简单的练习、观察了别人打高尔夫球的动作，最后学会了打高尔夫球，这个过程表明他经历了消费学习过程。

2. 消费者学习的类型

由于消费者学习的内容和方式不同，以及消费者的个性、价值观、所处社会阶层、个人经历、偏好都不尽相同，因此消费者学习表现为各种各样的类型。以下是消费者学习的四种基本类型：

（1）加强型。加强型是指消费者通过一段时间的学习，对消费知识有了进一步的掌握，加强了原来的消费行为，提高了该消费行为的频率。例如，某位消费者对川菜的麻辣饮食很不习惯，在朋友的鼓励下品尝了一次，觉得没什么不好的味道，微麻中带香。后来他又吃了一次，觉得味道很独特、很浓郁，于是越吃越想吃，麻辣饮食的消费频率就明显得到提高。

（2）稳定型。稳定型是指消费者经过学习，消费了某种商品之后，消费该商品的行为方式逐渐固化，形成一种稳定的消费习惯。比如一个人初尝咖啡仅是出于尝试新事物的兴趣，未曾预料会成为日常。然而，在多次品尝之后，咖啡的饮用渐渐融入其生活，成为不可或缺的一部分。此时，购买咖啡的行为不再单纯受好奇或一时兴起的驱使，而是由稳固的习惯性需求所主导。

（3）无效型。无效型是指消费者无论怎样进行学习，如消费过某种商品，或者接受过有关某种商品的宣传等，都没有改变对待这种商品的行为方式，也就是学习之后并没有取得相应的效果，消费频率并没有上升。出现这种现象对于商家来说潜在的损失很大，究其原因主要有三种：其一是消费者长期没有这方面的需要；其二是消费者对这种商品或对生产这种商品的商家抱有不信任的态度；其三是消费者不愿意改变原来的消费习惯。

（4）削弱型。削弱型是指消费者经过消费学习，了解了商品的某些特点，削弱了对该商品的消费行为方式，或者将原来的消费行为方式改变为另一种消费行为方式。这种效果的产生一般是因为消费者在购买或者使用商品的过程中有过不满意的体验。虚假广告、欺骗顾客的行为、恶劣的购物环境、损害消费者利益的做法，都容易导致削弱型学习。

3. 学习对消费者行为的影响

学习在塑造人的行为、保持人类行为同外界环境的动态平衡上发挥着巨大的作用。从消费者角度来说，学习对其行为主要有以下三个方面的影响：

（1）获得有关购买的信息。消费者的购买决策是以获得有关购买的知识和信息为前提的。信息获取本身就是一种学习，而怎样或通过哪些渠道获得信息、获得哪些方面的信息，均是学习的不同手段。在现代社会，消费者每天都要接触大量的信息，如有关新产品的信息、有关产品新的使用方法的信息、有关他人使用产品的行为与体验的信息等。消费者或主动、或被动地接触这些信息，而其中被消费者接受并能够影响消费者行为或行为潜能的可能只有一小部分，但正是这一小部分信息，使消费者行为发生了改变，使其购买决策得到优化，更加理性。

（2）促发联想。联想是指消费者由此事物而想到彼事物的心理过程。比如人们一提起冬天，就会联想到寒冷；一提起教室，就会联想到黑板、课桌等。联想有两种类型：一是由刺激物到刺激对象的联想，如由火焰联想到火柴、由钢笔联想到墨水等。二是由行为到结果的联想，如由吸烟联想到疾病、由喝水联想到止渴等。联想在消费者行为中有着非常重要的作用，它既能促发购买行为，又能抑制或阻碍购买行为。很多企业在宣传其产品时，都试图通过语言、文字、画面促发消费者的积极联想，从而激起消费者的购买欲望。同样的刺激或暗示对于不同的人可能会激发不同的联想，其中一个重要原因是人们的经验和学习方式不同。对于长期生活在海南的居民与长期生活在黑龙江的居民来说，“冬天”这一词汇所激起的联想是有巨大差别的。经由学习而产生的联想经多次重复，日久天长便会形成习惯。如家里牙膏快用完了，会自动地联想到离家不远的小店卖的某个品牌的牙膏；春节快到了，会自然地想到要购买春联等年货。

（3）影响消费者的态度和对购买的评价。消费者对于某种特定产品或服务的态度，也是经由学习逐步形成的。例如，对某个品牌的电器产品十分偏爱、对其他品牌的电器产品不屑一顾的消费者，在经过长期观察、比较和接触各种各样的信息之后，也在逐步改变自己的态度，甚至成为其他品牌电器产品的忠诚购买者。消费者态度的转变是建立在学习的基础之上的。消费者的学习还会影响其对产品或服务的评价。例如，对于初次购买个人计算机的用户来说，评价和选择计算机时可能考虑得比较多的是计算机的运行速度、内存、硬盘容量，而对其他配置可能不太重视，但在使用一段时间后则会发现，这些被忽视的配置同样非常重要。换句话说，当消费者经过学习，具有更多的知识和经验后，他们对产品的评价和选择标准也会发生改变。

4.3.3　消费者自我概念

1. 自我概念的含义

自我概念是一个心理结构，是一个感知行为并解释行为的系统。自我概念依赖于人们依据过去的学习与经验所形成的对生活行为的假设和期望，具有强烈的意识性。自我概念真实地反映了人的内部状态，反映了人的经验的认识组成，也反映了人的情绪、情感。自我概念集中统合了人的过去经验、现时状况、未来期望，并以此为参照引导个体的思想和行为以应对环境。可以说，自我概念就是个体自身的写照或肖像。从更广泛的意义上说，自我概念反映在一个人对自己衣食住行、言谈举止、待人接物、为人处世的全部规范之中，成为人们日常生活、工作行为的依据。消费者如何评价自己、如何评价个人的各种特征，往往会直接影响其消费行为。自我概念以潜在的、稳定的形式参与消费活动，对消费行为产生深刻影响。

2. 消费者自我概念的内容

消费者自我概念的内容涉及多个维度，包括自我认知、价值观和信仰、生活方式、社会角色、个性特质、自我形象等。深入理解消费者自我概念对于零售企业来说至关重要，可以帮助企业更好地了解消费者，预测他们的行为，并制定相应的市场营销策略。

（1）自我认知。这是指消费者对自己的了解程度，包括对自己的需求、喜好、能力和潜力的了解。这种认知会影响他们的消费选择，因为消费者通常会购买那些符合他们自我认知的商品。

（2）价值观和信仰。消费者的价值观和信仰对他们的消费决策有深远影响。这些价值观和信仰与个人的道德观、宗教信仰、政治立场或文化传统有关。消费者通常更倾向于购买那些与他们的价值观和信仰相符的商品。

（3）生活方式。消费者的生活方式包括他们的休闲活动、饮食习惯、居住环境和社交圈子等，这些都会影响他们的消费选择。例如，喜欢户外运动的人可能会购买更多的运动装备和服装。

（4）社会角色。每个人在社会中都有一定的角色，如学生、父母、职业人士等。这些角色会影响他们的消费决策，因为不同的角色有不同的需求和期望。例如，父母可能会为他们的孩子购买与教育、成长相关的产品和服务。

（5）个性特质。每个消费者都有自己的个性特质，如开朗、内向、冒险、谨慎等。这些特质会影响他们的消费决策和偏好。例如，冒险型的人可能更喜欢尝试新的产品或服务。

（6）自我形象。这是指消费者对自己的形象和身份的看法。消费者通常会购买那些与他们自我形象相符的产品或服务，以塑造与维护他们的身份和形象。

3. 自我概念对消费者行为的影响

自我概念对消费者行为的影响是多方面的。了解消费者的自我概念有助于零售企业更好地了解消费者的需求和心理，从而提供更符合消费者自我概念的商品，提高市场竞争力。

（1）塑造消费偏好。自我概念是消费者形成消费偏好的基础。每个人的自我概念都是独特的，包括他们的兴趣、价值观、生活方式和个性特点。这些内在因素直接影响着消费者对商品的偏好。例如，一位注重健康和环保的消费者可能更偏向于购买有机食品和环保产品，这反映了他的自我概念中重视健康和环保的价值观。此外，消费者的自我概念还会影响他们对不同品牌或商品的态度。消费者往往会选择与其自我概念相契合的品牌或商品，因为这些品牌或商品能够更好地满足他们的心理需求，增强他们的自我认同感。

（2）影响购买决策。自我概念在消费者的购买决策过程中起着至关重要的作用。当消费者面临购买决策时，他们会根据自我概念来评估商品的价值、质量和适用性。例如，一位追求时尚和品位的消费者在购买服装时，可能会更注重品牌、设计和品质，而不是价格。此外，消费者的自我概念还会影响他们的购买动机。有些消费者可能会因为追求自我提升或社会认同而购买某些商品，而有些消费者则可能更注重商品的实用性和性价比。

（3）引导消费行为。自我概念不仅能够影响消费者的购买决策，还能够引导他们的消费行为。消费者的自我概念会影响他们对购物场所、消费方式和购买频率等的选择。例如，有些消费者可能更愿意去高档次、高质感的购物中心进行消费，而有些消费者则可能更倾向于选择方便、实惠的在线购物。此外，消费者的自我概念还会影响他们的消费态度和模式。有些消费者可能更注重个性化和差异化的消费体验，追求与众不同的感觉；而有些消费者则可能更注重社会认同和群体归属，选择与他人相似的消费方式。

微课

自我概念与网络消费者行为

4.4 消费者行为的外在影响因素分析

消费者行为的外在影响因素众多，主要包括文化、亚文化、参照群体、关键意见领袖等。零售企业在制定市场营销策略时，需要综合考虑这些因素，以更好地满足消费者的需求。

4.4.1 文化

1. 文化的含义

文化的含义非常广泛，可以从多个角度进行理解和定义。一般来说，文化是指人类在长期的历史发展中共同创造并赖以生存的物质与精神存在的总和。文化包括物质文化、精神文化以及行为文化等多个方面。物质文化是指人类创造的物质文明，包括交通工具、服饰、日常用品等；精神文化是指人类的精神世界，包括思维方式、宗教信仰、审美观念、道德标准等；行为文化是指人类在社会交往、礼仪习俗、节庆活动等方面的行为方式。另外，文化也可以看作是人类在不断认识自我、改造自我的过程中所创造的并被人们共同认可和使用的符号（以文字为主、以图像为辅）与声音（以语言为主，以音韵、音符为辅）的体系总和。这个定义强调了文化是人类创造出来的，是人类智慧的结晶，并且是人们共同认可和使用的。

2. 文化的特性及其对消费者行为的影响

（1）文化的可学习性。文化的延续仰赖世代相传的学习过程。这种学习机制不仅维系了民族或群体的文化脉络，还铸就了其独有的文化特质。例如，中华民族深受数千年儒家文化熏陶，形成了蕴含仁义、中庸、谦让、恭敬等元素的民族文化精髓。此文化心理映射于消费习惯上，体现为从众、尊传统、重礼仪等行为模式。这与西方社会强调个人主义、追求个性化消费的生活方式有明显区别。

（2）文化的可发展性。文化不是静止不变的，它的一个显著特征就是变化和发展。当一个社会（或群体）面临新的问题或机会时，人们的价值观念、行为方式、生活习惯、兴趣爱好等就可能发生适应性改变，形成新的文化内容。在文化的适应性演进过程中，新文化模式的形成或引入会受到人们感兴趣的程度和原有价值观念、行为准则的影响。比如，在传统的文化意识里，节省时间的观念并不突出，但随着商品经济的高度发展和工业化程度的不断提高，以及“后工业时代”的逐步到来，人们越来越关心如何节省时间，以改善和提高生活质量。在节省时间和提高工作效率的新观念下，更多的人开始接受方便、省时的产品或服务，如速溶饮料、快餐食品等，也更愿意到效率较高的零售商店去购物。

（3）文化的民族性。文化是特定社会群体的大部分成员所共有的，具有鲜明的民族特点。每个民族在其繁衍和发展的过程中都会形成自己独特的语言、文字、仪式、风俗、习惯、性格、传统与生活方式。例如，某个国家的文化特征是经验的、现实主义的，使该国的人形成了重视经验、保守、讲求实际的民族性格，所以人们更喜欢庄重、大方、实用、简练的服装。而另外一个国家的文化特征是崇尚精神追求及艺术审美，人们更喜欢能够象征人的个性、性格和反映人精神意念的东西，所以这个国家的人更喜欢潇洒、飘逸、抽象、更具艺术性的服装。文化差异不仅体现在国家、民族之间，也体现在不同种族、地域、宗教、机构以及家庭等群体之间。

（4）文化的社会性。文化的社会性主要体现在人们的生活习惯和模式方面，它是通过同一文化中成员间相互交往、相互作用的社会实践逐步形成的。共同的语言，对象征、符号和生活方式的共同理解，以及共同的沟通方式和信息传递方法，是某一文化区别于其他文化的重要标志。正是这些共同之处，促进了同一文化中成员间的相互了解，保证了同一文化群体的内部和谐和群体的相对独立性。文化的这一社会性特征，深刻地塑造并影响着消费者的行为模式与选择偏好。企业在策划营销活动时，必须敏锐洞察并深入分析这种文化特性与共性，既要准确把握社会文化的主流趋势，又要细致区分不同消费者的个性化需求。通过在社会文化共性的广阔土壤上精心培育，同时精准捕捉并响应消费者个体的独特需求，企业方能在营销过程中广泛覆盖社会各阶层的消费群体，同时保持并彰显自身独特的品牌定位与市场魅力。

（5）文化的无形性。文化对消费者行为的影响和引导就像一只“看不见的手”。文化对人们行为的影响是自然而然的，也是自动的，因此人们受一定文化的影响而实施的行为通常被看作是理所当然的。例如，当研究人员问消费者为什么要做某件事时，消费者通常会回答："因为我一直这么做。"这一回答表面看来似乎是肤浅的，但它却反映了文化对人们行为的深刻影响。通常只有当我们接触到具有不同文化价值观和习惯的人时，才能真正感受到文化是如何影响人们的行为的。要了解文化对消费者行为的影响，就需要了解不同社会所具有的不同文化特征。例如，有些地域的消费者以牙齿的洁白为美，而有些地域的消费者以牙齿的黄黑为美，了解了这些我们才能知道在各个不同地域应以什么样的产品和广告来满足消费者的需要。

4.4.2 亚文化

1. 亚文化的含义

亚文化又称集体文化或副文化，指与主文化相对应的那些非主流的、局部的文化现象，具体来说就是在主文化或综合文化的背景下，为某一区域或某个集体所特有的观念和生活方式。一种亚文化不仅包含着和主文化相通的价值与观念，也有属于自己独特的价值与观念。由于亚文化会直接影响人们生存的社会心理环境，因此其影响力往往比主文化更大，它能赋予人一种可以辨别的身份和属于某一群体或集体的特殊精神风貌与气质。亚文化有各种分类方法，通常按性别、地理、年龄、民族进行划分。

2. 亚文化的分类及其对消费者行为的影响

（1）性别亚文化。男性和女性在许多方面存在显著的差异。例如，男性与女性在处理信息的方式上就不一样。男性喜欢看商品评论、比较商品价格，喜欢性价比高的商品；而女性喜欢与商家交流，喜欢网购、互动及由此带来的虚拟体验。从购买动机方面看，男性的购买动机形成果断，并且动机的感情色彩比较单薄；而女性容易接受外界的心理暗示，购买动机稳定性差，并且从众心理强。所以对于某些营销目标，必须将男性和女性作为两个独立的市场来考虑。

（2）地理亚文化。不同地域群体在生活方式以及价值观上的差异是很明显的。中国是一个地域面积大、人口多且分布广的国家。受地理条件和气候等因素的影响，不同地区文化差异较为明显，比如四川人喜欢麻辣、浙江人爱吃甜食等。中国的八大菜系就是根据地理划分的，它们风格各异、各成一家。在购买商品时，北方人喜欢大包装，而南方人则偏爱小包装，这些都是地理亚文化的体现。

（3）年龄亚文化。不同年龄的人有不同的价值观，对商品有不同的偏好。老年人比较自信和保守，习惯于购买自己熟悉的商品，求实、求利的购买动机比较强。年轻人则追求新、奇、美，愿意尝试新产品，容易产生诱发性和冲动性的购买行为，其购买动机具有较强的主动性和浓厚的感情色彩。即使对同一种产品，不同年龄的亚文化群体也表现出需求上的差异。例如，对药品的需要，年轻人重在治疗，而老年人重在保养。

（4）民族亚文化。任何一个民族的消费习惯都是经过长期的反复消费，才逐步集中、形成，最后稳定在某种方式上的。各民族的消费习惯具体表现为他们的基本消费行为，反映着各个民族的不同消费需求。我国是一个多民族的国家，各民族都有自己的消费习俗、审美意识、生活方式等。如回族对饮食的要求比较严格，肉食以牛、羊肉为主；朝鲜族喜欢吃大米、腌菜、烤肉。此外，很多民族对婚丧嫁娶都有着严格的仪式和戒律。由此可见，民族亚文化的特点对消费者行为的影响是深刻的、直接的。

4.4.3 参照群体

1. 参照群体的含义

参照群体是指对个体的行为、态度、价值观等有直接或间接影响的群体，它通常在个体形成其购买或消费决策时，用来作为参照和比较。如同从行为科学里借用的其他概念一样，参照群体的含义也在随着时代的变化而变化。参照群体最初是指家庭、朋友等与个体具有直接互动的群体，但现在它不仅包括这些与个体具有互动基础的群体，而且涵盖了与个体没有直接接触但对个体行为产生影响的群体。

2. 参照群体对个体消费者行为的影响

参照群体对个体消费者行为的影响是复杂多样的，它可以通过信息性影响、规范性影响和认同性影响来改变消费者的态度和行为。

（1）信息性影响。这是指个体接收并信任参照群体的信息、意见或建议，进而改变自己的态度或行为。在消费决策中，信息性影响通常发生在参照群体（如家人、朋友、同事、专家等）提供有关产品、品牌或服务的建议和信息时。这些建议和信息可能会影响消费者对产品的认知、评价和购买决策。例如，当一位消费者考虑购买一款新的智能手机时，他可能会向身边的朋友或专家咨询，以获取有关不同品牌和型号手机的建议和信息。这些建议和信息可能会影响他最终的购买选择。

（2）规范性影响。这是指参照群体通过正式或非正式的规范、标准或期望来影响个体的消费行为。参照群体对消费者行为的规范性影响通常表现为消费者为了符合群体的期望或避免受到群体的负面评价而改变自己的消费决策。例如，某个社会群体可能认为购买某特定品牌的产品是一种社会地位的象征，或者在某些场合下应该穿着某特定风格的服装，在这种情况下，消费者可能会因为想要符合群体的期望而购买这些产品。

（3）认同性影响。这是指个体为了与参照群体保持一致或增强与参照群体的联系而主动模仿或学习其行为或态度。参照群体对消费者行为的认同性影响可能表现为消费者对某些品牌或产品的偏好和忠诚，因为这些品牌或产品代表了他们的身份、价值观或生活方式。例如，一些消费者可能会选择购买某个品牌的服装或配件，因为他们认同这个品牌所代表的生活方式和价值观。

经典案例库

某国际咖啡品牌的新零售门店通过精准把握年轻消费群体的社交需求和参照行为，成功打造了线上线下融合的全新购物体验。

该咖啡品牌在新零售门店内设置了特色空间，如共享工作区、社交休息区等，吸引了大量年轻顾客。这些区域不仅提供舒适的休闲环境，还定期举办“创意工作坊”“咖啡品鉴会”等活动，吸引了众多社交媒体上的 KOL 和网红前来打卡分享。

通过这种方式，该咖啡品牌不仅提升了门店的客流量和销售额，还成功塑造了品牌的时尚、潮流形象。参照群体的力量让新零售门店不再仅仅是消费的地方，更成为年轻人社交、展示自我的重要场所。这一典型案例充分展示了新零售时代参照群体对消费者行为的深刻影响。

4.4.4 关键意见领袖

1. 关键意见领袖的含义

关键意见领袖（Key Opinion Leader，KOL）是指拥有更多、更准确的商品信息，且为相关群体所接受或信任，并对该群体的购买行为有较大影响力的人。关键意见领袖具有独特的人格特征、强烈的好奇心与强大的影响力，是消费市场中的趋势领导者；他们也具有独特的商品知识，对某类商品有着长期的接触和深入的认识，因此他们的意见往往更专业；同时，他们还具有丰富的市场知识，是积极的信息收集者，会主动了解有关商品和市场的信息。

2. 关键意见领袖对消费者行为的影响

关键意见领袖在消费者的购买过程中扮演着重要的角色，他们的评价、推荐和意见能够显著影响消费者的购买决策、购买转化、品牌忠诚度和购后行为。

（1）对购买决策的影响。关键意见领袖通常具有丰富的专业知识和较强的社会影响力，消费者可能会根据 KOL 的推荐来选择产品或品牌。尤其是对于那些信息披露较少、消费者了解不多的产品，KOL 的评价和推荐能够帮助消费者降低购买风险，做出更好的决策。

（2）对购买转化的影响。关键意见领袖的推荐通常具有较高的可信度，他们在推荐产品时，更容易引起消费者的关注，并很可能最终引导消费者完成购买。KOL 的推荐往往伴随着具体的购买链接或渠道，使得消费者能够更方便地完成购买转化。

（3）对品牌忠诚度的影响。关键意见领袖通常与某些品牌或产品有长期的合作关系，他们的持续推荐与评价能够帮助品牌建立和维护消费者的忠诚度。当消费者对某个品牌或产品产生好感时，他们可能会持续购买，并成为该品牌或产品的忠实客户。

（4）对购后行为的影响。消费者在购买产品后，可能会产生一系列的购后行为，如抱怨、投诉或良好的口碑传播等。关键意见领袖在购后阶段的评价和建议，能够帮助消费者更好地使用产品，并解决可能遇到的问题。同时，KOL 的积极评价也能够鼓励消费者进行口碑传播，进一步提高品牌或产品的市场影响力。

微课

关键意见领袖与网络消费者行为

巩固提升

一、单选题

1. 新消费的“新”主要体现在哪个方面？（　　）

A. 数字技术的深度应用　　B. 新型消费关系的建立

C. 创新消费模式的涌现　　D. 以上都是

2. 消费者购买过程是消费者把购买动机转化为（　　）的过程。

A. 购买心理　　B. 购买意志　　C. 购买行动　　D. 购买意向

3. 马斯洛提出的需要层次理论把人的需要分为五个层次，以下不属于这五个需要层次的是（　　）。

A. 生理需要　　B. 安全需要

C. 个人发展的需要　　D. 自我实现需要

二、多选题

1. 以下属于消费者行为分析的作用的是（　　）。

A. 理解消费者需求　　B. 预测市场趋势　　C. 优化营销策略　　D. 提升消费体验

2. 以下属于消费者需要的特征的是（　　）。

A. 自发性　　B. 多样性　　C. 周期性　　D. 层次性和伸缩性

3. 学习在塑造人的行为、保持人类行为同外界环境的动态平衡上发挥着巨大的作用。从消费者角度来说，学习对其行为的影响主要有哪些？（　　）

A. 获得有关购买的信息　　B. 促发联想

C. 影响消费者的态度　　D. 影响消费者对购买的评价

4. 以下属于消费者购买决策过程的环节的是（　　）。

A. 需求识别　　B. 方案评估　　C. 在线支付　　D. 购后评价

三、判断题

1. 消费是至关重要的，生产的最终目的就是消费，只有不断地消费才能创造出生产的需要。（　　）

2. 消费者消费主动性增强是因为现代社会竞争加剧。（　　）

3. 马斯洛认为生理需要是最高层次的需要。（　　）

4. 关键意见领袖（KOL）是指拥有更多、更准确的商品信息，且为相关群体所接受或信任，并对该群体的购买行为有较大影响力的人。（　　）

四、填空题

1. 我国陆续出台了多项新消费建设政策，为平台消费、__________ 和 __________ 等新消费模式的发展提供了有力保障，推动了消费市场的多元化和个性化发展。

2. 文化是指人类在长期的历史发展中共同创造并赖以生存的 __________ 与 __________ 存在的总和。

3. 参照群体对个体消费者行为的影响是复杂多样的，它可以通过 __________、__________ 和 __________来改变消费者的态度和行为。

五、讨论分析题

假如你有一家专营时尚女装的淘宝店铺，正值夏末秋初，店内上新了一批新款式的秋装，你打算利用这个契机进行用户拉新，但你预算有限，无法铺天盖地地在搜索引擎上投放广告。你应该如何确定目标消费群体，如何进行消费者行为分析？

第5章 零售店铺建设

案例引入

小米之家全渠道融合体验店建设

在新零售浪潮的推动下，小米之家凭借其独特的店铺规划和全渠道融合策略，成功转型为集产品展示、互动体验、线上购物于一体的新零售典范。小米之家不仅拥有精美的线下实体店铺，还构建了完善的线上电商平台、小程序店铺以及新媒体社交平台矩阵，实现了线上线下无缝衔接和全渠道覆盖。

小米之家的线下实体店铺采用极简而富有科技感的设计风格，店铺内部布局合理，空间利用率高。店内设置了多个互动体验区，如智能家居体验区、手机体验区、游戏娱乐区等，让消费者可以亲身体验小米产品的魅力。同时，店铺还配备专业的销售人员，为消费者提供一对一的咨询服务，解答疑惑，引导购买。

在线上渠道方面，小米之家依托小米商城这一电商平台，为消费者提供了丰富的商品选择和便捷的购物体验。消费者可以在小米商城浏览商品信息、下单购买、查看物流状态等。此外，小米还推出了小米之家小程序店铺，进一步简化了购物流程，消费者无须下载 App 即可在微信等平台上完成购物。小程序店铺还融入社交元素，如好友分享、优惠券领取等，增强了用户的互动性和黏性。

除了电商平台和小程序店铺外，小米之家还积极利用新媒体社交平台进行品牌传播和产品销售。比如通过微博、微信、抖音等社交媒体平台发布最新的产品信息、活动预告、用户评价等内容，吸引粉丝关注和互动。

同时，小米还运营着独立的品牌网站，并将其作为品牌形象的展示窗口和产品信息的发布平台。独立站店铺不仅提供了与电商平台相似的购物功能，还融入了更多的品牌文化和价值观传播元素。

小米之家通过线上线下全渠道融合的策略，实现了消费者购物体验的全面提升。线下实体店铺为消费者提供了亲身体验和即时购买的机会；线上电商平台和小程序店铺提供了便捷的购物渠道和丰富的商品选择；新媒体社交平台和独立站店铺则加强了品牌与消费者的互动和沟通。三者相互补充、相互促进，共同构成了小米之家全渠道的零售生态体系。

通过精心的店铺规划和全渠道融合策略的实施，小米之家成功吸引了大量消费者的关注和喜爱。其线下实体店铺成为城市中的一道亮丽风景线；线上电商平台和小程序店铺保持着持续的增长势头；新媒体社交平台和独立站店铺则提高了品牌的知名度和影响力。小米之家的成功转型为新零售时代的店铺规划与建设提供了宝贵的经验和启示。

请结合案例内容，思考和讨论以下几个问题：

1. 在新零售时代，店铺规划与建设需要综合考虑哪些因素？企业应如何平衡线上线下资源、提升消费者购物体验？

2. 全渠道融合策略的优势和挑战是什么？全渠道融合策略如何帮助企业提升市场竞争力？全渠道融合策略在实施过程中会遇到哪些挑战，如何有效应对？

3. 新媒体社交平台在新零售中的角色和作用是什么？新媒体社交平台如何影响消费者的购物决策？企业应如何利用新媒体社交平台开设店铺进行产品销售？

学习目标

知识目标：

1. 掌握线下实体店铺建设的基本知识和关键步骤，包括选址、空间布局、货架设置和商品陈列等方面的考量。

2. 了解电商平台网店建设的重要性和步骤，包括电商平台的选择、网店规划与定位、网店用户体验设计等方面。

3. 熟悉小程序店铺的概念、特点、规划、建设步骤和注意事项，了解小程序店铺在零售业务中的应用和发展趋势。

4. 认识新媒体社交平台在零售领域的应用，了解新媒体社交平台店铺建设的重要性和流程，以及如何借助新媒体社交平台进行品牌传播和销售。

5. 掌握独立站店铺的概念、特点、建设原则与策略以及建设步骤，了解独立站店铺在品牌自主控制和用户体验提升方面的优势。

技能目标：

1. 能够进行线下实体店铺的选址评估，合理布局店铺空间，设置合适的货架，并进行有效的商品陈列。

2. 能够选择合适的电商平台进行网店建设，完成网店规划、网店定位、网店用户体验优化等。

3. 能够运用小程序开发工具，进行小程序店铺的规划和建设，提升用户体验和转化率。

4. 能够在新媒体社交平台上进行店铺建设，包括平台选择、店铺设计和搭建、产品展示和销售推广的优化、建立完善的客户服务体系等环节。

5. 能够规划和建设独立站店铺，并对独立站店铺进行运营和优化，为用户提供良好的购物体验。

素养目标：

1. 培养对零售店铺建设的全面认识和系统思考能力，能够从多渠道、多角度进行零售店铺规划和建设。

2. 提高对市场和消费者需求的敏感度，能够根据市场和消费者需求的变化灵活调整店铺建设和运营策略。

3. 提升团队协作和沟通能力，能够与团队成员合作，高效完成店铺建设和运营任务。

4. 培养创新思维和问题解决能力，面对零售市场的复杂性和多变性，能够迅速反应并找到有效的解决方案。

学习导图

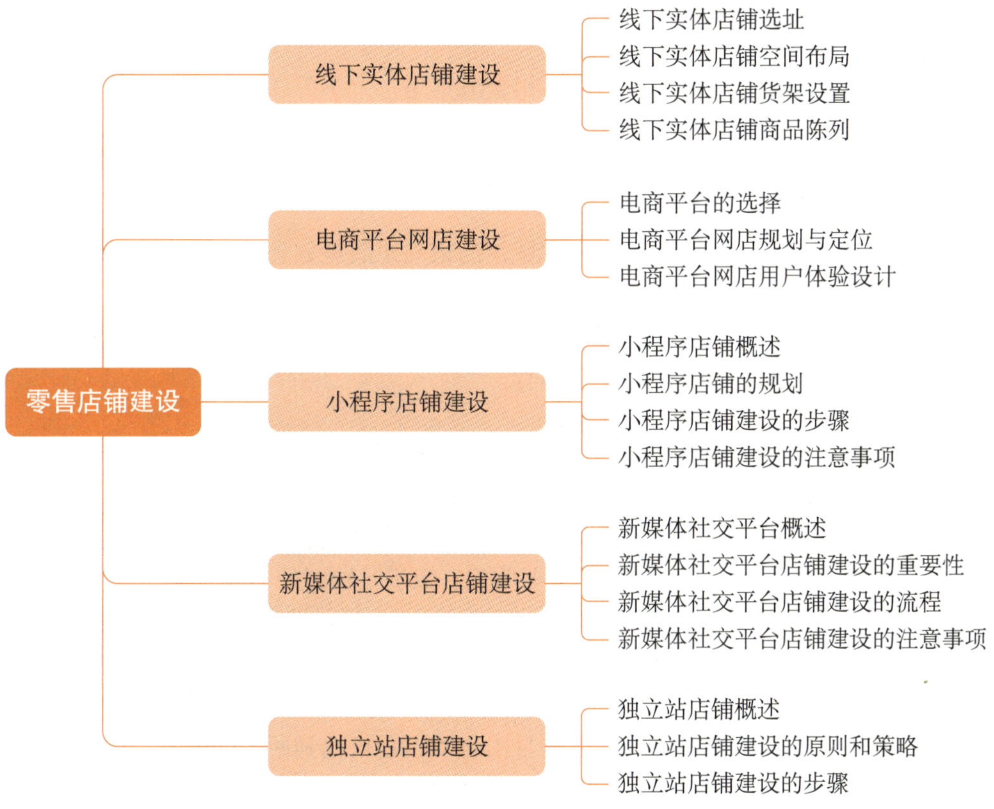

5.1 线下实体店铺建设

在数字化时代，线下实体零售店铺依然扮演着举足轻重的角色。它们不仅是商品交易的场所，也是品牌形象的展示窗口，更是与消费者建立情感连接的桥梁。因此，精心策划和建设一家线下实体店铺，对于吸引消费者、提升品牌竞争力至关重要。下面将从选址、空间布局、货架设置、商品陈列等方面，简要解析线下实体零售店铺的建设过程。

5.1.1 线下实体店铺选址

选址是线下实体店铺建设的第一步，也是至关重要的一步。一个好的选址能够为店铺带来稳定的客流量，提高品牌知名度和美誉度。在选址时，需要综合考虑以下因素：

（1）商圈分析：了解目标商圈的消费水平、消费习惯、竞争态势等，确保店铺定位与商圈特性相契合。同时，通过评估商圈的商业潜力，确定店铺的长期发展空间。

（2）人流量评估：分析店铺门前的人流量、人流走向以及周边公共交通情况，确保店铺能够吸引足够的潜在顾客。

（3）目标顾客群分析：明确目标顾客群，分析他们的消费习惯、年龄结构、收入水平等因素，确保店铺选址能够吸引目标顾客群。例如，主要面向年轻人的时尚品牌可以选择在大学城或时尚商业区开设实体店铺。

（4）租金成本分析：在选址过程中，租金成本是一个不可忽视的因素。需要综合考虑租金与店铺营利能力之间的关系，确保将成本控制在合理范围内。

（5）周边环境考察：考察店铺周边是否有其他知名品牌、购物中心或娱乐场所等，它们有助于提升店铺的知名度和吸引力。

（6）城市规划与发展分析：了解所在城市的未来发展规划和政策导向，确保店铺选址符合城市发展的方向，具备长期的发展潜力。

5.1.2 线下实体店铺空间布局

空间布局是线下实体店铺建设的核心环节。合理的空间布局能够给顾客带来良好的购物体验，增强店铺的吸引力。在进行店铺空间布局时，需要注意以下几个方面：

（1）功能性：根据店铺的经营品类和定位，划分出合理的功能区域，如展示区、销售区、试衣区、休息区等。每个区域的功能要明确，以满足顾客的不同需求。

（2）美观性：注重店铺的整体美感和协调性。通过合适的色彩搭配、照明设计、元素装饰等，营造出舒适、时尚的购物环境。同时，店铺风格要与品牌形象相契合，传递出品牌的独特气质。

（3）流动性：确保顾客在店铺内能够自由流动，轻松找到所需的商品。通过合理的通道设置和布局，引导顾客浏览商品并产生购买欲望。同时，要避免拥堵和死角，保持店铺的通透感。

（4）安全性：在进行店铺空间布局时，需要考虑顾客和员工的安全问题。确保店铺内消防设施、安全出口等的设置符合相关法规要求，并定期进行安全检查和演练。

5.1.3 线下实体店铺货架设置

货架是线下实体店铺的重要组成部分，其设置合理与否直接影响到商品陈列效果和顾客购物体验。在设置货架时，需要注意以下几点：

（1）货架类型与尺寸：根据店铺面积、商品种类和陈列需求，选择合适的货架类型与尺寸。常见的货架类型包括层板货架、挂钩货架、网片货架等，每种货架陈列特点不同，都有其适用的商品类型。

（2）货架布局：合理的货架布局能够使店铺空间得到有效利用，同时提升商品的展示效果。在布局时，需要遵循"易见易取"的原则，确保顾客能够轻松找到所需商品。此外，还需注意货架之间的距离和通道宽度，确保顾客在店内行走自如。

（3）货架高度：货架高度应根据商品的种类和顾客的身高来确定。对于高频购买的商品，可以放置在较低的货架上，方便顾客拿取；对于价值高或展示性强的商品，可以放置在较高的货架上，以吸引顾客的注意。

（4）货架装饰：合理的货架装饰能够提升店铺的整体美观度和商品陈列效果。在装饰时，需要注重装饰材料的色彩搭配和材质选择，确保与店铺整体风格相协调。同时，还可以利用灯光、海报等元素进行点缀，提升商品的吸引力。

5.1.4　线下实体店铺商品陈列

商品陈列是线下实体店铺建设的关键环节，它直接影响着顾客的购物体验和购买意愿。在商品陈列时，需要注意以下几点：

（1）分类陈列：按照种类、品牌、价格等因素对商品进行分类陈列，方便顾客查找和比较。在分类陈列时，要注意突出店铺的特色和优势商品。

（2）突出展示：对于价值高、热销的商品或刚上市的新品，需要进行突出展示。可以利用货架的顶层、端头或特殊陈列架等进行展示，吸引顾客的注意。

（3）色彩搭配：色彩搭配是影响商品陈列效果的重要因素之一。通过合理的色彩搭配，能够提升商品的吸引力和整体美观度。在陈列时，需要注重商品本身色彩与背景色彩的协调和对比。

（4）灯光照明：灯光照明对于商品陈列效果有着至关重要的影响。通过合理的灯光照明，能够突出商品的细节和质感，提升商品的吸引力。在设计照明时，需要注重光源的选择和灯光的分布与亮度控制。

（5）促销标识：在商品陈列中设置促销标识能够吸引顾客的注意并激发他们的购买欲望。标识应清晰明了地标注商品的促销信息，如价格、折扣等，并放置在显眼的位置，以便顾客查看。

行业直通车

在实体店铺的商品陈列中，季节性陈列和动态更新发挥着重要作用。随着季节的更迭和市场的变化，商品陈列也需要做出调整，以保持对顾客的吸引力。

1. 季节性陈列

（1）春季陈列：在春季，可以重点陈列轻薄、明亮的服装和配饰，以及适合户外活动的商品。通过清新的色彩和轻快的布局，营造出春日的活力和希望。

（2）夏季陈列：夏季是消费高峰期，在陈列时可以突出夏季特色商品，如泳装、防晒用品、夏季饮料等。同时，可以通过运用大量的绿色植物和清凉的水等元素，营造出清凉的购物环境。

（3）秋季陈列：秋季陈列以温暖、舒适的商品为主，如毛衣、外套、秋季饰品等。可以通过柔和的色彩和温暖的灯光，营造出温馨的氛围，让顾客感受到秋天的温暖。

（4）冬季陈列：冬季是销售旺季，可以重点陈列保暖商品，如羽绒服、棉鞋、围巾等。临近春节时，可以通过运用红色等节日色彩，以及雪花等装饰元素，营造出浓厚的节日氛围。

2. 动态性陈列

（1）新品上架：当有新品上市时，要及时将新品陈列在显眼的位置，并通过独特的陈列方式吸引顾客的注意。同时，可以通过设置新品专区、举办新品发布会等方式，提高新品的曝光率。

（2）畅销品推荐：根据销售数据和顾客反馈，将畅销商品摆放在店铺的显眼位置，方便顾客快速找到。同时，可以通过悬挂海报、播放促销广播等方式，向顾客推荐畅销商品。

（3）促销活动：结合节日、庆典等时机，开展促销活动。在促销期间，可以通过调整商品陈列方式、设置促销专区、增加促销标识等手段，营造出浓厚的促销氛围，吸引顾客参与。

5.2 电商平台网店建设

电商平台作为为企业或个人提供网上交易洽谈服务的平台，不仅具备强大的技术支持和丰富的资源，还提供了许多免费的网店搭建服务，大大降低了网上开店的门槛和成本。无须专业的技术背景，商家和个人只需通过简单的操作就能快速创建自己的网店，展示商品、接受订单、管理库存，并享受到平台带来的巨大流量和用户资源。

5.2.1 电商平台的选择

常见的电商平台有淘宝、天猫、京东、拼多多、苏宁易购、唯品会、当当等。面对这么多的电商平台，如何选择最适合自己的平台来开设网店呢？

1. 电商平台类型的划分

按照不同的维度，可以把电商平台划分为不同的类型。根据运营深度和广度的不同，可将电商平台划分为水平型电商平台和垂直型电商平台。

（1）水平型电商平台：这类平台运营范围广，销售产品种类丰富，涵盖整个市场。比如淘宝、京东等。

（2）垂直型电商平台：这类平台专注于某个行业或细分市场，提供同一类型的产品或服务，主要针对范围狭窄、内容专业的领域。比如当当网，它是一家以售卖图书为主的电商平台。

2. 电商平台选择的步骤

（1）确定店铺目标和需求：确定店铺的商品类型、目标市场和预期销售规模等因素，以便选择更合适的平台。

（2）研究不同平台的入驻要求：不同平台的入驻要求是不同的，有些入驻门槛较高，有些则几乎没有门槛。比如淘宝就属于新手友好型的平台，个人和企业均可入驻，对经营范围也没有太多要求。相比之下，天猫门槛就稍高一些，入驻需要营业执照，个人及个体户不能入驻，对保证金的要求也比较高。

（3）研究不同平台的功能和特点：深入了解各个平台的功能和特点，比较它们的店铺定制选项、产品管理工具、营销功能等方面，找出与店铺需求最匹配的平台。

（4）研究不同平台的受众：若平台的目标用户画像和店铺商品的目标用户画像高度重合，那么该平台就是一个非常合适的平台。比如，如果店铺有相应的进货渠道优势，能拿到较低的进货价格，走“薄利多销”的路线，那么拼多多就是一个合适的平台。

（5）评估平台的用户体验和界面设计：用户体验和界面设计对于店铺经营至关重要。尝试使用不同平台的试用版或演示版本，评估其易用性和操作流程。

（6）考虑平台的价格和费用：平台的价格和费用是影响选择的一个重要因素。要了解各个平台的费用结构和收费标准，确保符合店铺预算和盈利预期。

3. 主流电商平台的选择策略

每个电商平台都有自己的特点和定位，对于零售企业而言，选择适合自己的平台至关重要。零售企业需要了解不同平台的特点和定位，结合自身实力和资源做出明智的选择，并制定长期的发展规划和运营策略。条件允许的企业，也可以在多个不同平台上同时开设店铺，实现多渠道销售和推广，这样可以扩大市场覆盖面，提升品牌影响力。

（1）淘宝：淘宝网比较适合中小卖家，特别是个人小卖家，其特点是门槛低、竞争大，而且依赖付费流量。对于预算有限但擅长选品和运营的卖家，淘宝是一个可行的选择，通过精准选品和有效的推广策略，可以在竞争中脱颖而出。

（2）天猫：天猫的定位为中高端用户分流平台，对商家要求高，流量扶持明显，需要精细化运营，适合有技术和团队支持、能够提供高品质产品和服务的商家。通过专业化的运营和持续的优化，商家可以在天猫平台上获得长期稳定的利润。

（3）京东：京东主打中高端市场，用户群体主要是一、二线城市的中高端消费群体，其特点是流量质量高、管理规范、成本投入大，适合拥有足够实力和品牌影响力的商家。在京东平台上，需要投入较高的成本，包括店铺运营费用、广告费等。若选择自建仓囤货，成本会更高。因此，商家要想选择京东，就需要谨慎评估自身实力和资源。

（4）拼多多：拼多多作为一个面向下沉市场的低价电商平台，其核心竞争力是低价，依赖价格优势获得流量支持，适合有货源优势的工厂或能够找到低价优质货源的商家。在拼多多平台上，价格优势是成功的关键。同时，商家也需要注重商品品质和服务体验，以赢得消费者的信任和口碑。

行业直通车

下面以淘宝网为例，简要说明在电商平台上开设网店的操作步骤。

第一步，注册账号。打开淘宝网，进入免费注册通道。同意注册协议，点击“注册”，完成设置用户名、填写账号信息、设置支付方式等操作，即可注册成功。

第二步，店铺创建。在已有淘宝账号的基础上，就可以顺利地进行店铺的创建工作了。在PC端淘宝首页右上角的“卖家中心”，可以找到“免费开店”选项，点击后根据界面提示即可一步步完成店铺创建工作。

第三步，支付宝绑定及实名认证。如果在开通支付宝的时候已经认证过了，在“我要开店”界面会显示支付宝实名认证已通过。如果支付宝尚未认证，则需要先在支付宝个人中心找到“实名认证”选项并点击，然后选择一种认证方式完成认证，包括身份证认证、银行卡认证、人脸识别认证等。

第四步，淘宝开店认证。淘宝开店认证有电脑认证和手机淘宝客户端认证两种方式。把信息全部填写好之后提交上去，客服一般会在3个工作日内通过短信或者旺旺站内信的形式告知。

第五步，上传宝贝。完成上述步骤后，就可以进行店铺宝贝的上传了。需要注意的是，新手应尽量以小众、刚需、竞争较小、操作简单、投入灵活为标准来思考选品。

5.2.2 电商平台网店规划与定位

规划与定位是电商平台网店建设的关键环节，它要求对目标受众和市场、竞争对手进行深入的研究，并选择合适的定位策略，以确定网店的发展方向。在实施过程中，商家需要与市场和目标受众保持紧密的联系，根据市场反馈及时调整和优化网店的规划与定位，以适应市场和目标受众需求的变化，实现网店的长期稳定发展。

1. 目标受众和市场分析

在网店规划与定位过程中，首先需要明确目标受众是谁，也就是网店的主要客户群体是哪些人。通过对目标受众进行细致的分析，可以深入了解他们的需求、偏好以及购买习惯，为后续的网店设计和营销策略制定提供依据。

同时，商家还需要进行市场分析，包括市场规模、竞争程度、增长趋势等方面的调研。通过市场分析，可以了解潜在的机会和挑战，为网店的定位和战略选择提供依据。

2. 竞争对手分析

竞争对手分析是网店规划与定位的重要环节。通过对竞争对手的分析，可以了解他们的优势、劣势以及市场定位，从而找到自身的差异化优势，并制定相应的竞争策略。竞争对手分析的内容主要包括产品定位、市场份额、品牌形象、价格策略、营销手段等方面。

3. 定位策略选择

定位策略是网店规划与定位的核心内容，它决定了网店在市场中的位置和独特性。合理的定位策略可以帮助网店与竞争对手区别开来，提升网店的竞争力和市场份额。定位策略可以从多个维度进行选择，比如产品特点、价格策略、服务差异化等。在选择定位策略时，需要考虑目标受众的需求、竞争对手的优势以及市场的机会和挑战。同时，还需要确保所选择的定位策略与企业的资源和能力相匹配，以实现可持续发展。在确定定位策略后，还需要进一步明确网店的核心竞争力和价值主张，以便能够准确传达给目标受众。核心竞争力可以体现在产品质量、售后服务、价格等方面；价值主张则强调网店给目标受众带来的价值和好处。

5.2.3　电商平台网店用户体验设计

用户体验设计是电商平台网店建设的一个重要环节，它涵盖了网店界面设计、商品分类与搜索设计、网店商品发布与维护等方面的内容。

1. 网店界面设计

良好的网店界面设计可以提升用户操作的便利性，增强用户的黏性，提高用户的购买转化率。好看的、精致的网站更容易吸引消费者的目光。商家在设计网店界面的时候既要突出个性，又要注意清晰美观，这样才能激发客户进一步了解店铺及商品的欲望。在网店界面设计中，需要注意以下几点：

（1）简洁明了的布局：界面不要过于复杂和拥挤，要突出主要内容和功能，简化用户的操作步骤。

（2）直观友好的导航：设计直观的导航菜单和面包屑导航，让用户能够轻松地找到自己想要的商品和信息。

（3）吸引人的视觉效果：运用合适的颜色、图片和字体，营造出有吸引力和个性的视觉效果，提升用户的视觉体验。

（4）响应式设计：确保网店界面在不同设备上的显示效果良好，如 PC 端、手机端、平板电脑等，提供一致的用户体验。

2. 商品分类与搜索设计

良好的商品分类与搜索设计可以帮助用户更快速、准确地找到所需的商品，提升用户体验。在商品分类与搜索设计中，需要注意以下几点：

（1）合理的商品分类体系：建立清晰的商品分类体系，对商品进行合理的分类和分组，方便用户进行浏览和选择。

（2）多级分类和筛选功能：提供多级商品分类和筛选功能，让用户可以根据不同的需求与条件进行精确的搜索和筛选。

（3）关键词和标签设计：为商品添加合适的关键词和标签，提高搜索的准确性和可靠性，提供更好的搜索体验。

3. 网店商品发布与维护

在网店商品发布与维护中，需要注意以下几点：

（1）商品信息的完整性与准确性：商品信息主要包括商品名称、规格、价格、图片等，要确保商品信息的完整性和准确性，提供清晰的商品描述和展示，让用户能够全面了解商品。

（2）用户评价与推荐：展示用户对商品的评价和推荐意见，提供客观的参考依据，提升用户的信任感和购买决策的可靠性。同时，根据用户的浏览和购买历史，推荐相关的商品和搭配方案，引导用户进行进一步的购买和搭配。

（3）商品定价与促销活动：定期更新商品信息和价格，在网店中设置促销活动和特价商品，吸引用户的注意并激发其购买欲望。

微课

电子商务平台网店建设

5.3 小程序店铺建设

5.3.1 小程序店铺概述

1. 小程序店铺的概念

小程序店铺是指基于微信小程序、百度小程序等平台建立的在线商城，用户可以在其中直接浏览和购买商品。它的主要特点是轻量、易用、便捷，可以为商家提供一个低成本、高效率的线上销售渠道。下面我们以目前使用最为广泛的微信小程序为例来阐述小程序店铺的建设。

2. 小程序店铺的发展

小程序店铺的发展历程可以追溯到 2016 年，当时微信推出了小程序这一功能，为用户提供在微信内部运行应用的便利。随着小程序的快速普及和用户数量的增加，商家逐渐看到了在线销售的潜力，并开始尝试在小程序平台上建立自己的微店铺。

在小程序推出初期，微店铺主要以个人创业者和小型商家为主。他们利用小程序平台提供的开发工具和接口，自行搭建微店铺，展示和销售自己的商品。

随着时间的推移，小程序平台逐渐完善了商家的功能支持，为商家提供了更多的工具和服务，例如商品管理、支付功能、数据分析等，使更多的中小型商家和品牌开始关注并入驻小程序店铺。

2020 年 7 月，微信小程序团队推出了“微信小商店”功能，进一步强化了小程序店铺的功能和服务，使商家能够更加方便地管理商品、处理订单，同时也提供了更多的推广和运营工具。

随着小程序店铺的发展，一些互联网巨头也开始加入竞争，例如淘宝、京东等纷纷推出自己的小程序平台和微店铺功能。这进一步丰富了微店铺的生态系统，为商家和用户提供了更多的选择和便利。

现在，小程序店铺已经成为电商行业的重要一环，越来越多的商家和个人创业者依赖小程序店铺进行线上销售。随着技术的不断进步和用户需求的变化，小程序店铺还将继续发展和创新，为商家和用户带来更多的价值和便利。

3. 小程序店铺的特点

小程序店铺和其他平台的店铺相比，具有轻量化、便捷性、社交化、个性化服务、数据驱动、线上线下融合等特点，为商家提供了一个高效、低成本的线上销售渠道，并为用户提供了更便捷、个性化的购物体验。

（1）轻量化：小程序相比传统的电商平台更加轻量化，用户不需要下载 App，可以在微信中直接打开小程序进行购物，基本不会占用手机存储空间。

（2）便捷性：小程序店铺在微信内部运行，用户可以直接通过微信扫码或搜索进入店铺，无须跳转到其他平台。与微信的无缝衔接使用户能够更方便地浏览商品、下单购买。

（3）社交化：小程序店铺与微信的社交功能深度结合，用户可以通过分享商品链接、发起群聊等方式，将商品推荐给好友，提高商品的曝光度，增加销售机会。

（4）个性化服务：小程序店铺可以基于用户的偏好和行为数据，提供个性化的商品推荐和定制化服务，帮助用户更快找到自己需要的产品。

（5）数据驱动：小程序店铺提供了丰富的数据统计和分析工具，商家可以通过数据分析结果了解用户的购买行为、偏好等，从而优化销售策略，提高用户转化率和满意度。

（6）线上线下融合：小程序店铺可以与线下实体店铺进行打通，例如提供线上预约、线下自提等服务，使用户得以在线下店铺和小程序之间无缝切换，享受到更便捷的购物体验。

行业直通车

目前，许多零售品牌都在微信小程序中建立了自有品牌的微店铺。

1. 小米小程序店铺

小米小程序店铺是小米科技旗下的官方小程序店铺，提供小米品牌的产品和服务。小米小程序店铺通过提供便捷的购物方式和个性化的服务，使用户享受到方便和高品质的购物体验。用户可以在微信中打开小米小程序店铺，直接浏览和购买小米的产品。

2. 三只松鼠小程序店铺

三只松鼠是中国著名的零食品牌，其小程序店铺为用户提供了方便和快捷的购物体验。三只松鼠小程序店铺通过与用户的互动和个性化的服务，帮助品牌与用户建立了更紧密的联系，并为用户提供了方便、高品质的选购体验。用户可以在微信中打开三只松鼠小程序店铺，直接浏览和购买三只松鼠的零食产品。

3. 优衣库小程序店铺

优衣库是一家国际知名的时尚品牌，其小程序店铺为用户提供了便捷和多样化的购物体验。优衣库小程序店铺通过与用户的互动和个性化的服务，为用户提供了方便、时尚的购物体验。用户可以在微信中打开优衣库小程序店铺，直接浏览和购买优衣库的时尚服装。

这些零售品牌通过小程序店铺为用户提供了更加方便、个性化的购物体验，使品牌与用户连接得更加紧密。同时，小程序店铺通过与用户的互动和社交分享，提升了品牌形象和用户忠诚度。

5.3.2 小程序店铺的规划

小程序店铺规划与其他平台店铺规划有一些区别，主要体现在平台特性、界面设计、营销推广、数据分析和优化以及用户转化等方面。规划小程序店铺时需要充分考虑这些因素，以最大限度地发挥微信平台的优势和特色。

1. 平台特性

小程序店铺建立在微信平台上，依托微信的社交属性和用户基数，具有天然的优势。相比其他平台的店铺，小程序店铺更侧重于社交化购物、用户互动和分享传播等功能。同时，小程序店铺也具备与微信生态系统的无缝对接能力，例如与微信支付、微信小游戏等的融合。

2. 界面设计

小程序店铺通常需要与微信的界面风格保持一致，以提供更好的用户体验。相比其他平台的店铺，小程序店铺需要更注重简洁、清晰的设计风格，并将注意力放在商品的展示和购买流程的简化上。

3. 营销推广

受微信社交功能的影响，小程序店铺的营销推广更加依赖社交互动和用户口碑。相比其他平台的店铺，小程序店铺可以通过朋友圈分享、微信群拉新等方式，更好地传播和扩大影响力。

4. 数据分析和优化

小程序平台提供了丰富的数据统计和分析工具，使小程序店铺可以更方便地进行数据分析和优化。相比其他平台的店铺，小程序店铺可以更精准地了解用户行为、购买习惯等，从而优化店铺运营策略。

5. 用户转化

小程序店铺直接在微信中运行，用户的转化路径相对简洁，减少了因为跳转到其他平台而带来的流失。因此，小程序店铺具备更高的用户转化率和购买便捷性。

5.3.3　小程序店铺建设的步骤

1. 明确目标和定位

建设小程序店铺首先需要明确小程序店铺的目标和定位。确定销售的产品或服务以及目标客户群体，做好市场调研和竞争对手分析。

2. 注册并开发小程序

（1）注册小程序：打开浏览器，访问微信公众平台官网，点击右上角的“立即注册”按钮，在注册类型中选择“小程序”，填写小程序注册邮箱、密码和验证码，并点击“注册”按钮。然后登录邮箱，查收并激活邮件中的链接，完成账号激活。由于邮箱账号将作为登录账号使用，因此需要确保该邮箱是一个未被微信公众平台注册、未被微信开放平台注册、未被个人微信号绑定过的邮箱。

（2）小程序信息完善：注册成功后，登录小程序管理后台，填写小程序基本信息，包括小程序名称、简称、头像、介绍及服务范围等信息。

（3）开发小程序：完成小程序开发者绑定后，开发者可参考以下步骤完成小程序的开发和调试。

1）下载并安装小程序开发工具：从微信官方网站上下载并安装小程序开发工具，用于创建、调试和预览小程序。

2）创建小程序项目：使用小程序开发工具，选择“新建小程序”，然后填写小程序的名称和目录。如果有需要，可以选择使用模板来快速创建小程序的基础结构。

3）设计小程序界面：在小程序开发工具中，可以使用可视化的界面编辑器来设计小程序的界面布局。商家可以自定义界面的结构、样式和交互效果。

4）添加功能和逻辑：通过编写前端代码（通常使用 JavaScript）来为小程序添加所需的功能和逻辑。

5）设置小程序信息：在小程序开发工具中，需要设置小程序的基本信息，包括小程序的 Logo、名称、描述、版本号、授权等。此外，还可以设置小程序的权限和页面路由等。

6）预览和调试小程序：在小程序开发过程中，需要实时预览和调试小程序，检查布局、样式和功能等是否符合预期。商家可以通过扫描二维码，在微信客户端中体验小程序。

（4）提交审核和发布小程序：在开发完成后，可以将代码提交微信团队审核。审核通过后，商家可将小程序发布到微信小程序平台，供用户在微信中使用。

3. 编写产品和服务描述

准备好商品的详细描述文字和图片，并根据分类进行组织。商家需要提供清晰的商品参数、介绍和图文说明，以及客户评价等信息。

4. 配置支付和物流方式

选择适合店铺业务的支付方式，并将其集成到小程序中，确保用户可以方便地进行支付。同时选择合适的物流服务，以便于安排商品的发货和配送。

5. 优化用户体验

通过深入分析目标用户并持续收集用户反馈，可以不断优化小程序店铺的用户体验，提高用户满意度和转化率。在优化用户体验时，通常需要考虑以下几个方面：

（1）简洁和一致性：界面设计应简洁明了，避免过多的信息和复杂的布局；保持整体风格一致，包括颜色、字体、图标等，提供统一的视觉体验。

（2）导航和布局：设置清晰的导航结构，使用户能够快速找到所需的功能和内容；合理布局界面元素，提供良好的信息层级和界面导向。

（3）易用性和可访问性：设计易于使用的交互界面，减少用户的学习成本，降低操作的难度；要考虑到不同用户的需求和设备特性，确保界面的可访问性。

（4）快速加载和响应：优化小程序店铺的加载速度，减少用户等待时间；设计快速响应的交互效果，使用户感受到即时性和流畅性。

（5）清晰的反馈和引导：提供明确的反馈，使用户随时了解他们的操作结果或状态；同时，提供引导和提示，帮助用户完成操作目标，避免用户感到困惑。

（6）个性化和定制化：根据用户的个人偏好和习惯，提供个性化推荐和定制化功能；支持用户的个性化设置和信息保存，增强用户黏性，提高用户忠诚度。

（7）商品信息和图文展示：提供清晰的商品信息，使用户能够直观地了解商品特点；使用高质量的图片和清晰的文字描述，吸引用户的注意。

（8）情感共鸣和互动：设计能够引起用户情感共鸣的内容和故事，提高用户的参与度；提供互动和社交功能，让用户能够与其他用户交流和分享。

6. 推广和营销

（1）常规推广：社交媒体推广、优化搜索引擎排名、投放广告等。

（2）鼓励分享：可以在小程序店铺中添加分享功能，鼓励用户主动分享，进行小程序店铺的推广和营销。

（3）优惠活动和推广码：提供优惠活动和推广码，吸引用户访问小程序店铺并购买。例如提供首单优惠、新用户注册优惠等，激发用户的参与和消费意愿。

（4）合作推广：与相关行业的品牌、博主、KOL 等进行合作推广，例如合作举办活动、推出联名品牌等，提高小程序店铺的知名度和影响力。

（5）小程序场景扫码：在实体店铺等场景中，使用小程序码或二维码，让用户通过扫码快速访问小程序店铺，提升小程序店铺的曝光度和用户转化率。

7. 维护和更新

维护和更新是小程序店铺持续运营和吸引用户的重要保证，商家应定期监测小程序店铺的运营数据和用户反馈，进行优化和改进。同时，要密切关注行业动向和竞争对手的情况，及时调整策略和更新内容，保持竞争力。

（1）定期技术检查：定期检查小程序店铺的功能和链接是否正常运作，确保用户可以正常访问和使用。排除潜在的技术问题，优化用户体验。

（2）数据分析和优化：使用数据分析工具来监测小程序店铺的运营数据，了解用户行为和使用习惯。根据数据分析结果来做出调整和优化，如调整界面布局、改进商品展示等。

（3）新品发布和更新：不断推出新品、新款或特别限量商品，激发用户的兴趣和购买欲望。定期更新商品信息，确保内容的新鲜度和时效性。

（4）优惠活动和促销策略：定期开展优惠活动，如折扣、买一送一等，吸引用户消费。

根据不同节日或季节变化，制定相应的促销策略。

（5）用户反馈和客户服务：及时回复用户的咨询和反馈，提供良好的客户服务体验。根据用户反馈来改进小程序的功能和界面，满足用户需求。

（6）设计更新和优化：定期审查小程序店铺的界面设计，检查是否需要进行更新和优化。根据流行趋势和用户反馈，更新界面元素、颜色搭配等，保持小程序的时尚感。

5.3.4　小程序店铺建设的注意事项

为了建设一个安全稳定、用户体验优秀的小程序店铺，提升用户满意度和转化率，促进店铺的长期发展，在建设小程序店铺时需要特别注意以下几点。

1. 安全与隐私保护

确保小程序店铺的网络安全，采取必要的安全措施，以保护用户的个人信息和支付安全。

2. 合法合规和版权保护

确保小程序店铺的运营符合相关法律法规和政策，遵守平台规定。注意版权保护，确保在小程序店铺中使用的图片、文案等内容不侵权。

3. 设备和屏幕适配

在设计和开发小程序店铺的过程中，考虑不同设备和屏幕尺寸的适配性。确保小程序店铺在不同设备上显示效果良好，不影响用户体验。

4. 界面加载速度优化

小程序店铺界面的加载速度对用户体验至关重要。可以通过优化图片大小、减少冗余代码、使用合适的压缩技术等方式，提高界面加载速度，尽量缩短用户的等待时间。

5.4　新媒体社交平台店铺建设

随着互联网技术的不断发展，新媒体社交平台已经成为人们日常生活中不可或缺的一部分。在这样的背景下，越来越多的企业开始将目光投向新媒体社交平台，希望通过这种渠道开设店铺来推广和销售自己的产品或服务。

5.4.1　新媒体社交平台概述

1. 常见的新媒体社交平台

新媒体社交平台是指依托于互联网和移动通信技术，集信息分享、交流互动、内容创作与传播于一体的数字化媒体平台。常见的新媒体社交平台有抖音、快手、小红书等。

（1）抖音。

抖音是中国最受欢迎的短视频平台之一，拥有庞大的用户基础和强大的内容创作能力。在抖音上开设店铺，企业可以通过视频营销和内容创作，吸引用户关注和购买。抖音还提供了直播和带货功能，帮助企业进行实时销售和推广。对于经营时尚产品、主要面向年轻消费群体的企业来说，抖音是一个理想的选择。

（2）快手。

快手的前身是一款用来制作、分享 GIF 图片的手机应用，2012 年 11 月快手从纯粹的工具应用转型为短视频社区，成为用户记录和分享生产、生活的平台。目前快手提供了多种店铺类型供商家选择，包括个人店、个体工商户店、普通企业店以及旗舰店等。店铺开通流程相对简单，商家可以通过快手 App 的特定入口提交开店申请，并根据自己的业务类型选择合适的店铺类型。

（3）小红书。

小红书是一个主打种草和攻略的社交平台，主要面向年轻女性用户。通过小红书开设店铺，企业可以与用户进行更加直接的沟通和更加密切的互动，有助于与用户建立更加紧密的品牌关系。小红书以内容营销和社区运营为核心，注重用户体验和产品推荐。通过发布优质的内容和参与社区互动，企业可以提升品牌影响力，促进产品销售。

2. 新媒体社交平台的特点

（1）社交互动性：新媒体社交平台注重用户之间的互动和交流。用户可以随时随地与其他用户进行沟通、分享和互动，能够促进信息传播和用户参与。

（2）多样化的内容形式：新媒体社交平台支持多种多样的内容形式，如文本、图片、视频、音频等。用户可以根据自身需求与喜好选择合适的内容形式发布和传播信息，增强信息的表达力和吸引力。

（3）强大的传播效应：新媒体社交平台具有快速传播信息的特点。用户可以通过转发、分享、评论等方式将信息快速传播给更广泛的人群，提升信息的影响力，扩大传播效应。

（4）个性化定制：新媒体社交平台提供个性化定制的功能，能够根据用户的兴趣、偏好和行为习惯，推送相关的内容和建议。这可以提升用户体验，提高用户的满意度和活跃度，增强平台的用户黏性。

（5）数据驱动的营销：新媒体社交平台通过用户数据的收集和分析，为营销活动提供数据支持。平台可以根据用户的兴趣与消费习惯进行精准的广告投放和个性化推荐，提高广告的投资回报率和营销效果。

（6）引导消费和满足需求：新媒体社交平台通过社交互动和个性化推荐，引导用户进行购买和消费。平台可以根据用户的需求和消费习惯，提供相关的产品或服务，满足用户的需求，激发用户的消费欲望。

（7）实时性与即时反馈：新媒体社交平台具有实时性和即时反馈的特点。用户可以即时发布和获取信息，与其他用户进行实时交流，获得反馈。这使用户可以及时了解最新的动态和信息，并快速做出相应的行动。

总之，商家可以利用这些特点，在新媒体社交平台上搭建店铺。新媒体社交平台为商家提供了广泛的营销和推广机会，也为用户提供了丰富多样的信息和服务。

5.4.2　新媒体社交平台店铺建设的重要性

在新媒体社交平台上建设店铺对于拓展目标受众、提高品牌曝光度、提升用户参与度、开展个性化营销、扩大销售渠道以及数据分析和优化都具有重要意义。它不仅可以帮助零售企业与用户建立更紧密的联系，实现销售和盈利的最大化，还可以提升品牌形象和用户满意度，为企业长期发展奠定基础。

1. 拓展目标受众

新媒体社交平台用户基础庞大，社交互动性强，通过在这些平台上建设店铺，企业可以将品牌和产品直接推送给大量潜在用户，实现目标受众的拓展。

2. 提高品牌曝光度

在新媒体社交平台上建设店铺，企业可以通过品牌推广和宣传活动，提高品牌的知名度和曝光度，帮助品牌以优质的内容和专业的形象吸引用户的关注，从而提升品牌影响力。

3. 提升用户参与度

新媒体社交平台具有强大的社交互动功能，通过店铺建设，企业可以与用户进行实时互动和沟通，提升用户的参与度，增强用户黏性。用户可以评价产品、提出意见，并与其他用户分享购物体验，从而进一步提高对品牌的忠诚度。

4. 开展个性化营销

在新媒体社交平台店铺建设中，企业可以通过用户数据的收集和分析，制定个性化的营销策略。企业可以根据用户的兴趣、偏好和行为习惯，有针对性地进行产品推荐和促销活动，提高用户购买的转化率和满意度。

5. 扩大销售渠道

传统的线下渠道受到时间和空间的限制，而在新媒体社交平台上建设店铺可以突破时间和空间的束缚，为用户提供全天候的销售服务。通过新媒体社交平台的推广和传播，可以扩大销售渠道，促进产品的销售，增加销售额。

6. 数据分析和优化

新媒体社交平台店铺为企业提供了数据分析和优化的功能。通过对用户数据与销售数据进行收集和分析，企业可以了解用户的需求和购买行为，及时调整和优化营销策略，提高销售效率和营利能力。

经典案例库

在短视频盛行的今天，抖音已不仅是一个娱乐平台，更成为众多品牌开设店铺、推广产品的新阵地。“蜜雪冰城”作为知名饮品品牌，巧妙利用抖音平台，成功打造了其线上店铺，实现了品牌曝光与销售的双丰收。

“蜜雪冰城”抖音店铺深谙年轻消费者的喜好，通过发布一系列趣味横生的短视频，如产品制作过程、员工日常趣事等，不仅展示了产品的美味与品质，更传递了品牌的青春活力与亲和力。这些视频迅速在抖音平台上走红，吸引了大量粉丝关注与互动。为了进一步增强用户黏性、提高转化率，“蜜雪冰城”抖音店铺还积极举办线上互动活动，如“挑战赛”“抽奖送饮品”等，这些活动不仅激发了消费者的参与热情，更通过口碑传播，为品牌带来了更多潜在客户。

在抖音店铺的运营上，“蜜雪冰城”同样表现出色。店铺设计简洁明了，产品分类清晰，方便用户快速找到心仪的商品。同时，品牌还利用抖音平台的直播带货功能，通过主播的现场试喝与推荐，进一步提升了产品的销量与口碑。

“蜜雪冰城”抖音店铺的成功经营，充分展示了新媒体时代品牌利用短视频平台进行店铺建设的巨大潜力。通过精准的内容定位、创新的营销策略以及高效的运营手段，“蜜雪冰城”不仅成功吸引了大量粉丝的关注与喜爱，更实现了品牌与销售的双重增长。

5.4.3 新媒体社交平台店铺建设的流程

新媒体社交平台店铺建设的流程包括以下几步。

1. 平台选择

新媒体社交平台非常多，其特点也各不相同，因此，新媒体社交平台店铺建设的第一步是选择合适的平台。选择平台时需要考虑以下因素：

（1）目标受众：首先要明确店铺的目标受众是谁，选择与店铺的目标受众相契合的平台。不同平台的用户群体有不同的特点，比如小红书，其受众主要是消费力较高的年轻女性群体，因此更适合高颜值、精致感比较强的产品，比如护肤、彩妆、配饰、美食、母婴等产品。

（2）平台特点和功能：了解并比较各个新媒体社交平台的特点和功能，包括用户规模、社交互动性、内容形式、推广方式、粉丝关系等。根据具体业务需要，选择一个能够更好地满足店铺需求的平台。

（3）竞争分析：进行竞争分析，研究竞争对手在不同平台上的表现和效果。了解他们选择的平台和他们在该平台上的运营策略，可以为自身店铺建设提供有益的参考。

（4）平台政策和规定：了解各个平台的政策和规定，包括内容审查机制、广告投放规则、社群合作规定等。确保店铺运营符合平台的规定，避免不必要的风险和纠纷。

（5）用户数据分析：通过数据分析工具了解用户的兴趣、行为习惯和购买意愿，分析目标受众在不同平台上的活跃度和参与度。选择一个用户群体较活跃的平台，能够更好地与用户进行互动和沟通。

（6）预算和资源：不同平台的推广投放成本和运营成本有所不同，要考虑预算和资源投入，选择一个合适的平台，以确保店铺的顺利运营。

企业可以对以上因素进行比较和权衡，选定一个最适合店铺业务需求、目标受众和资源条件的新媒体社交平台进行店铺建设。同时，也可以尝试在多个平台上进行运营，结合不同平台的优势和特点，扩大店铺的影响力和覆盖面。

2. 店铺设计和搭建

设计和搭建店铺是店铺建设过程中最重要的一步。在进行新媒体社交平台店铺的设计与搭建时，需要考虑以下几个关键要素：

（1）品牌形象与风格：确保店铺的设计和布局与品牌形象一致，体现品牌的风格和特色。选择合适的色彩、字体和视觉元素来展现品牌的个性与识别度。

（2）用户界面与用户体验：设计清晰简洁的用户界面，确保用户能够轻松找到所需的信息和功能。尽量减少操作步骤并提供明确的导航，使用户的浏览和购物过程顺畅、愉快，提升用户体验。

（3）界面布局与内容展示：设计合理的界面布局，保证信息层次清晰、重要内容得到突出展示。合理安排商品分类、商品推荐、特价促销等模块，以便用户快速找到感兴趣的商品。

（4）图片与多媒体元素：在店铺中使用高质量的产品图片，确保良好的清晰度和展示效果。结合具体需求，可以添加适量的视频、音频或动画等多媒体元素，进一步提升商品的吸引力和展示效果。

（5）响应式设计与移动优先：考虑不同设备上的显示效果和用户体验，采用响应式设计，使店铺在不同的屏幕尺寸与设备上都能正常显示和操作。同时，重视移动设备的用户体验，以适应移动互联网发展的趋势。

（6）社交互动与社区建设：在店铺中添加社交互动功能，如评论、用户评价、分享等，促进用户与其他用户之间的交流和互动。建设一个积极、活跃的社区，增强用户参与感，提高用户忠诚度。

（7）信息安全与隐私保护：确保店铺的信息安全，保护用户隐私。采取必要的安全措施，如安全认证、数据加密等，以建立用户对店铺的信任感和安全感。

（8）数据分析与优化：设计合适的数据追踪和分析机制，收集用户行为数据和销售数据，进行数据分析与优化，以了解用户需求和行为习惯，进一步改进店铺的设计和布局。

3. 产品展示和销售推广的优化

在店铺设计和搭建完成后，需要进行产品展示和销售推广的优化工作，这是提高销售业绩的关键。产品展示要准确、清晰地展示产品的特点和优势，以引起用户的兴趣和购买欲望。销售推广可以通过发布动态、参与话题等方式来提高店铺曝光度和用户参与度。

（1）优化产品展示。

1）使用高质量的产品图片：确保产品图片清晰、分辨率高，注意展示产品的不同角度和特点。

2）提供详细的产品描述：包括产品特性、规格、功能等详细信息，以便用户了解产品。

3）图文结合：图片和文字说明相结合，突出产品的卖点和优势，引起用户的兴趣。

（2）推广特色产品。

1）强调独特性：突出产品的差异化和独特之处，告诉用户为何选择你的产品而不是竞争对手的产品。

2）用户案例分享：通过用户的真实案例分享，展示产品的实际应用和效果，增强用户信任感和购买欲望。

（3）提供社交互动和用户参与的机会。

1）用户评价和评论：鼓励用户对产品进行评价和评论，提升店铺的口碑和用户信任度。

2）活动互动：开展与产品相关的互动活动，如用户晒单、产品分享等，提高用户参与度，增加品牌曝光。

3）社群建设：建立与产品相关的社群，与用户进行互动和交流，提供专业的产品建议和支持。

（4）制定合适的营销策略。

1）社交媒体广告：利用各种社交媒体平台的广告功能，精准投放广告，增加产品的曝光，提升推广效果。

2）合作营销：与社交媒体平台的相关影响者、KOL 等进行合作推广，提高品牌知名度和影响力。

3）优惠促销：制定各种促销策略，如折扣、满减、赠品等，吸引用户购买，提高转化率。

4. 建立完善的客户服务体系

建立一个完善的客户服务体系对于店铺的成功经营至关重要。通过建立客服部门和客服系统，及时回答用户的问题、提供售后服务，可以提升用户对店铺的信任度和满意度。

（1）快速响应：确保能够及时回复用户的咨询、投诉和问题。建议设立专门的客服团队，快速、耐心、准确地解答用户的疑问，与用户建立良好的沟通和信任关系。

（2）多渠道的沟通方式：提供多种联系方式，如在线客服聊天工具、电话、电子邮件等，以满足用户不同的沟通习惯和需求。同时，定期监控和回复社交媒体上的留言、评论等，与用户保持互动。

（3）问题处理流程：建立问题处理流程和标准答复，以确保对于常见问题和投诉能够给出统一、准确的答复。指定负责人跟进问题的处理过程，并及时向用户反馈解决进展。

（4）个性化的用户体验：了解用户的个性化需求和购买历史，提供个性化的服务和推荐。例如，根据用户的兴趣爱好推送相似产品、提供定制化产品、发送生日祝福等，提高用户的满意度和忠诚度。

（5）售后支持和投诉处理：建立健全的售后服务流程，包括退换货政策、保修政策等。对于用户的投诉和纠纷，认真对待并及时解决，提高用户对售后服务的满意度。

（6）用户反馈和评价：鼓励用户提供反馈和评价，例如通过用户调查问卷、评论区等途径收集用户的意见和建议，从中汲取改进的经验和教训。

（7）培训与团队能力完善：确保客服团队受到良好的专业培训，了解产品和服务的细节，并不断提升沟通技巧和解决问题的能力。持续监测和完善团队的客户服务水平，及时反馈和改进。

5.4.4 新媒体社交平台店铺建设的注意事项

1. 遵守平台的规则和条款

不同的平台有不同的规则和限制，要确保自己的店铺不违反平台的规则，避免因违规行为而被封禁或限制推广。

2. 保护用户的隐私权益

在收集用户信息和进行用户行为分析时，需要遵守相关隐私政策和法律法规，确保用户的信息安全和隐私不被泄露。

3. 增加与用户的交流，树立品牌形象

社交媒体可以将具有相同爱好的人聚集在一起，并为他们提供表达自己观点和见解的渠道。使用新媒体社交平台销售产品不仅可以实现店铺与消费者之间的双向交流，而且可以更好地在消费者心中树立品牌形象。新媒体社交平台中的每个用户都有可能成为消费者，店铺应利用这一社交属性，增加与用户的交流，挖掘用户周边的潜在消费者，树立品牌形象。

4. 监测和分析店铺数据

在店铺进入正式运营阶段之后，要定期监测和分析店铺的数据。通过对数据的监测和分析，可以了解店铺的销售情况和用户行为，并及时优化店铺的产品展示和销售推广策略。

微课

新媒体社交平台网店建设

5.5　独立站店铺建设

5.5.1　独立站店铺概述

1. 独立站店铺的概念

独立站店铺就是一个独立的电子商务网站，它拥有独立的域名、独立的服务器，不依赖于第三方平台或市场。它是由企业或个人自主建立和运营的在线销售渠道，用于展示和销售产品或服务。在独立站店铺中，所有的产品信息、界面设计、营销策略和用户体验等都由店主自主掌控和调整。我国有许多知名的独立站店铺品牌，比如红星美凯龙等。

2. 独立站店铺的特点

独立站店铺的概念和形式与其他线上店铺（如电商平台网店、新媒体社交平台店铺等）有所不同。尽管独立站店铺需要更多的资源与精力来建设和管理，但它提供了更大的自主权和品牌控制权，有助于构建独特的品牌形象和强化与用户的关系，为企业或个人提供了更加灵活和自主的电商运营平台。与其他线上店铺相比，独立站店铺具有以下特点：

（1）自主性：独立站店铺是由店主独立建设和管理的，店主可以自由选择网站的域名、设计、布局、功能和销售策略，完全掌控店铺的品牌形象和用户体验。

（2）自主品牌建设：独立站店铺可以更好地展示和塑造自己的品牌形象，建立品牌的价值和认知度。店主可以自由选择店铺的名称、标志、色彩、风格等，强化品牌的独立形象。

（3）自由销售策略：独立站店铺可以自主决定产品的定价、促销活动、销售模式等。店主可以根据市场需求和竞争环境对销售策略进行灵活调整和优化，提高销售效果和营利能力。

（4）数据自主权：独立站店铺可以自主收集、分析、利用和保护自己的用户数据。店主可以根据店铺数据更好地了解用户的需求和行为，优化产品和服务，提高用户满意度和忠诚度。

（5）独立风险控制：独立站店铺不会受限于第三方平台的规则和政策变动，减少了出售和管理风险。店主可以独立决定网站的安全管理、客户服务质量、售后支持等，提供更优质的购物体验。

5.5.2 独立站店铺建设的原则和策略

建设独立站店铺时，要遵循一定的原则和策略，包括明确目标、研究市场、品牌建设、用户体验、安全保障、持续优化以及合规性与可持续性等。遵循这些原则和策略，能够帮助独立站店铺确立正确的经营方向，提高竞争力，实现商业成功。

1. 明确目标

在规划独立站店铺之前，应该明确自己的经营目标。店主必须清楚自己的产品定位和目标受众，对市场有清晰的了解。只有明确了目标，才能制定出合理的销售策略。

2. 研究市场

市场是一个复杂的生态系统，了解目标市场的需求和竞争环境是成功经营独立站店铺的重要前提。店主要通过深入的市场调研和分析，掌握目标受众的需求、行为习惯、消费偏好和竞争对手的策略，以便制定适合自己的销售策略。

3. 品牌建设

品牌建设是独立站店铺规划中一个至关重要的环节。店主可通过 Logo 设计、网站设计、色彩搭配等方式打造与众不同的品牌形象，塑造独特的品牌个性，将店铺与竞争对手区别开来，提升消费者对品牌的认知度和信任度，从而增加销售机会。

4. 用户体验

用户体验是独立站店铺建设的核心原则之一。独立站店铺应该以用户为中心，通过简洁清晰的界面设计和流畅的网站导航，提供良好的用户体验。要让用户在店铺内浏览时可以方便地找到所需的信息和产品，快速完成购买操作，从而提高用户的满意度和忠诚度。

5. 安全保障

在互联网时代，确保用户购物过程的安全是独立站店铺建设的一个重要原则。要采用安全的支付通道和数据加密技术，保护用户的个人信息和交易安全，增强用户安全意识和信任感，促进销售业绩的增长。

6. 持续优化

独立站店铺建设并不是一次性的工作，而是一个不断优化和改进的过程。要通过持续的数据分析和用户调研，了解用户需求和店铺设计中的不足，对店铺的界面设计和功能等方面进行持续优化，提高店铺的竞争力，不断改善用户体验。

7. 合规性与可持续性

在独立站店铺建设中，要确保店铺的合规性和可持续性。要遵守相关法律法规，避免违法违规行为给店铺带来损害。同时，要注重店铺的可持续性，从产品选择、供应链管理和环境保护等方面确保店铺的可持续发展。

5.5.3　独立站店铺建设的步骤

独立站店铺的建设是一项系统性的工作，包括以下步骤。

1. 明确经营目标和定位

在开始建设独立站店铺之前，要明确经营目标和定位。考虑独立站店铺所要实现的目标，确定是以销售产品为主还是以提供某种服务或培训为主。确定产品或服务的定位，明确目标受众和市场需求，为后续的店铺建设提供方向。确定店铺目标受众的年龄、性别、兴趣、地理位置等特征，以及目标受众对产品或服务的需求和期望，建立目标受众的用户画像。

企业可以通过市场调研，了解目标受众的行为习惯、消费偏好、需求痛点等信息，为制定店铺经营目标和进行市场定位提供依据。

2. 选择域名

选择域名时应注意以下要求：

（1）与店铺定位相关：选择一个与店铺定位和主要业务相关的域名。域名应该能够准确传达品牌和业务的特点，便于用户记忆和识别。

（2）简洁易记：选择简洁、明确且易于记忆的域名。不要选择过长或复杂的域名，以免用户记忆困难。

（3）避免侵权：确保你所选择的域名不会侵犯他人的商标权或其他知识产权。要进行相关的商标查询和调研，避免选择与已有品牌过于相似的域名。

（4）选择合适的域名后缀：选择适合店铺的域名后缀，如 .com、.cn、.net 等。根据目标受众和所经营的区域选择合适的域名后缀，以增强用户信任感。

3. 选择托管服务

除了域名，企业通常还需要选择托管服务，以确保网站的稳定性和安全性。在选择托管服务时，需要注意以下几点：

（1）选择可靠且稳定的托管服务商：了解托管服务商的技术支持、网络稳定性、服务器性能等情况，确保店铺能够正常、稳定地运行，从而为用户提供良好的购物体验。

（2）注意安全性和备份：确保托管服务商能够采取良好的网络安全措施，包括数据加密、防火墙、DDoS（分布式拒绝服务）攻击防护等。此外，托管服务商应该有定期数据备份和恢复机制，以确保店铺数据不会丢失。

（3）选择扩展性和灵活性强的托管服务：要考虑当店铺的业务增长和需求发生变化时，能否方便地扩展服务器资源或调整服务管理方式。

（4）对比不同托管服务商的价格和服务内容：了解不同托管服务商提供的套餐和功能，以及额外的技术支持、域名注册等服务项目，通过对比，选择适合自己的托管服务商。

（5）了解托管服务商的用户评价和口碑：了解托管服务商的用户评价和口碑，考察其他用户对托管服务商的评价和反馈。选择有良好声誉和口碑的托管服务商，以确保店铺正常运行。

（6）了解托管服务商的技术支持：确保托管服务商提供24小时技术支持，这样能够及时帮助我们解决网站运行中遇到的问题。

4. 网站结构设计

根据店铺定位和目标受众的需求设计网站结构。在进行网站结构设计时，需要注意以下几点：

（1）清晰的导航结构：设计一个简洁明了的导航栏，对网站的主要页面和功能进行清晰的分类，方便用户浏览。确保首页、产品分类、购物车、个人账户等关键页面能够快速访问。

（2）用户友好的布局：采用简洁、直观的页面布局，避免过多的广告、弹窗和复杂的页面结构。保持页面整洁、美观，注重内容的重点呈现和良好的可读性。

（3）响应式设计：确保网站能够适应各种终端设备，包括电脑、平板和手机等。响应式设计可以提升用户体验，使用户无论在何种设备上都能够获得良好的浏览效果。

（4）强调品牌形象：根据店铺的定位和目标受众的特点，设计符合品牌形象的网站风格。统一的品牌颜色、字体和风格有助于用户识别和记住品牌。

（5）强调关键内容：在首页或其他重要页面上突出展示热门产品、特价活动或其他吸引用户的内容，激发用户的购买欲望。

（6）注重用户体验：设计简单易用的搜索框、筛选和排序功能，让用户能够快速找到他们需要的产品。确保购物流程简单明了，减少用户的操作步骤，提高购买转化率。

5. 产品管理和展示

在独立站店铺建设中，产品管理和展示非常重要，能够直接影响用户选择和购买决策。产品管理和展示主要包括以下内容：

（1）产品分类：对店铺产品进行合理的分类，以便用户能够方便地找到他们感兴趣的产品。可按照类别、品牌、特色等维度对产品进行分类，并在页面上提供筛选和排序功能，为用户提供多种选择。

（2）详细的产品描述：为每件产品提供详细的描述，包括产品特点、规格、材质、颜色、尺寸等信息。确保描述准确、清晰，并使用易于理解的语言描述产品的优势和功能，让用户能够充分了解产品的特点和质量。

（3）高质量的产品图片：为每件产品提供高质量、清晰的图片，图片角度要全面，充分展示产品的细节和特点。可以提供多张图片，包括产品的正面、背面、侧面、细节等，帮助用户更好地了解产品。

（4）产品评价和评级：允许用户对购买的产品进行评价和评级，这些评价可以帮助其他用户做出决策。在产品页面上展示用户的评价和评级，提高产品的可信度，增强对用户的吸引力。

（5）特色推荐和促销：在首页或其他重要页面上推荐一些特色产品或促销产品，吸引用户关注和购买。可以推出折扣、限时特价等促销活动，提高产品的销售量。

（6）产品搜索功能：提供强大的产品搜索功能，让用户能够根据关键词、类别、价格范围等条件搜索他们需要的产品。确保搜索结果准确、快速呈现，并提供相关的筛选和排序选项。

6. 建立会员系统和客户服务系统

建立会员系统和客户服务系统非常重要，可以提高用户的忠诚度，促进重复购买和口碑传播。

在建立会员系统时，需要注意以下几个方面：

（1）注册和登录功能：提供用户注册和登录功能，让用户可以创建自己的会员账户，并可以随时登录进行购物和管理个人信息。

（2）会员等级和积分系统：设立会员等级制度，根据用户的消费金额或购买频率等指标，给予不同等级的会员相应的权益和优惠。同时，设置积分系统，让用户在购物过程中积累积分，再次购物时可以使用积分抵扣部分金额。

（3）会员专属优惠：定期为会员提供专属优惠，例如会员专享折扣、赠品或限时促销等，增强会员的购买欲望和体验感。

（4）个性化服务：根据会员的购买历史、偏好和兴趣，提供个性化推荐和定制化服务。例如发送定制化的电子邮件或短信、提供个性化折扣码等。

（5）促进会员互动：建立会员社区或论坛，鼓励会员之间互相交流，分享购物心得、产品推荐等，促进会员之间的互动，增强用户黏性。

在建立客户服务系统时，需要注意以下几个方面：

（1）多渠道客服支持：提供多种客服渠道，包括在线聊天、电话、电子邮件等，以便客户根据自己的喜好和需求进行咨询和投诉。

（2）快速响应和解决问题：确保客服团队能够及时回复客户的咨询，并尽快解决客户的问题。建立完善的客服流程和标准回复，提高客户满意度。

（3）专业的客服团队：为客服团队提供专业的培训，使其充分掌握店铺的产品知识和有效的沟通技巧，能够为客户提供准确、友好和专业的服务。

（4）建立问题反馈机制：在网站上设置问题反馈表格或意见反馈入口，鼓励客户提供建议、反馈甚至投诉，并及时响应和解决客户的问题，提升客户满意度。

（5）售后服务：建立完善的售后服务制度，包括退换货规定、产品质量保证和售后咨询渠道等，确保客户购买后所出现的问题能够得到及时的解决。

（6）客户满意度调查：定期进行客户满意度调查，了解客户的使用体验和意见，根据调查结果改进服务，优化客户的购物体验。

7. 市场推广

通过市场推广，可以提高独立站店铺的曝光度和流量，从而提升品牌知名度和销售量。

（1）社交媒体营销：在主要的社交媒体平台，如微信、抖音、微博等平台上建立品牌账号，定期发布与产品相关的内容，吸引目标受众的关注并与他们互动。

（2）搜索引擎优化（SEO）：通过优化网站的内容、关键词和标签，提升网站在搜索引擎中的排名，增加有机流量。创建有吸引力和高质量的内容，采取有效的链接策略，提高网站的可见性。

（3）内容营销：在微博、小红书、微信公众号等平台上，生产和分享有价值的内容，吸引潜在用户，提升用户对品牌的信任度和忠诚度。

（4）口碑营销：提供优质的产品和卓越的客户服务，使客户对品牌和产品做出积极的评价并向他人推荐。鼓励客户在社交媒体上分享购买体验，或提供一些奖励来鼓励口碑传播。

（5）广告投放：根据目标受众的特征和购买习惯，在相关的在线广告平台上精准投放广告。

8. 数据分析和优化

建立数据分析系统，通过分析网站流量、销售数据、用户行为等，获取有价值的信息。根据数据分析结果，优化网站的营销和推广策略，改善用户体验，提升店铺的销售额和效益。

法律透视镜

《互联网信息服务管理办法》是一项旨在规范并促进互联网信息服务健康、有序发展的行政法规。该办法将互联网信息服务明确划分为经营性与非经营性两大类别。

针对非经营性互联网信息服务，国家实施备案制度。凡是通过互联网无偿提供公开性、共享性信息服务的非经营性网站，均须依法履行备案手续，未经备案的，不得擅自开展相关服务。依据工信部发布的《非经营性互联网信息服务备案管理办法》的规定，备案流程一般包括提交备案信息、审核备案资料以及发放备案编号等环节。

对于经营性互联网信息服务，国家实行许可制度。经营性网站若要通过互联网向用户提供有偿信息、网上广告、网页代制作、电子商务等网上应用服务，必须依法取得《中华人民共和国增值电信业务经营许可证》（简称 ICP 许可证）。若经营性网站未办理 ICP 许可证，将被视为非法经营。

总体而言，《互联网信息服务管理办法》为互联网信息服务活动提供了清晰明确的法律指引，旨在确保互联网信息服务的合法性、规范性和安全性，打击不良信息的传播，维护国家网络安全和社会公共利益。互联网信息服务提供者应当在其网站主页的显眼位置展示经营许可证编号或备案编号。未取得许可或未履行备案手续的网站，不得从事互联网信息服务，否则将视为违法行为，并需要承担相应的法律责任。

巩固提升

一、单选题

1. 在选择电商平台开设店铺时，分析不同平台的特点和优势是至关重要的。选择电商平台的第一步是：（　　）。

A. 确定店铺目标和需求　　B. 研究不同平台的入驻要求

C. 研究不同平台的功能和特点　　D. 研究不同平台的受众

2. 随着互联网技术的不断发展，新媒体社交平台已经成为人们日常生活中不可或缺的一部分。新媒体社交平台的特点不包括：(　　)。

A. 社交互动性　　B. 强大的传播效应

C. 权威性　　D. 实时性与即时反馈

3. 在进行新媒体社交平台店铺的设计和搭建时，以下要素不需要考虑的是：(　　)。

A. 品牌形象与风格　　B. 用户界面与用户体验

C. 社交互动与社区建设　　D. 产品质量与价格竞争力

4. 独立站店铺建设步骤中的第一步是：(　　)。

A. 选择域名和托管服务　　B. 进行网站结构设计

C. 明确经营目标和定位　　D. 产品管理和展示

5. 规划和设计独立站店铺时，要遵循一定的原则和策略。以下哪一项不包括在内？(　　)

A. 降低成本　　B. 用户体验

C. 持续优化　　D. 明确目标

6. 提交审核和发布小程序的前一个步骤是：(　　)。

A. 添加功能和逻辑　　B. 设计小程序界面

C. 设置小程序信息　　D. 预览和调试小程序

二、多选题

1. 网店用户体验设计是电商平台网店建设的一个重要环节，它涵盖了以下哪些内容？(　　)

A. 网店界面设计　　B. 网店商品发布与维护

C. 商品分类与搜索设计　　D. 产品价格设计

2. 新媒体社交平台非常多，其特点也各不相同，因此，新媒体社交平台店铺建设的第一步是选择合适的平台。以下属于选择平台时需要考虑的因素的是(　　)。

A. 平台页面布局　　B. 商品质量　　C. 目标受众　　D. 平台特点

3. 与其他线上店铺相比，独立站店铺具有以下特点：(　　)。

A. 自主性　　B. 自主品牌建设

C. 统一销售策略　　D. 独立风险控制

4. 独立站店铺选择域名时，要保证域名符合以下要求：(　　)。

A. 避免侵权　　B. 与店铺定位相关

C. 简洁易记　　D. 内涵丰富

5. 和其他平台的店铺相比，小程序店铺的特点不包括：(　　)。

A. 高成本　　B. 低效率

C. 便捷性　　D. 轻量化

三、判断题

1. 相比天猫店铺，淘宝的投入较少，限制也较小，比较适合中小卖家操作，特别是个人小卖家。(　　)

2. 京东是一个面向下沉市场的电商平台，其用户群体主要是一、二线城市的中高端消

费群体，对商品质量和服务体验的要求较高。(　　)

3. 新媒体社交平台可以通过社交互动和个性化推荐，引导用户进行购买和消费。(　　)

4. 新媒体社交平台中的每个用户都有可能成为消费者，因此应当收集用户隐私进行用户行为分析，了解用户的个性化需求并提供个性化的服务和推荐。(　　)

5. 独立站店铺是由店主独立管理的依赖于第三方平台或市场的电子商务网站。(　　)

6. 微信小程序店铺是指基于微信小程序平台建立的在线商城，用户可以在微信中直接浏览和购买商品，因此无须进行维护和更新。(　　)

四、填空题

1. 网店规划与定位是电商平台网店建设的关键环节，它要求对目标受众和市场，以及__________进行深入的研究。

2. 新媒体社交平台支持多种多样的内容形式，如文本、图片、__________、__________等。

3. 尽管独立站店铺需要更多的资源与精力来建设和管理，但它提供了更大的__________和品牌控制权，有助于构建独特的品牌形象和强化与用户的关系，为企业或个人提供了更加灵活和自主的电商运营平台。

4. 相比其他平台店铺，微信小程序店铺可以通过__________分享、微信群拉新等方式，更好地传播和扩大影响力。

五、讨论分析题

1. 在当今数字化时代，越来越多的企业选择通过电商平台开设店铺来扩展其业务。这些平台为企业提供了一个在线销售产品和服务的渠道，能够帮助他们与消费者建立更广泛的联系。在选择平台开设店铺时，分析不同平台的特点和优势是至关重要的。京东与拼多多是电商平台中的代表，在选择平台时哪些类型的产品应当选择京东，哪些类型的产品应当选择拼多多呢？

2. 如今，互联网巨头与品牌企业纷纷推出微信小程序店铺，原因是什么？

第6章 零售视觉设计

案例引入

优衣库的视觉设计创新与沉浸式购物体验

优衣库（UNIQLO）作为全球知名的休闲服饰品牌，一直致力于通过创新的视觉设计来提升顾客的购物体验。随着数字时代的到来，优衣库不仅强化了其视觉识别系统，还精心打造了线上网店，优化了商品详情页设计，并对商品图片拍摄与处理、商品短视频设计与制作等方面进行了全面升级，为顾客提供了更加便捷、直观且沉浸式的购物环境。

优衣库的视觉识别系统以简洁、明快、现代为特点。品牌标志以红色为主色调，配以简洁的字母“UNIQLO”，易于识别，具有很高的品牌辨识度。此外，优衣库还制定了一套完整的视觉规范，包括字体、色彩、图案等元素的使用标准，确保所有媒介和渠道上品牌形象的一致性和连贯性。

优衣库的线上网店采用了简洁大气的设计风格，注重空间感和层次感的营造。首页布局清晰，导航栏明确，方便顾客快速找到所需商品。同时，网店还运用大量高质量商品图片和短视频，展示商品的细节和穿着效果，增强顾客的购物欲望。此外，网店还设置了多种互动功能，如顾客评价、尺码推荐、在线客服等，提升顾客的购物体验和满意度。

优衣库的商品详情页设计注重信息的全面性和视觉的吸引力。页面布局合理，商品图片高清且多角度展示，让顾客可以全方位了解商品的外观和细节。同时，商品描述详尽准确，包括材质、尺码、洗涤说明等信息，帮助顾客做出更明智的购买决策。此外，详情页还融入社交媒体分享、顾客评价等互动元素，鼓励顾客分享购物体验，提升商品的口碑和信誉。

优衣库深知商品图片对顾客购物决策的重要性。因此，他们聘请了专业的摄影师和团队进行商品图片的拍摄与处理。拍摄过程中，注重光线、角度和背景的选择，确保图片清晰、美观且真实反映商品的质感和颜色。后期处理中，则注重色彩校正、细节增强和瑕疵修复等方面的工作，使图片更加完美。

为了进一步提升顾客的购物体验，优衣库还制作了系列商品短视频。短视频内容以商品的穿着效果和搭配建议为主，通过模特的展示和讲解，让顾客可以更直观地感受到商品的魅力。同时，短视频中还融入时尚元素和品牌文化，增强了品牌的时尚感和顾客的认同感。

通过视觉识别系统策划、网店装修、商品详情页设计、商品图片拍摄与处理以及商品短视频设计与制作等方面的全面升级，优衣库成功打造了一个数字化与沉浸式的购物环境。这一系列视觉设计措施不仅提升了顾客的购物体验和满意度，还促进了品牌形象的传播和市场份额的扩大。

请结合案例内容，思考和讨论以下几个问题：

1. 在零售视觉设计中，如何平衡品牌特色与顾客需求之间的关系？如何确保视觉设计既符合品牌形象又能满足顾客的购物需求？

2. 随着社交媒体和短视频平台的兴起，零售企业应如何利用这些新渠道进行视觉营销？如何通过有创意的短视频内容吸引顾客关注并促进销售？

3. 在未来零售视觉设计的发展中，有哪些新技术或新理念值得关注和应用？如何利用 AI、VR/AR 等新技术提升顾客的视觉体验和品牌忠诚度？

学习目标

知识目标：

1. 理解视觉识别系统在新零售中的重要性和作用，掌握视觉识别系统策划的步骤和注意事项。

2. 认识网络店铺装修对提升店铺形象和吸引顾客的重要性，了解网络店铺装修的步骤和注意事项。

3. 掌握商品详情页的基本概念和设计步骤，了解如何设计具有吸引力和说服力的商品详情页。

4. 理解商品图片在新零售中的价值和重要性，掌握商品图片拍摄的基本要求和技巧，以及商品图片后期处理的方法。

5. 了解商品短视频的设计与制作，包括短视频的脚本撰写、拍摄技巧和后期制作等。

技能目标：

1. 能够根据品牌特性和新零售环境，策划出具有独特性和辨识度的视觉识别系统。

2. 能够独立完成网络店铺的装修工作，包括确定装修类型与风格、收集装修素材、设计导航、进行产品分类等，以提升店铺的整体形象。

3. 能够设计出具有吸引力和引导性的商品详情页，包括文字描述、图片展示、排版布局等。

4. 能够拍摄出高质量、符合品牌调性的商品图片，并能够对图片进行恰当的后期处理，以提升商品展示的视觉效果。

5. 能够根据商品特点和市场需求，设计和制作具有传播性和互动性的商品短视频，以吸引更多潜在顾客。

素养目标：

1. 培养对零售视觉设计的敏感度和审美能力，注重细节和用户体验，不断提升设计水平。

2. 培养创新思维和创意能力，能够根据市场需求和消费者心理，设计出新颖、独特的视觉作品。

3. 增强团队协作和沟通能力，能够与其他部门或团队成员有效沟通，共同完成零售视觉设计任务。

4. 培养自主学习和自我提升的能力，关注零售视觉设计的最新动态和趋势，不断更新相关知识和技能。

5. 树立品牌形象和品牌价值意识，注重视觉设计与品牌战略的协调一致，以提升品牌竞争力和市场占有率。

学习导图

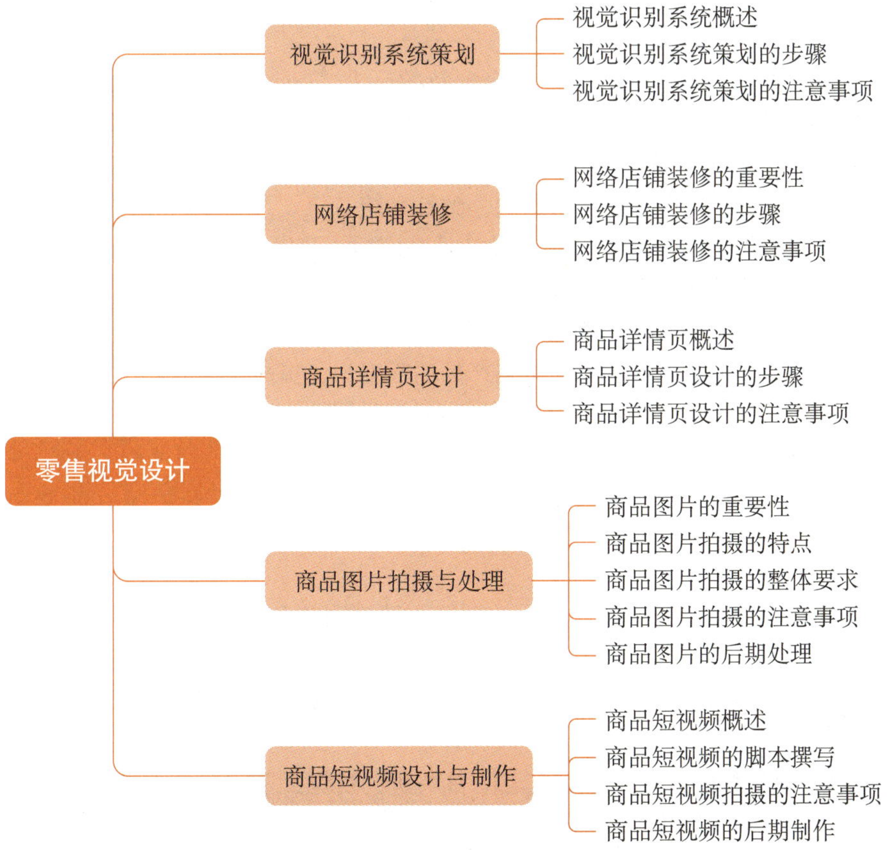

6.1 视觉识别系统策划

6.1.1 视觉识别系统概述

1. 视觉识别系统的概念

视觉识别系统，是组织文化体系中的重要组成部分，是组织文化和标志的基本要素。视觉识别系统是指运用整体的传达系统，通过标准化、规范化的形式语言和系统化的视觉符号，以强力方针及管理系统的形式将组织文化、理念等有效传达给社会大众，形成组织鲜明的视觉形象。对企业来说，它通过视觉符号的统一设计来传达企业精神与理念，达到使人熟悉、识别该企业的目的，从而有效地突出企业个性，提高企业及其产品的知名度，塑造品牌形象。

2. 视觉识别系统在零售中的应用

新零售视觉识别系统指的是在零售领域中使用的一套视觉设计和形象策划系统。它是为了在零售环境下塑造独特的品牌形象、提升品牌辨识度和消费者体验而开发的。视觉识别系统的设计需要综合考虑品牌定位、目标受众和市场趋势。它的主要目标是通过视觉形象的塑造来提高品牌的认知度、辨识度和消费者的信任度，从而提升营销效果和品牌价值。

3. 视觉识别系统的设计要点

（1）视觉元素设计：系统会设计一个独特的标志（Logo），以代表品牌的形象和价值观。这个标志通常会通过特定的形状、颜色和图案来传达品牌的特点和风格。除了标志，系统还会进行品牌的其他视觉元素设计，如字体、色彩、图形等。这些视觉元素在品牌的各类应用中保持一致，以提升品牌形象的一致性和统一感。

（2）网站和应用界面设计：系统会设计品牌网站、移动应用等界面，以提供统一的用户体验。这些界面的设计通常会融入品牌的视觉元素，以保持与品牌形象的一致性。

（3）产品包装和陈列设计：系统会进行产品包装和陈列的设计，这些设计也会体现品牌的视觉元素，并通过吸引人的形式增强产品的吸引力，提高产品的辨识度。

（4）平面设计：为了提升品牌的知名度和传播效果，系统还会参与平面广告、海报、宣传册等物料的设计，以确保品牌形象的一致性。

6.1.2 视觉识别系统策划的步骤

在策划视觉识别系统时，需要与设计团队、营销团队和品牌管理团队密切合作，共同确立品牌的视觉策略和目标。同时，要遵循市场规范和法律法规，保护知识产权，并考虑到消费者隐私和数据安全等问题。有效的视觉识别系统策划能够为品牌带来差异化竞争优势，提升品牌形象和消费者认知度。

视觉识别系统的策划，包括品牌定位和调研、视觉元素设计、平面设计、用户体验设计。

1. 品牌定位和调研

这一步是为了了解品牌定位、目标受众的需求和偏好，以及竞争对手的视觉识别系统。

在品牌视觉识别系统的策划中，品牌定位起着指导作用，影响着设计元素的选择、风格的确定以及用户体验的塑造。只有准确地理解品牌定位，才能设计出与品牌形象一致的视觉识别系统，从而提升品牌的竞争力、传达品牌的价值和个性，并与目标受众建立深刻的情感连接。比如，某品牌的定位是高端时尚品牌，提供优质、时尚、奢华的产品和服务，那么在标志设计上，可以选择简洁、精致且具有辨识度的标志；在视觉设计风格上，可以选择简洁、优雅的风格，运用高质感的摄影和精美的排版，展示产品的品质和时尚感。

通过目标受众分析，能更好地理解目标用户的需求和偏好，设计出与他们相契合的视觉识别系统，从而增强品牌与目标用户的连接和共鸣。以某母婴品牌为例，通过调研，该品牌确定其目标受众为 25 ～ 35 岁的准父母和新手父母，他们关注婴儿的健康、安全和舒适，那么品牌视觉识别系统就应力求建立亲切感和信任感，采用柔和、贴近皮肤的色彩以及可爱、简洁的图形，增强品牌的亲和力。

竞争分析能使品牌更好地了解竞争对手的视觉识别系统，以避免与竞争对手的定位和形象相似，并设计出与众不同的视觉识别系统。通过竞争分析还可以进一步了解目标用户需求和市场发展趋势，以便更好地满足用户期望、提升辨识度，并高效沟通和传达品牌的价值。

2. 视觉元素设计

视觉元素包括品牌的标志、字体、色彩等。标志设计需要突出品牌的独特性和辨识度，字体和色彩选择要与品牌形象相匹配，传达出品牌的个性和特点。

（1）标志设计。

首先，一个好的标志需要简洁、易识别和易记忆。避免过多的细节，设计要简洁明了。同时，好的标志应该具有独特性和个性，在市场上容易与竞争对手区别开来。

其次，选择适合品牌形象的颜色，这样有助于引起观众的情感共鸣。比如，主打草本提取物的护肤品，标志颜色最好选择贴近植物的绿色。

再次，设计时要考虑到标志在不同尺寸和应用场景下的呈现效果。它应该在小到手机屏幕，大到广告牌上都能清晰可辨。

最后，要对设计好的标志进行测试并征求反馈意见，确保标志被广大受众理解和喜欢。

（2）字体设计。

选择一种主要字体（也称为主字体或标志字体），作为品牌视觉识别系统的关键要素之一，与品牌的形象相匹配。不同的字体具有不同的情感表达能力。有些字体可能更加传统和正式，而有些字体可能更加现代和时尚。选择与品牌定位相符的字体，以准确传达品牌的情感和形象。

除了主要字体外，还可以选择一些辅助字体或配对字体，用于不同的品牌资料、广告和宣传材料中。辅助字体应与主要字体相协调，但又有所区别，以增强视觉层次感，提高品牌识别性。

（3）色彩设计。

在进行色彩设计之前，商家应该首先了解色彩心理学。不同的颜色可以引发不同的情绪和联想，如红色可以传达激情和能量，蓝色可以传达信任感和专业性。要选择与品牌形象和定位相符合的色彩，以激发用户相应的情感共鸣。

商家可选择由主色和辅助色组成的色彩组合，用于品牌标志、网站、广告和宣传材料等。主色一般为品牌的主要代表色彩，辅助色则用于增强视觉层次感和提高品牌识别性。要确保主色和辅助色相互协调、平衡和一致。

此外，在色彩设计中还要考虑色彩的对比度，以确保重要信息清晰可辨。文字和背景的色彩应该有足够的对比度，使文字易于阅读。

3. 平面设计

在视觉识别系统的策划中，平面设计是非常重要的一部分，它主要包括平面广告、海报、宣传册等物料的设计。将视觉识别系统的元素应用于这些设计时，需要突出品牌的特点，才能有效传达品牌形象和信息，吸引目标受众并提升用户的购物体验。

在进行平面设计时，需要注意以下几点：

（1）一致性。确保平面设计与品牌形象保持一致。统一的色彩、字体、标志和风格能够帮助品牌建立识别性，为用户提供一致的消费体验。

（2）简洁明了。要遵循简洁明了的设计原则，减少冗余信息，突出核心信息。清晰的布局和易读的文字可以增强设计的可理解性和吸引力。

（3）视觉吸引力。通过使用吸引人的图像、色彩和符号等来增强设计的视觉吸引力。但同时要确保不过度设计，以免影响信息的传达和阅读。

（4）呼吸空间。合理安排元素的间距和布局，提供足够的呼吸空间，使设计看起来平衡、整洁，不拥挤。

（5）响应式设计。考虑到物料可能会在不同的媒体和设备上展示，如平面广告、手机应用、电脑屏幕等，设计时要注意响应式布局和可扩展性，以确保物料在不同的展示环境中都能保持清晰可辨。

4. 用户体验设计

在新零售环境中，考虑用户体验至关重要。用户体验设计会影响用户对视觉识别系统的使用效果和感受，进而决定用户是否选择继续购物以及能否对品牌产生好感。因此，设计网站和应用界面时，要注重用户友好性和易用性，确保顾客能够方便、快速地完成购物和交互操作。

在进行用户体验设计时，需要注意以下几点：

（1）用户研究。在设计之前，进行用户研究是非常重要的。要了解目标用户的需求、期望和行为模式，从而根据用户的真实体验来设计系统。

（2）简化流程。尽可能地简化用户的交互流程，减少冗余操作，提供直观的导航和操作方式，帮助用户快速完成购物流程。

（3）清晰的界面设计。设计简洁、直观和易于理解的界面，使用一致的图标和按钮，以及易于识别的视觉元素，帮助用户快速定位和操作。

（4）个性化推荐。结合数据分析和个性化推荐算法，为用户提供个性化的商品推荐和购物建议，提高用户的满意度和忠诚度。

（5）响应式设计。确保系统在不同设备和屏幕尺寸下都能提供良好的用户体验。响应式设计可以自动适应不同的终端，使用户在使用电脑、手机或平板电脑等不同设备时都能获得良好的体验。

（6）引导和提示。提供明确的引导和提示，帮助用户熟悉系统的功能和操作方式。这样不仅能减少用户的困惑和犹豫，还能增强用户的安全感和信任感。

需要注意的是，用户体验设计是一个不断迭代的过程，需要持续地收集用户反馈并进行改进。并且，专业的用户体验设计师能够根据品牌和目标用户的需求，设计出更符合用户期望的系统。因此，建议企业在视觉识别系统的策划中寻求专业用户体验设计团队的支持和合作。

6.1.3　视觉识别系统策划的注意事项

在进行视觉识别系统策划时，需要注意以下几点。

1. 品牌一致性

应确保视觉识别系统在各个平台和媒介上的一致性，如品牌网站、移动应用、产品包装、店面陈列等。视觉元素在各个应用中的使用要统一，以保证品牌形象的连贯性，提高品牌认知度。

2. 用户体验

关注用户的需求和体验，以用户为中心进行视觉识别系统的设计。通过清晰的导航和布局以及直观的操作，帮助用户快速找到所需产品并完成购物流程，提供良好的用户体验。

3. 用户行为引导

通过视觉设计引导用户的注意力和行为。使用吸引人的图像、按钮等视觉元素，引导用户视线，促使用户做出购买决策。

4. 信息层次和可读性

以简洁清晰的方式呈现信息。合理划分信息层次，并使用易于阅读和理解的字体与排版，确保用户能够快速获取所需信息。

5. 图片与视频的使用

在产品展示和宣传中，图片与视频是关键的元素。选择高质量、有吸引力的图片和视频，突出产品的特点和优势，增强用户的购买兴趣。

6. 持续改进和测试

视觉识别系统策划是一个持续改进的过程。通过不断收集用户反馈和行为数据、进行 A/B 测试等手段，持续优化和改进设计，以提升用户体验，促进产品销售。

经典案例库

三只松鼠是中国知名的休闲零食品牌，专注于以坚果为主要原料的创新零食研发、生产和销售。在视觉识别系统的策划上，三只松鼠别具一格。三只松鼠的视觉识别系统主要由以下几个元素组成：

品牌标志：三只松鼠的品牌标志是三只可爱的松鼠，它们身上有不同颜色的装饰物，形成了品牌的主要形象。这个标志设计简洁明快，具有很高的辨识度，使消费者能够很容易地识别和记忆品牌。

包装设计：三只松鼠的产品包装设计注重色彩的丰富和变化，每种口味的零食都有特定的包装颜色和图案，使其易于识别和区分。同时，包装上还印有三只松鼠的品牌标志和清晰的产品信息，以便消费者了解商品的种类和特点。

图形元素：除了品牌标志外，三只松鼠的视觉识别系统还包括一系列特定的图形元素，比如可爱的松鼠、坚果和其他相关的装饰图案。这些图形元素点缀在包装、广告和宣传册等各种营销材料上，丰富了品牌形象，提高了品牌的辨识度。

品牌色彩：三只松鼠的品牌色彩主要由红色和金黄色组成。红色象征活力、热情和幸福，而金黄色则代表财富、健康和好运。这两种色彩在品牌的标志、包装和广告中得到广泛应用，形成了品牌的独特风格。

通过上述视觉识别系统设计，三只松鼠成功地塑造了可爱、时尚、健康的品牌形象。其品牌标志、包装设计、图形元素和品牌色彩的高度一致性，使消费者能够迅速识别并与品牌产生情感共鸣，提高了消费者的忠诚度。

6.2 网络店铺装修

6.2.1 网络店铺装修的重要性

网络店铺装修是电商经营中不可或缺的一环，对品牌形象、用户体验、产品展示及网络营销效果均有着重要影响，电商经营者应给予足够重视，并投入精力精心打造。一个经过精心打造的网店，不仅能吸引用户眼球，更能带来流量和效益。优质的装修能够让用户体会到店主的用心，极大地提升店铺形象，并助力品牌形象塑造。网络店铺装修的重要性主要体现在以下几个方面：

（1）塑造品牌形象：恰当的装修风格和主题选择，能够加深顾客对品牌的印象，提升顾客对品牌的认可度和忠诚度。

（2）优化用户体验：合理的布局和清晰的导航能够使顾客迅速找到所需商品，提高购物效率，从而提高顾客满意度并增强顾客的回购意愿。

（3）强化商品展示：精选的商品图片和视频展示，能够使商品特点一目了然，大大增强顾客的购买欲望。

（4）促进网络营销：优秀的装修有助于提升网店在搜索引擎中的排名，增加网店的曝光和流量，进而提高转化率和销售额。

6.2.2 网络店铺装修的步骤

1. 确定装修类型与风格

网络店铺装修首先要做的就是确定装修类型与风格。在确定装修类型与风格时需要考虑以下因素：

（1）目标受众：了解店铺的目标受众是谁、他们的兴趣和偏好是什么，可以帮助商家确定适合自己的装修类型与风格。例如，如果店铺目标受众是年轻人，时尚和现代的装修风格更合适；如果店铺目标受众是中老年群体，则应选择稳重、大方的装修风格。

（2）产品定位：考虑所销售的产品的性质和定位，选择与产品相符的装修类型与风格。例如，如果销售的是高端奢华产品，那么选择奢华、精致的装修风格更合适；如果销售的是环保、自然的产品，那么选择自然、简约的装修风格更合适。

（3）品牌形象：确定想要塑造的品牌形象，选择与品牌形象相符的装修类型与风格。品牌形象决定了你希望向顾客传达的价值观和风格。例如，如果你的品牌形象是时尚、年轻、前卫，那么选择现代、简约、独特的装修风格更合适；如果你的品牌形象是传统、可靠、稳重，那么选择经典、古典的装修风格更合适。

（4）竞争分析：了解竞争对手店铺的装修类型与风格，可以帮助你实现差异化和突出自己的店铺。选择一个与竞争对手不同的风格，有助于店铺在市场竞争中脱颖而出。

（5）个人喜好与资源：考虑个人的喜好和资源情况。可以选择一个个人喜欢并且能够以合理的资源投入实现的装修类型与风格。

2. 收集装修素材

确定了装修类型与风格后，就可以收集装修素材了。要找到合适的图片、色彩、字体等元素来达到想要的装修效果。收集素材的方法包括以下几种：

（1）网上搜索：使用搜索引擎、设计素材网站或社交媒体平台，搜索相关的图片、样式、色彩等素材。通过使用恰当的关键词，可以找到大量的素材，并从中获得灵感。

（2）浏览设计灵感网站和社交媒体：浏览设计灵感网站（如设计中国、优设网等）和社交媒体平台（如小红书、微博等），关注和收集相关的设计案例与图片。

（3）实地拍摄：如果商家有条件，可以自主拍摄图片，比如产品照、风景照等。这样也可以避免侵权的风险。

（4）参考竞争对手：观察和研究竞争对手的网店装修，收集一些他们使用的设计元素。不要抄袭，但可以借鉴他们的设计灵感。

（5）使用设计工具和素材库：使用各种设计工具和素材库，如 Adobe Photoshop 等，可以找到各种精美的图标、字体和背景素材。这些工具和素材库提供了丰富的设计资源，可以用于网店装修。

需要注意的是，所用素材不要侵权，避免涉及公众人物肖像，最好用自己的产品作为装修素材。

3. 制作店铺标志

顾客对店铺的第一印象非常重要，顾客进入店铺后最容易注意到的元素有店铺标志、首页焦点图和导航。这三项内容会影响顾客对店铺的第一印象。

店铺标志（Logo）是店铺综合信息传递的媒介，店铺的定位、模式、产品类别和服务特点等信息都蕴含其中。Logo 代表着特定的形象，一个独一无二、有创意的 Logo 可以让店铺在市场竞争中脱颖而出。Logo 主要有以下三种形式：

（1）文字 Logo：基于文字变形而成。

（2）图形 Logo：与企业类型相关，可以具象，也可以抽象。

（3）文字和图形结合的 Logo。

要想设计出优秀的 Logo，需要做到以下几点：

（1）简单大气，容易辨认，适当利用图形来提高辨识度。

（2）构思新颖独特，表意准确，色彩搭配要和谐而醒目。

（3）符合消费者的直观接受能力、审美意识、社会心理和禁忌。

（4）注意平台对 Logo 图片的尺寸及格式要求。

4. 设计首焦图

这是首页的重点，更是亮点。首焦图，即首页焦点图，主要靠图片展示来吸引消费者，好的首焦图能优化全店流量。首焦图设计通常需要注意以下几方面：

（1）调性：包含有质感的场景且清晰展现产品的图片往往更吸引人。可以选择创意照片作为整体画面背景，营造出品牌调性的同时，也能清晰呈现产品。

（2）色调：不同产品适合不同的色调。以美妆产品为例，清新且自然的绿色或接近皮肤的颜色更受人喜爱，有助于突出表现美妆产品的质感。

（3）Logo：放多个 Logo 会降低首焦图的点击率，一般放置一个就可以了，可以是品牌 Logo，也可以是活动 Logo，以它们为主要载体来传达品牌信息和活动信息。

（4）内容展示：首焦图中出现与优惠、节日、品牌等相关的词，比如“618”“双11”“五一大促”等，可明显提升点击率。

（5）人像：在没有产品的情况下，画面中出现多个人像，往往能提高点击率。

想要首焦图有创意，抓住消费者眼球，也可以试试以下几个创意：

（1）180° 大撞色：撞色指的是看上去冲突较大的颜色，或不是一个色系的颜色搭配在一起，比如红色和绿色、黄色和紫色。在色环上选取对立的两个色相，撞色效果最强烈。但是撞色也需要考虑消费者的心理接受程度，如果是主打年轻、时尚、活力的产品，可以有强烈的色彩对比；但如果产品目标受众是中老年群体，就要慎重。

（2）夸张的造型和肢体语言：可以通过突出模特独特夸张的造型和肢体语言来抓住顾客眼球。

（3）注意适当留白：当一个物体挤占了画面的一部分，另一部分做留白处理，只写上寥寥几个字或者一句话时，留白处的信息便是焦点，能让顾客一下子抓住重点。除了通过抠图实现画面留白，也可以在前期拍摄时实现留白。

5. 设计导航

导航的作用是将产品分类，方便顾客寻找，一般包括品牌介绍、店铺介绍、售后服务、特惠活动、宝贝分类等。导航是顾客访问店铺的快速通道，因此，清晰的导航能使商品得到更好的展现。导航的设置并不是越多越好，而是需要结合店铺的运营，选取对店铺经营有帮助的内容。导航在首页布局中所占的比例并不大，但是它所附带传播的信息对塑造店铺个性化形象至关重要，因此，导航的设计应与店铺整体风格相匹配。

在进行导航设计时，需要注意以下几点：

（1）清晰明确的标签：导航标签应该清晰明确，能够准确反映导航目标所对应的内容。使用简洁的词汇和短语，避免使用模糊或晦涩的标签，为用户提供良好的导航体验。

（2）合理的布局和结构：导航的布局和结构应该合理，让用户能够轻松理解网站结构和导航路径。可采用常规的水平导航、垂直导航或面包屑导航等结构，结合网站的内容和风格进行设计。

（3）导航的可见性和易用性：导航在网页上的位置要明显，并且在整个网站中保持一致。导航元素的大小、颜色和形状应该能够吸引用户的注意力，同时易于点击或触摸。

通常，电商平台有自己的导航模板，商家只需要选择合适的模板与页面即可。

6. 进行产品分类

合理的分类可以提高顾客搜索产品的速度，让顾客能迅速地找到自己所需的产品。

在对产品进行分类时需要考虑以下几点：

（1）产品属性：分析产品的类型、功能、用途、材质、颜色、尺寸等属性，并根据这些属性进行分类。

（2）用户需求和行为：了解目标用户的需求和购物行为。根据用户的需求和偏好，设置一些常见的分类，使他们更容易找到所需的产品。例如，按照产品的用途或场景进行分类，如家居装饰、户外运动、礼品推荐等。

（3）主题分类：根据不同的主题对产品进行分类。例如，按照季节、节日、特定主题等进行分类，以提供相关的产品选择。

（4）层次分类：使用层次分类的方法，对产品逐级进行分类。例如，首先按照大的类别进行分类，如服装、配饰、家居用品，然后在每个大类下进一步划分子类别。

（5）常用搜索词：通过分析用户的常用搜索词，找出用户最常关注的一些细分领域或关键词，以便将相关产品放在同一类别中。

（6）跨类组合：可以考虑一些相关产品的跨类组合，将不同大类或子类但有所关联的产品进行组合展示。这样可以提供更多选择，并帮助用户发现他们可能没有意识到的需求。

（7）可扩展性：要考虑到未来的产品扩展和调整，设计一个灵活的分类系统。这样可以轻松地添加新的产品类别，同时保持整体分类的一致性和易用性。

7. 制作图文内容

图文内容的制作包括商品图片的拍摄和文案的撰写。

商品图片是店铺最直接的表现形式，商品图片的拍摄对店铺来说非常重要，可以说图片的拍摄效果直接影响着店铺的业绩。

如果说设计是框架，那么好的文案就是商品描述的灵魂。商品文案必须详细、有特色，且具有吸引力，能美化、突出商品的优势。文案要围绕商品卖点去写，卖点和细节不可千篇一律，一定要有针对性，才能让人印象深刻。

6.2.3 网络店铺装修的注意事项

1. 突出行业属性

每个行业都有特定的属性，也都有其独特的风格。虽然店铺装修没有固定的模板，但是人们对特定行业的认知会影响到店铺的装修风格。在店铺装修之前，一定要了解产品的性能与行业特点，在此基础上选择相应的颜色和插图进行装修设计。比如，母婴行业的店铺适合比较舒适的暖色调，强调温馨舒适的感觉；电子行业的店铺可以适当增加金属色的面积来凸显专业感。

2. 简洁、时尚、大方

切不可将店铺首页当成调色盘，把所有的颜色都加上去。也不要在首页中添加过多的模块，这样显得累赘且繁杂，会大大提高店铺跳失率。对于店铺首页的关键图片，在使用边框和线条时要尽量干净明了。特别要注意图片水印的制作，不要到处添加水印，避免画蛇添足。

3. 照顾用户浏览体验

现在越来越多的用户选择在手机端浏览购物，比起电脑端的大屏幕，手机端的小屏幕要求店铺在图片排版、字体大小、图片尺寸等视觉交互设计上更加人性化，文字和图片要兼顾小屏幕的浏览体验。手机端店铺页面和电脑端店铺页面最好分开制作，内容做到贵精不贵多，防止加载时间过长。

4. 装修及时更新

需要注意的是，店铺装修并不是一成不变的，而是需要经常更新。这样不但能体现出商家的用心经营，也能给老客户带来更好的购物体验，还可以让客户留意到最新的店铺活动。

5. 注意用户反馈和评价

可以给用户提供一个评价和留言的平台，以方便用户分享使用心得和提供反馈。店铺应该积极回应用户的反馈，及时采取措施解决店铺装修中存在的问题，以提升用户满意度和信任度。

总之，好的店铺装修可以给用户带来更好的购物体验，增加产品销量。但店铺装修是一门大学问，除了技巧，也需要商家有自己的审美，以及对用户心理的了解。

行业直通车

不同行业的店铺，装修特点各不相同。以下是一些行业网店的装修要领。

1. 时尚服装网店

时尚服装网店的装修应注重简洁、现代和时尚感。可以使用高质量的商品图片展示服装款式和细节，配以简约的布局和清晰的导航，使顾客能轻松浏览和购买产品。还可以在页面上展示时尚杂志或明星搭配推荐等内容，为顾客提供购物灵感。

2. 家居生活用品网店

家居生活用品网店的装修应注重温馨感和实用性。可以使用温暖的色彩和舒适的布局，配以清晰明了的分类和搜索功能，使用户能方便地找到所需的产品。还可以在页面上展示家居装饰灵感和实用小贴士，帮助用户更好地选择和使用产品。

3. 美妆护肤网店

美妆护肤网店的装修应注重美感和专业性。可以使用高清的商品图片和详细的商品描述，配以简洁而专业的布局和分类，使顾客能够轻松查找和购买各种美妆护肤产品。还可以提供美容技巧和护肤知识，吸引潜在用户并为其提供专业指导。

4. 数码电子产品网店

数码电子产品网店的装修应注重科技感和清晰性。可以采用简洁、先进的设计风格，展示高品质的商品图片和详细的技术规格。也可以设置清晰的产品分类和筛选功能，帮助用户快速找到所需的电子产品。还可以提供专业的产品比较和购买建议，增强用户的购买信心。

5. 礼品饰品网店

礼品饰品网店的装修应注重精致感和独特性。可以使用精美的商品图片和吸引人的商品展示，配以精心设计的页面布局和分类，吸引顾客关注和购买。也可以根据不同的节日和场合提供特别推荐和个性化礼品选择。还可以提供定制化的服务和礼品包装选项，增强用户的购买意愿。

6.3 商品详情页设计

6.3.1 商品详情页概述

商品详情页是对商品进行详细描述和介绍的页面，详情页的设计会对用户的购买行为产生直接的影响。因此，商品详情页的设计要在美观、实用的基础上，将要表达的信息尽可能直观地展现出来。

1. 商品详情页的作用

商品详情页在网店经营中起着非常重要的作用，它提供了关于特定商品的详细信息，能够帮助用户做出购买决策。具体而言，商品详情页的作用体现在以下几个方面：

（1）展示商品信息：商品详情页可以展示具体商品的功能、规格和材料等信息。这些详细的描述有助于用户了解商品的特点和使用方式，可以帮助他们确定商品是否符合自己的需求。

（2）提供多种观察角度：商品详情页可以展示商品的多张照片，甚至提供旋转和放大的功能，让用户能够从不同角度仔细观察和了解商品的细节，以提高用户对商品的信任度和满意度。

（3）显示价格和优惠信息：商品详情页通常明确显示商品的价格和优惠信息。这样，用户可以一目了然地知道商品的相关费用，并可以对比类似商品的价格，从而做出明智的购买决策。

（4）提供用户评价和反馈：商品详情页上常常会显示其他用户的评价和反馈，供潜在用户了解其他人的购买体验和意见。这种社会证明可以帮助用户建立对店铺的信任感和对产品质量的信心。

（5）提供购买选项和按钮：商品详情页中往往设置了购买选项和购物车按钮，方便用户直接将商品加入购物车或进行下一步购买操作。这样便简化了购买过程，为用户提供了便利。

（6）提供相关推荐：商品详情页上还可以提供与当前商品相关的其他推荐商品。这种相关商品的推荐可以帮助用户发现其他可能感兴趣的商品，增加交叉销售的机会。

总体而言，商品详情页是用户了解和评估商品的重要途径。良好的设计和详细的信息可以提高用户满意度和信任度，增强用户的购买意愿，从而促进交易的发生。因此，在设计和优化商品详情页时，要确保信息准确、易于理解，并提供良好的用户体验。

2. 商品详情页的内容

商品详情页一般包含以下几个方面的内容：

（1）商品卖点：商品卖点的描述应突出商品的独特性和与竞品的不同，强调性价比，在语言生动的同时保持简洁明了。如果好商品的卖点描述得过于平庸，商品价值就很难被消费者感知到，销量也将大打折扣。

（2）商品展示图：商品展示图一般分为商品主图和详情图两种。商品主图主要展示商品的整体和细节样式。详情图则展示商品的功效、用法、材质等细节。

（3）商品参数：这相当于商品的自我介绍，常见的参数有商品尺寸、规格、颜色等。用户需要通过商品参数了解商品细节，确定是否适合购买。

（4）品牌故事：一个好的品牌故事不仅可以助力商品销售，还能带动同品牌其他商品的销量。品牌故事有六大要素，即品牌背景、任务设计、产品角色、场景画面、曲折情节、共鸣价值。

（5）使用说明：包括商品的适用范围、使用方法、保养方法、注意事项等。

对于不同的商品，详情页的内容也不尽相同。比如，如果是服装，就需要有规格尺码表，要让消费者知道自己适合买多大尺码的服装；如果是生鲜，可以加入产地介绍、营养价值、美食做法等内容；如果是需要自己组装的家具，可以放上组装方法；如果是电子产品，可以加入保修服务、保修承诺等。

3. 商品详情页的结构

商品详情页一般由以下几部分构成：

（1）顶部区域：顶部区域一般包含商品主图、商品名称与简要描述，让消费者一眼就能了解到商品的名称和关键特点。

（2）基本信息区域：基本信息区域通常包含品牌与标志，价格与折扣信息，规格、颜色、尺寸等可选项，以及库存状态等内容。

（3）详细描述区域：本区域使用清晰的语言描述商品的特点、功能和用途，强调商品的特性和相比竞争对手所具备的优势，往往还会有使用指南。

（4）图片和媒体展示区域：本区域使用多角度的图片展示商品的不同部位和细节，或展示商品的使用场景。除了图片，还可以使用表格等形式突出商品的特性和功能。

（5）用户评价与评分区域：本区域显示来自其他用户的评价或评论，展示商品的平均评分和总体评价数量。

（6）相关推荐和购买区域：本区域显示其他相关商品或补充商品的推荐，提供购买选项以及加入购物车或立即购买的按钮。

6.3.2　商品详情页设计的步骤

1. 确定目标用户和产品定位

了解目标用户的需求和偏好，确保商品详情页设计符合他们的期望。同时，明确产品的定位，以便使设计风格与产品属性相匹配。

2. 提取产品卖点

产品卖点是指为了吸引顾客购买而强调的产品特点或优势。通过具体的产品卖点，消费者可以得知产品有哪些特点可以满足他们的需求、能够为他们带来怎样的好处或解决方案。它是将产品与竞争对手的产品区别开来的关键优势点，能够激发顾客的购买兴趣和欲望。产品卖点通常突出产品的独特性、品质、功能、性能、价格、品牌价值等方面。

关于卖点，广告大师罗瑟·瑞夫斯（Rosser Reeves）提出了著名的 USP 理论——Unique Selling Proposition，对广告界产生了经久不衰的影响。USP 理论的三大要点包括：第一，卖点中必须包含特定的商品效用，即每个广告都要对消费者提出一个说辞，给予消费者一个明确的利益承诺；第二，这一说辞必须是唯一的、独特的，是其他同类竞争产品不具备或没有宣传过的说辞；第三，必须有利于促进销售，即这一说辞一定要强有力，能够吸引大众。

产品卖点要如何提炼呢？商家可以重点关注以下方向：

（1）形象：代言人是产品卖点形象化的方式之一。

（2）包装：在产品品质相同的前提下，包装精美的产品更具备竞争力，也更能赢得消费者的喜爱。

（3）功效：产品的功效与消费者需求紧密相关，消费者购买产品实际上是购买产品所具备的功能或使用效果。

（4）品质：很多品牌凭借着自身的产品品质获得了广大消费者的认可，也有越来越多的品牌把产品品质作为核心卖点之一。

（5）服务：很多时候，与产品相关的服务也会成为消费者购买产品的重要影响因素。

（6）价格：价格往往是消费者购买产品的最后一道决策屏障，价格优势是重要的卖点。

（7）稀缺：用饥饿营销的方式刻意打造产品的稀缺性来吸引消费者购买甚至哄抢。

（8）概念：创造概念也是产品卖点的一种包装形式，如果能为产品找到一个很好的概念，不仅有助于消费者理解并信任产品，带来源源不断的销量，甚至能让产品成为行业的标杆。

（9）销量：这是产品获得市场认可的表现，自然也是消费者购买产品的重要参考标准。

3. 设计商品图片

商品图片在商品详情页设计中起着至关重要的作用，因为它是用户感知和了解商品外观的最直接的方式。以下是商品图片设计的一些关键要点：

（1）高质量的图片：确保商品图片具备较高的分辨率和清晰度。商品图片应该能够展示产品的细节和特点，以便用户能够准确地了解产品的外观。

（2）多角度展示：为了使用户能够全面地了解产品外观，提供多角度的商品图片是非常重要的。通过展示正面、背面、侧面等不同角度的图片，用户可以更好地了解产品的形状、尺寸和材质。

（3）产品细节展示：除了整体外观，还应该提供一些特写图片，以突出产品的细节和特点。例如，如果是服装产品，可以提供细节图展示面料纹理、缝制工艺等；如果是电子产品，可以提供图示展示不同接口和控制按钮的功能。

（4）使用场景展示：为了让用户更好地理解产品的使用场景和效果，可以提供一些真实的使用场景图片。这有助于用户想象自己使用该产品的情景，并提高对产品的认知度，增强购买的兴趣。

（5）图片交互功能：在设计中添加缩放、旋转等交互功能，使用户能够更仔细地查看产品细节。这些功能可以提供更好的用户体验，帮助用户更全面地了解产品。

（6）一致的风格：为了保持整体页面的一致性，要确保商品图片在风格和色调上与页面的其他元素相协调。统一的风格有助于提升用户对品牌和产品的认知度。

（7）快速加载：商品图片应该经过优化，以确保在页面加载时能够快速显示。优化包括压缩图片大小、使用合适的图片格式等。

总体来说，在设计商品图片时，要考虑用户的需求和习惯，以及产品的特点和要素。通过展示高质量、多角度、细节丰富的商品图片，可以吸引用户的眼球，加深用户对产品的理解，促使用户做出购买决策。

4. 设计创意文案

设计创意文案的目的是吸引用户的注意并激发用户的购买欲望。设计创意文案时需要注意以下几点：

（1）强调产品的价值和独特性：通过精练而有力的文字来突出产品的价值和独特卖点。例如，强调产品的性能、功能、品质、创新性或与众不同的设计。可以使用形象的词汇和修辞，给用户留下深刻印象，并使用户产生共鸣。

（2）易于阅读和理解：避免使用专业术语和复杂的语句结构。使用简洁、清晰的语言来传达关键信息，并避免冗长的段落。可将文案分成小节，使用标题和重点词汇来划分，帮助用户快速浏览和理解文案。

（3）利用故事和情感：将产品与具体的故事、情感或用户实际体验联系起来，以引发用户的情感共鸣。例如，描述产品背后的创作故事、用户使用产品的满足感、帮助用户实现梦想的可能性等。

（4）引用用户评价和认可：在文案中引用一两个用户的正面评价和认可，以提升产品的可信度和口碑。可以是短语、评分或用户评论的摘录。

（5）通过数字和统计数据增强说服力：使用具体的数字和统计数据来支持产品的优点和特性。例如，如果产品是一种保健品，可以引用相关研究的数据和结果来佐证其功效。

（6）使用有趣和幽默的语言：可以使用有趣和幽默的语言来吸引用户的注意，但要确保不会干扰用户对产品关键信息的理解。

（7）注意语调和风格：文案的语调和风格要与品牌形象和风格保持一致。例如，如果品牌形象是年轻、时尚和大胆，那么文案也应该具有相应的语调和风格。

法律透视镜

设计文案时，不要滥用广告词，夸大商品的真实性，以免误导消费者。为保障消费者权益，商家应关注并遵守《中华人民共和国广告法》的相关规定。以下为常见的广告法违禁词。

1. 与“最”有关

最、最佳、最具、最爱、最赚、最优、最优秀、最好、最大、最大限度、最高、最高级、最高档、最奢侈、最低、最低级、最低价、最便宜、史上最低价、最流行、最受欢迎、最时尚、最符合、最舒适、最先、最先进、最先进科学、最先进加工工艺、最先享受、最后、最后一波、最新、最新科技、最新科学等。

2. 与“一”有关

第一、中国第一、全网第一、销量第一、排名第一、唯一、第一品牌、独一无二、全国第一、一流、一天、仅此一次（一款）、最后一波、全国 × 大品牌之一等。

3. 与“级 / 极”有关

国家级（相关单位颁发的除外）、国家级商品、全球级、宇宙级、世界级、顶级（顶尖 / 尖端）、顶级工艺、顶级享受、极品、极佳（绝佳 / 绝对）、终极、极致等。

4. 与“首 / 家 / 国”有关

首个、首选、独家、独家配方、全国首发、首款、全国销量冠军、国家级商品、国家免检、国家领导人、填补国内空白等。

5. 与品牌有关

王牌、领袖品牌、世界领先、领导者、缔造者、创领品牌、领先上市、至尊、巅峰、领袖、之王、王者、冠军等。

6. 与虚假性有关

史无前例、前无古人、永久、万能、祖传、特效、无敌、纯天然、100% 等。

5. 设计图文元素组合

（1）设计页面布局：确定详情页的整体布局结构。通常，将商品主图放在顶部，紧跟着是基本信息，如商品名称、品牌和价格；然后，按照重要性和逻辑关系排列其他详细信息，如商品描述、规格、特点、使用指南等。

（2）设计页面元素：根据商品定位和用户需求，设计各种元素来增强详情页的信息传递，提升用户体验。例如，添加购买按钮、评价和评分、相关推荐、社交分享按钮等。

（3）展现商品信息：详情页要清晰地展示商品的基本信息，包括名称、品牌、价格、规格、功能特点等。此外，还要设置图片、视频和其他媒体资源，以更好地展示商品的外观和使用场景。

（4）图文并茂地展示商品：使用清晰而吸引人的语言描述商品的特点和优势。结合图片、表格或其他媒体元素展示商品的外观、功能、用途等。

6.3.3 商品详情页设计的注意事项

在商品详情页的设计中，需要注意以下几点。

1. 连贯的商品介绍

在商品详情页，用户需要清晰地了解到商品的全部信息，因此商品描述的逻辑顺序格外重要，设计师可以基于用户的认知规律来安排商品信息。整个页面宜采用统一的配色和风格，对商品的各部分属性进行分步骤介绍，清晰明了。

2. 构建用户信任感

在商品详情页中展示出商品的品质证明非常重要。比如承诺语“正品保障”“假一赔十”，虽然简单粗暴，但却令人信服。在详情页上方标明商品的货源，或者在页面中直接加入官方授权书，也是有力的证明。这些都是为了让用户产生信任感和安全感，然后放心下单，并提高用户的回购率。

3. 突出价格优势

想要提高商品详情页的转化率，体现出价格优势也是极其重要的一点，有时候这可以起到决定性的作用。通常使用的方法就是打折促销，与原价做对比，利用鲜明的价格差吸引用户。也可以采用组合购买的优惠方式，比如套装购买更优惠、专场满减、满 99 选 4 件等，这属于一种间接的降价策略，既可以刺激用户购买商品，又可以拉动其他商品的销量，是一种非常好的优惠手段。

4. 口碑优化

品牌介绍可以提升商品的专业度和知名度，完善商品信息。此外，还可以加入一些博主、媒体、杂志、网站等对商品的推荐，提升产品口碑。

5. 注意版面设计

按照黄金比例配制头图，且图片需要符合主题调性，风格要统一。文字尽量使用统一的颜色，字体种类不要太多，尽量控制在两种字体以内。主标题要与描述文字拉开层次。页面颜色不要过多，可以多使用白色和灰色这样的百搭色。

6. 展示包装与物流服务

对于电子产品、玻璃制品等易碎品，用户会格外关注包装与物流。在商品详情页中展示包装与物流服务，可以体现商家的专业度和诚意。具体来说，可以放一些展示商品被仔细包装的图片和保证运输过程不受损、下单后几小时内发货、物流速度快的话术。

7. 让商品详情页富有特色

可以在页面中加入视频、动图、试用报告等，多方面展示商品特点，使展示形式更生动。也可以添加一些特色服务，给用户一些小惊喜，比如随单小礼物、代写贺卡服务等。

8. 商品详情页不要过长

页面长度过长会导致页面加载速度变慢，特别是在手机端，会消耗大量的手机流量，也会让用户产生视觉疲劳。一般来说，手机端的商品详情页需要控制在 10 屏以内。

微课

商品详情页设计

6.4　商品图片拍摄与处理

6.4.1　商品图片的重要性

消费者在网购时，无法亲眼看到商品实物，商品图片就成了消费者直观感受商品质量的最重要的方式。同样的商品，使用不同的摄影工具和不同的摄影技巧，拍出来很可能会“判若两物”。

有的商家将商品随意摆放、胡乱拍摄，这样拍摄出来的商品图片往往很难吸引消费者关注。因此，商家在拍摄商品时需要用心准备、精心设计，保证商品图片清晰、真实地表现商品，更要让消费者看到后产生购买的欲望。一组有视觉冲击力的高品质照片能提升店铺的整体视觉效果，加深消费者对商品的认知并促进购买转化，从而提升商品销量。

6.4.2　商品图片拍摄的特点

与其他的拍摄相比，商品图片拍摄主要具有以下特点。

1. 对象静止

对商品图片拍摄来说，几乎所有的拍摄对象都被安排在固定的位置上，呈现出静止的状态。这种对象静止的特点使摄影师可以花费更多的时间和精力来寻找最佳的拍摄角度和构图方式。相对于动态场景的摄影，商品拍摄的静态性使摄影师在选择角度时更加自由和灵活。在拍摄商品时，摄影师能够仔细考虑每一个细节，比如光线的运用、背景的选择、商品的摆放等。

2. 还原真实

商品照片需要真实地展示商品的外观和特性，确保消费者在看到照片后能够准确地了解商品。这就要求摄影师尽可能准确地捕捉商品的颜色、纹理和尺寸等细节，不能过于追求意境，而忽略了商品的本来面貌。

3. 高质量要求

商品照片通常会用于广告、宣传和销售等，这就对照片的质量提出了较高的要求。摄影师需要使用专业的设备和技术来获得高清晰度、高分辨率的照片，并确保照片没有任何失真或模糊。

4. 多角度展示

为了让消费者更全面地了解商品，摄影师需要从不同角度进行拍摄，包括正面、背面、侧面等。这样可以让消费者从多个角度观察和评估商品，更好地做出购买决策。

6.4.3 商品图片拍摄的整体要求

商品图片拍摄的整体要求是将商品的形、质、色充分表现出来，而不夸张。

形，指的是商品的形态、造型特征，以及画面的构图形式。摄影师需要通过合适的角度和构图来展示商品的轮廓、比例和尺寸等方面的细节，凸显商品独特的形状和设计，使消费者能够更好地了解商品的外观特点。

质，指的是商品的质地、质量、质感。商品图片拍摄对质量表现的要求非常高，无论是光滑的金属材质、柔软的织物纹理还是粗糙的木质纹理，照片中体现的影纹层次必须清晰、细腻、逼真。尤其是细微处，高光和阴影部分对质的表现要求更为严格。

色，指的是商品的色彩。商品图片拍摄要注意色彩的统一。色与色之间应该是互相烘托的，而不是彼此对抗的，不同的色彩应该组成统一的整体。在色彩的处理上应力求简、精、纯，避免繁、杂、乱。摄影师还需要确保照片中的商品颜色与实际颜色保持一致，避免出现色偏或失真的情况。通过准确的白平衡设置和仔细的后期调整，摄影师可以呈现真实的商品色彩，使消费者能够对商品外观形成准确的认识。

6.4.4 商品图片拍摄的注意事项

1. 器材准备

“工欲善其事，必先利其器”，在拍摄之前，需要准备的器材有以下几种：

（1）相机：选择适合静物拍摄的相机，最好有微距功能。

（2）三脚架：可以避免相机晃动，保证影像清晰。

（3）灯具：如果有条件，应准备三只以上照明灯，满足各种打光要求。

（4）商品拍摄台：可以购买专业的商品拍摄台。此外，整洁的方桌、椅子等也可以作为拍摄台使用。

（5）背景：有条件的话可以到照相器材店购买专业的背景布。

2. 光线

光线在拍摄中至关重要，好的光线有助于提升商品质感，更好地展现商品形态。我们先来认识一下光源。室外拍摄以自然光为主，室内拍摄需要通过专业的摄影灯来打造理想的效果。除了光源，光位也是影响拍摄的一个重要因素。光位主要有三种：顺光、侧光、逆光。

顺光指光源与相机方向一致。室外使用顺光容易造成照片曝光过度。而室内使用顺光会使被拍摄物体更加清晰。

侧光指光线从侧方位照射过来。侧光是比较万能的光位。在侧光下被拍摄物体亮暗面占比较均匀，可以更好地勾勒被拍摄物体的轮廓。

逆光指光源来自被拍摄物体后方。逆光会使照片具有一种模糊、朦胧的氛围。在拍摄玻璃产品时可采用逆光，能很好地展现被拍摄物体的质感。

3. 布景

布景也是拍摄中的一个重要环节。在布景时需要遵循一个原则：突出主体、层次分明、色彩和谐。布景的一个重要思路就是根据产品属性和本身的颜色来搭建背景。

在搭建背景时，要根据产品属性，搭建和被拍摄物体有关联的场景。

在选择背景颜色时，可以选择邻近色、对比色、互补色进行搭配。

4. 拍摄角度

在商品拍摄中，有几种常见的拍摄角度可供选择，每种角度都可以用来突出商品的不同特性。以下是一些常见的拍摄角度：

（1）仰拍角度：从低处向上对商品进行拍摄，使商品显得更加的高大与修长。这种角度多用来拍摄模型以及比较高的、修长的物体，如飞机模型、花插、灯具等。它可以强调物体的高度和优美的线条，提升透视感，从而增强视觉冲击力。

（2）俯拍角度：从商品上方向下拍摄，呈现出商品的整体外观和轮廓。这种角度可以展示商品的造型、纹理和布局，特别适合展示平面商品或整体效果，比较适合构建有规律感的画面。

（3）平拍角度：从与商品平行的水平角度进行拍摄，即使相机与商品的水平面保持平行。平拍角度可以呈现出商品的真实形态和外观，适用于展示平面商品，或展示商品的整体效果。这种角度比较容易营造空间感，可以展示出丰富的画面，形成交错的空间，常用于拍摄饮料、化妆品等。

（4）侧拍角度：从商品的侧面拍摄，突出商品的轮廓和外观特征。这种角度可以展示商品的线条和形状，尤其适合展示电子产品和家具。

（5）特写角度：对商品的特定部分或细节进行近距离拍摄，以突出商品的特点和质感。特写角度可以展示商品的纹理、图案、品牌标志等，非常适合拍摄配饰、化妆品或小型物品。

（6）45° 角度：将相机设置在商品前上方 45° 的位置，同时从侧面和从上向下拍摄。这种角度可以展示商品的多个侧面，呈现出综合的视觉效果，适用于拍摄各种类型的商品。

拍摄角度的选择取决于商品的特性、目标市场和拍摄意图。摄影师要根据商品的特点和营销需求，灵活运用不同的角度，以突出商品的独特之处，引起潜在消费者的兴趣。

5. 拍摄构图

构图是指照片画面的布局、结构。好的构图可以使被拍摄物体更富有表现力。常用的构图方法有：留白构图法、居中构图法、三分之一构图法、对角线构图法、重复构图法等。

（1）留白构图法：留白构图法是一种以留出空白或未被填充的区域为特征的构图技巧，它通过刻意留出空白的空间来引导观众的目光、强调主体，并创造平衡、和谐的视觉效果。

（2）居中构图法：居中构图法是一种简单而又经典的构图方法，它将主体或重要元素置于画面的中央，适用于强调主题、营造平衡感和突出对称性的拍摄场景。

（3）三分之一构图法：三分之一构图法是将画面平均分为三个水平或垂直的部分，将主体或重要元素放置在分割线的交叉点上。这种构图法运用了黄金分割比例，能够营造出平衡、美观和有吸引力的拍摄效果。摄影师可以通过合理运用该技巧来突出主体、创造引人注目的画面，并以更具艺术性和更有趣的方式传达想要表达的信息。

（4）对角线构图法：对角线构图法通过在画面中运用对角线线条或元素来营造出动感和视觉引导的效果，以增强照片的视觉冲击力。通过合理运用对角线线条或元素，摄影师可以使画面更具视觉冲击力，吸引观众的目光，并传达出独特的情感。

（5）重复构图法：重复构图法是使相似的形状、图案、颜色等元素在照片中重复出现，以此来增强视觉效果和呈现感。摄影师可以灵活地运用这一技巧，根据不同的主题和场景，创造出独特而富有张力的视觉作品。

6. 商品布局

商品在画面中的布局，需要考虑到主体的位置、陪体与主体的关系、背景对主体的衬托、光线的使用、质感的表现、画面色彩的合理使用、画面氛围的营造等因素。按照构图的基本要求，商品布局需要在简洁中求主体的突出、在均衡中融入画面的变化。

6.4.5 商品图片的后期处理

1. 商品图片后期处理的重要性

在完成商品拍摄的基础上，需要对图片进行后期处理。商品图片后期处理的重要性主要体现在以下几个方面：

（1）增强视觉吸引力：后期处理可以通过调整色彩、对比度、亮度等参数，提升图片的视觉效果，使商品更加吸引人。鲜艳的颜色和明亮的画面能够吸引潜在消费者的眼球并引起他们的兴趣。

（2）突出商品特点和细节：通过后期处理可以突出商品的特点和细节。可以对商品的特定部分进行放大、清晰化处理，或者进行润色、去除杂质等操作，突出商品的独特之处，吸引消费者的注意。

（3）统一品牌形象：后期处理可以确保不同的照片保持一致的品牌形象。通过对照片进行统一的色彩调整、标志的添加等处理，保证品牌相关元素在不同商品照片中的一致性，强化品牌形象，提高品牌的认知度。

（4）修饰瑕疵和不完美之处：商品图片可能存在一些瑕疵或不完美的地方，例如商品有划痕、污渍、灰尘等。后期处理可以通过使用修复工具和技术，去除这些瑕疵，使商品的呈现效果更加完美。

（5）适应各种渠道和用途：通过后期处理，可以根据不同的渠道和用途对商品图片进行调整和优化。不同的平台和媒体可能对图片有不同的尺寸、比例和格式要求，在后期处理时可以进行裁剪、尺寸调整和格式转换等操作，以适应不同的需求。

（6）提升专业性和消费者信任度：经过精心的后期处理，可以使商品图片呈现出专业水准和高品质的视觉效果。这可以提升消费者对品牌的信任度，使潜在消费者更有信心购买商品。

2. 商品图片后期处理的内容

商品图片后期处理的内容主要包括以下几个方面：

（1）裁剪图片。

根据所需尺寸，将图片裁剪为适当的大小，这样可以去除不必要的部分，使商品更加突出和清晰。电商图片以 800 px × 800 px 的尺寸居多。可以将自己常用的裁剪尺寸存为预设模式，方便以后使用。

（2）去除杂乱背景。

这样可以使商品更加突出。首先，考虑使用简洁的背景色或纯色背景。其次，在不破坏照片质量的前提下，可以使用后期工具删除背景中的杂物。一般电商用图都使用白背景作为底色，简单明了，干净利落。

（3）矫正形变。

在商品图片拍摄过程中，有时会出现变形或倾斜的情况，这可能会影响照片的美观性和商品的展示效果。为解决这个问题，可以借助参考线和图像变换技术，对商品图像进行矫形，从而提升商品的形象，凸显其优点和特色，吸引消费者的注意，并促进商品销售。

参考线的使用可以帮助我们判断画面的垂直和水平方向，从而确定变形或倾斜的程度。通过在相机取景器或后期处理软件中添加参考线，可以保证对齐效果并使商品在画面中保持垂直或水平状态。

常用的图像变换技术有透视变换和扭曲变换。透视变换用于纠正图像中的透视畸变，例如将因为远离图像中心而畸变的边缘物体恢复为平面状态。通过应用透视变换，可以对商品图像进行调整，使其呈现出真实且符合几何规律的形状。扭曲变换则通过变形对商品图像进行形变矫正。扭曲变换可以通过调整角度、拉伸和压缩来纠正图像的变形或倾斜。使用透视变换或扭曲变换时，需要选择适当的变换参数，并根据商品的实际情况进行调整。在后期处理软件中，有许多工具和功能可以辅助进行矫形操作，如变换工具、畸变修复工具等。

（4）处理脏点瑕疵。

当商品图片中出现轻微划痕、破损或其他瑕疵时，后期处理会起到至关重要的作用。通过修复这些瑕疵，可以确保图片呈现出完美的商品外观和品质。此外，如果在拍摄过程中出现了穿帮部分或照片上有脏点，也可以通过后期处理进行消除，提升图片的专业度和质量，增强消费者对商品的信任感和购买意愿。通过精心修复和调整，可以最大限度地呈现商品的优点，吸引潜在消费者，提高销售业绩。

（5）校色。

在商品拍摄中，偏色是一个常见的问题，即图像可能出现偏蓝色或偏红色的情况，这一般是由光源的影响、相机设置不当或环境因素导致的。

校正偏色常用的方法之一是调整色相饱和度。通过降低所偏颜色的饱和度，可以减轻颜色的偏移。例如，如果出现偏蓝色的情况，就可以降低蓝色的饱和度来纠正色彩偏移。类似地，如果出现偏红色的情况，就可以降低红色的饱和度来进行矫正。可以使用 Photoshop 等图像编辑软件中的曲线调整工具、色阶工具等对图像的色彩进行精细的调整，以纠正偏色并恢复真实的色彩呈现。这样可以提升商品图片的质量，使其更符合实际物品的颜色，增强消费者对商品的信任感和购买欲望。

（6）调整对比度。

适当调整对比度是使照片更加明亮、饱满和具有立体感的关键。合理的对比度调整可以增强图像的动态效果，使亮部更明亮、暗部更暗，从而提升整体的视觉效果。然而，过度调整对比度可能导致图像过于艳丽，使细节被掩盖或丢失。因此，在后期处理中，需要谨慎选择对比度调整幅度。通过找到合适的平衡点，可以使图像看起来生动而有吸引力，同时保留重要的细节和纹理，为消费者带来真实、立体的视觉体验。

（7）调整色彩饱和度。

适当调整色彩饱和度可以让照片的颜色更加真实、生动、鲜明。但是过度调整会使颜色失真，因此需要谨慎使用。有时根据产品风格，需要降低色彩饱和度。

（8）调整亮度。

适当调整亮度可以使图片看起来更加明亮或暗淡，从而凸显产品特色和氛围。

（9）去灰加锐。

去灰可使用色阶工具来实现，可以使照片看起来不会有雾蒙蒙的感觉。加锐即增加锐度，可以让商品看起来更有质感，更能体现商品的材质，但调整时需注意数值的控制，适当即可。通过去灰加锐，可以让产品看起来更饱满、更有质感。

此外，还可以根据想要的效果，为图片增加各种特效，比如添加倒影或阴影。

微课

商品图片拍摄与处理

6.5 商品短视频设计与制作

6.5.1 商品短视频概述

随着移动互联网的迅猛发展，短视频作为一种新兴的媒体形式，其用户规模不断扩大，显示出极高的用户活跃度和巨大的商业价值。商品短视频作为一种新型的营销工具，在电商行业中发挥着越来越重要的作用。通过制作吸引人的商品短视频，商家能够更好地与目标受众进行沟通，从而提升销售业绩和品牌形象。未来，随着技术的不断发展和用户需求的不断变化，商品短视频将继续在电商行业中扮演重要角色。

1. 商品短视频的作用

（1）增加曝光。商品短视频能够以其独特的视觉冲击力，快速吸引用户的注意。通过展示店铺的商品、服务和品牌特色，商品短视频能够显著增加店铺的曝光，并提升品牌的认知度和知名度。

（2）促进购买决策。相比传统的商品图文，短视频能够更直观、生动地展示商品的细节、功能和使用场景。这种形式的展示有助于消费者更深入地了解商品，从而激发其购买兴趣，加快购买决策的过程。

（3）促进用户参与和互动。商品短视频可以通过添加互动元素，如投票、评论和分享等，促进用户参与和互动。这不仅能增强用户黏性，还有助于在社交媒体上扩大视频的传播范围。

（4）优化用户体验。商品短视频能够通过生动的画面和动态效果，展示店铺的实际情况、商品详情和用户使用案例。这种形式的展示能够让用户更直观地感受到商品的实际效果和使用体验，从而为用户提供更优质的购物体验。

2. 商品短视频的内容

商品短视频的内容主要包括以下三类：

（1）展示商品性能：展现商品的卖点、好处、作用等。

（2）介绍使用方法：展示商品的功能及使用教程。

（3）利用剧情营销：有一定的剧情，要求画面好看。如果剧情有反转，能吸引更多流量。

3. 商品短视频的使用场景分类

在淘宝等电商平台的商品页面中，根据使用场景的不同，商品短视频一般可以分为主图视频和详情页视频。

（1）主图视频：可以将图文难以表达的卖点视频化，从而提高转化率，降低客服咨询率，提升品牌形象。主图视频需要多角度展示商品，尤其是各个细节，另外还要强调产品卖点与品牌特色。

（2）详情页视频：详情页视频是决定用户转化的关键点，其内容与主图视频相呼应，切记不要重复，可以选择商品整体外观、商品细节、商品功能、商品亮点、使用场景、商品 Logo 等几方面进行展示。

6.5.2　商品短视频的脚本撰写

拍视频不是直接拿起手机或相机就可以拍的，要想吸引消费者，必须保证画面的流畅度与连贯性。因此，在拍摄之前，需要设计好想要呈现的画面，制作视频脚本。

简单来说，脚本就是拍摄视频的依据，包括时间、地点、故事走向、如何运镜等，有时甚至还包括服化道。所有参与拍摄、剪辑的人员，包括摄影师、演员、化妆师、剪辑师，他们的一切行为和动作都要遵从脚本。商品短视频的脚本主要包括以下几方面的内容。

1. 景别

景别是指在摄影或电影制作过程中，根据主题、需要和创作意图，采用不同的镜头距离和视角，来呈现不同的环境和场景。景别可以帮助拍摄者达到某种特定的表现效果或传达某种特定的情感。常见的景别有远景、全景、中景、近景、特写。短视频往往需要通过运用不同的景别来增强内容的感染力，因此在短视频脚本中需要明确不同景别的应用。

（1）远景：以拍摄人物为例，远景就是把整个人和环境都收入画面，常用来展示事件发生的时间、环境和氛围。

（2）全景：比远景近一点，把整个人物的身体展示在画面里，用来表现人物的全身动作，或者人物之间的关系。

（3）中景：展示人物膝盖至头顶的部分，不仅能看清人物表情，还有利于展示人物的形体动作。

（4）近景：主要展示人物上半身，尤其是头部的位置，非常有利于表现人物的面部表情，突出细微动作。

（5）特写：展示人物五官、手指等细微之处，适合突出某些细节。

在进行短视频的脚本策划时，可根据不同的拍摄目的，灵活选取不同景别，也可以对景别进行组合使用。

2. 内容

拍摄者想表达的内容，需要通过各种场景呈现出来，并把情节拆分进每一个镜头里。

对于剧情类的短视频，剧本是至关重要的。撰写剧本需要做到以下几个方面：

（1）确定一个清晰的主题或故事目标：确定你想要通过短视频传达的核心主题或故事目标。这有助于确保剧本紧密围绕主题展开，并使整个视频更有连贯性和逻辑性。

（2）设计引人入胜的起始：在剧本的开头，设计一个引人入胜的情境或引发观众兴趣的问题，以吸引他们继续观看。可以利用吸引人的开场句、引人注目的画面或有趣的情节设定来吸引和保持观众的注意力。

（3）设定明确的冲突：塑造有深度和可信度的角色，并设定一个明确的冲突或目标，以推动剧情发展。角色之间的冲突可以驱动剧情的发展，使观众更加投入。

（4）运用有效的节奏：短视频时间有限，所以在撰写剧本时需要注意节奏。采用精练的故事情节和对话，避免过长的叙述和冗余的内容，保持节奏的紧凑性，以保持观众的注意力。

（5）制造高潮和情感共鸣：在剧本中设置高潮部分或引起情感共鸣的场景，以增强观众的情感投入。通过情感冲突、转折点或感人的场景，创造出能够使观众产生情感共鸣的情节，使剧本更加生动有趣。

（6）突出独特的结尾或留下悬念：为剧本设计一个独特而令人印象深刻的结尾，或者留下悬念，引发观众的好奇心和期待感。一个巧妙的结尾能够给观众留下深刻的印象，增强剧本的吸引力。

对于介绍商品的短视频，找准卖点是关键。在卖点提炼方面，可以关注以下几点：

（1）商品形象：关注商品的形状、颜色、材质等方面。这些特征可以直接吸引消费者的注意力，使其对商品产生兴趣。通过突出商品的外观特点，强调其独特性和品质，给消费者留下好印象。

（2）商品使用场景：要认真挖掘消费者的使用需求，并挖掘商品在实际使用场景中的价值。展示商品在不同场景下的功能和实用性，让消费者能够直观地看到他们如何使用和受益于该商品。这能够增强消费者的认同感和购买欲望。

（3）商品价格策略：比较其他品牌商品的价格或商品之前的价格，并找出商品的价格优势。通过强调价格的合理性、优惠活动或促销策略，吸引消费者的眼球。价格是消费者决策的一个关键因素，确定并突出商品的价格卖点可以增强其竞争力。

3. 台词

台词是短视频内容展示和剧情展开的关键。设计台词时，做到以下几点可以增强台词的吸引力和观众的共鸣：

（1）接地气的吐槽：台词应该贴近现实生活，利用一些幽默或调侃的方式，嘲笑或揭示一些普遍、切实存在的现象或问题。这样的吐槽容易引起观众的共鸣，让他们感到舒服和开心。

（2）紧跟热点并加以灵活运用：及时了解当前的热点话题、流行文化和社会事件，并巧妙地将其融入台词中。这样不仅可以提升台词的时效性，还可以引起观众的兴趣和讨论。灵活运用热点，能够使台词更富有创意和吸引力。

（3）抓住当前年轻人的需求：了解当前年轻人的关注点、痛点和兴趣，观察他们的日常生活、面临的挑战和困惑。通过台词中切中要害的表达，触碰年轻人的心弦，引发他们的共鸣。

（4）使用口语化的表达：台词应该使用口语化的表达和流行的词汇，让观众感到亲切和熟悉。适当运用俚语、流行语和网络语言，能够增强台词的亲和力，提高观众的接受度。

（5）保持简洁和有力：台词应该简洁明了，用简短的句子表达清晰的意思，避免冗长和啰唆。用简练的语言抓住关键点，让台词更加有力和引人注目。比如一个 60 秒的短视频，如果台词超过 180 个字，就会让观众觉得厌倦。

4. 时长

这是指单个镜头的时长，要提前标注清楚，方便后期剪辑的时候找到重点，提高剪辑的工作效率。

5. 运镜

运镜指镜头的运动方式，比如从近到远、从远到近、平移推进、旋转推进等。下面介绍几种常用的运镜技巧：

（1）推镜：指将镜头向前稳定推进，或用变焦的方式使画面放大，将观众的视线从杂乱无章的环境集中到被拍摄的主体之上，起到突出主体的作用。

（2）拉镜：与推镜相反，拉镜是从个体展示逐渐扩大为环境展示，使观众逐渐认识到主体所处的大环境，起到升华情绪的作用。

（3）摇镜：摇镜是以某一个点为轴心，上下左右摇动，可以呈现更多的场景和元素，展现路人视角。

除此之外还有许多运镜方式，拍摄时可以根据不同的拍摄目的，灵活选用不同的运镜方式，也可以把不同的运镜方式组合在一起使用。

6.5.3 商品短视频拍摄的注意事项

1. 注意拍摄地点

如果能在室内拍摄，就尽量不要在室外拍摄。室内的光线更柔和，也更符合打光要求，而且室内不容易受到天气变化的干扰。

2. 注意打光

保证适当的照明条件，以确保在视频中呈现出商品最佳的外观和细节。如果是在白天进行拍摄，那么光线最好采用侧光或者逆光，这样可以让商品看起来更有质感和立体感。如果光线不佳，或者演员脸上光影斑驳，那么就需要多个角度的补光灯，避免出现过于明显的光影对比，保证商品和人物细节都能被拍摄到。

3. 注意拍摄角度

可根据每一幕的风格及要表达的内涵，设计不同的拍摄角度，比如仰拍、平拍、侧拍、俯拍等。尝试使用各种角度和拍摄技巧，如低角度、高角度、特写镜头等，以营造新颖、有趣的视觉效果。

4. 突出商品特点

确保在视频中清楚地展示商品的独特卖点、功能和优势。使用不同的镜头、角度和特写来突出商品的细节，让观众能够清晰地了解和欣赏商品。

5. 控制视频长度

注意保证视频的长度适中，内容过多会让观众失去兴趣。尽量精简内容，将主要信息传达到位，使视频紧凑而具有吸引力。

6.5.4 商品短视频的后期制作

按照脚本完成视频拍摄之后，就进入视频制作环节了。常用的视频剪辑软件有剪映、快影、必剪、快剪辑等。如果追求专业性，可以使用 Adobe Premiere。许多视频剪辑软件都有一定的模板，套用模板可以使剪辑工作更加高效。

商品短视频后期制作的步骤如下。

1. 粗剪

粗剪阶段的目标是建立起视频的基本框架和结构，对素材进行初步筛选和整理，为后续的精剪、特效和音频的添加及最终渲染做好准备。一旦粗剪完成，就可以进入细节处理和调整的阶段，以进一步提升视频的质量和观赏性。

粗剪主要包括以下步骤：

（1）预览素材：查看素材文件，了解每个片段的内容、质量和特点。这有助于对素材进行初步的了解和分类。

（2）建立时间轴：在剪辑软件中，建立一个时间轴来组织素材。将素材拖放到时间轴上，形成视频的基本结构，以便进一步处理。

（3）选取核心片段：根据视频的目标和内容，从素材中选择核心片段，这些片段将在最终视频中起到关键的作用。核心片段应该包含最吸引人的段落、最重要的信息或最具影响力的画面。

（4）剪辑整体结构：根据视频的整体故事情节或内容逻辑，将核心片段有序地剪辑在一起，形成一个初步的流程和结构。在这个阶段，可以使用基本的剪辑工具和过渡效果。

（5）标记和注释：使用标记工具或注释功能，对未完成或需要进一步改进的部分进行标记。这有助于在后续的精剪和后期处理中快速找到需要调整的部分。

（6）审查和评估：观看经过初步剪辑的视频，评估视频的整体流程、节奏和逻辑是否符合预期效果。对需要改进的地方进行记录，为进一步的精剪和优化提供指导。

2. 精剪

精剪是指在视频制作的后期阶段对素材进行优化和精细调整的过程。在精剪阶段，主要是对粗剪过的视频进行进一步的编辑、修剪和优化，以提高视频的质量和观赏性。精简通常包括以下步骤：

（1）修剪和删减：对视频中的每个片段进行仔细的修剪，去除不必要的部分，确保整体节奏流畅且紧凑。删除多余的镜头、停顿或重复的内容，使视频更吸引人。

（2）调整颜色和图像：通过调整颜色、对比度、亮度和饱和度，优化视频的图像效果。确保视频的颜色、图像和整体风格与品牌形象一致，使观众获得更好的视觉体验。

（3）细节调整：仔细检查视频的每个细节，并进行必要的微调，以确保整体效果和观感达到最佳状态。校正视频中的问题或错误，确保视频的视觉和听觉表现力最大化。

3. 添加转场和特效

添加转场和特效，不仅可以强调重点、连贯故事，还能增强艺术感，创造独特的风格，而且有助于渲染情绪氛围。需要注意的是，使用转场和特效应该有所取舍，不能过度使用，以免画面过于繁杂或无法理解。同时，要确保转场和特效的运用符合视频主题和目标，并与视频整体风格相协调。

4. 添加文字

通过为视频的各个部分添加适当的文字介绍，可以突出商品的特点和卖点。例如，在展示商品功能时，可以在视频中增加文字说明来解释每个功能的优势和用途。此外，通过有针对性的文字描述，还可以突出商品的独特性和与众不同之处，吸引观众的关注。

另外，还需要把台词转化为字幕，以进一步强化信息传达的效果。字幕的运用能帮助观众更好地跟进视频内容，尤其是在音频有问题或无法播放声音的情况下，字幕能够提供必要的文字信息，确保信息传递的完整性。现在剪映等许多软件都有自动转化字幕的功能，转化完需要仔细检查，保证没有错别字。

5. 添加配乐和优化音频

配乐是商品短视频的重要组成部分，选择与视频风格一致的配乐，可以进一步提升视频效果。同时，优化视频的音频部分，调整音量、均衡和音效，以确保声音清晰、平衡和符合视频的需要。

6. 输出视频

对最终生成的视频版本进行预览输出，格式推荐 MP4，画质清晰，占用空间小，方便传输。

微课

商品短视频设计与制作

巩固提升

一、单选题

1. 视觉识别系统在新零售中的应用不包括：（　　）。
A. 在新零售环境下塑造独特的品牌形象
B. 降低营销支出
C. 提升品牌辨识度和消费者体验
D. 提升营销效果和品牌价值
2. 店铺装修首先需要确定装修类型与风格，以下说法错误的是：（　　）。
A. 了解店铺的目标受众，确定目标受众喜欢的装修类型与风格
B. 考虑产品特点，选择与产品相符的装修类型与风格
C. 确定要塑造的品牌形象，选择与品牌形象相符的装修类型与风格
D. 了解竞争对手的装修类型与风格，直接照抄竞争对手的装修风格即可
3. 关于店铺的导航设计，以下说法错误的是：（　　）。
A. 导航的设计应与店铺整体风格相匹配
B. 导航是店铺综合信息传递的媒介
C. 导航的布局和结构应该合理，让用户能够轻松理解网站结构和导航路径
D. 导航元素的大小、颜色和形状应该能够吸引用户的注意力，同时易于点击
4. 关于商品详情页的内容，下列选项中最恰当的一组是：（　　）。
A. 商品卖点、商品展示图、商品参数、品牌故事、使用说明
B. 商品卖点、产地介绍、营养价值、保修服务、保修承诺
C. 商品展示图、商品生产原料、商品加工工艺、商品供应链信息
D. 品牌故事、品牌代言人、企业愿景、企业文化
5. 关于商品图片，以下说法正确的是：（　　）。
A. 商品图片分辨率和清晰度要尽可能低，保证在网速较差时也可以加载出来
B. 避免提供真实的使用场景，以保持商品神秘感，提升商品图片的整体质感
C. 除了整体外观，还应该提供一些特写图片，以突出商品的细节和特点
D. 只需要展示商品正面即可，无须展示商品背面和侧面，使消费者更易抓住重点
6. 有关商品图片的拍摄，以下说法错误的是：（　　）。
A. 拍摄前需要准备的器材有相机、三脚架、灯具、商品拍摄台、背景

B. 不同的商品或拍摄要求，可以有不同的打光方式，如顺光、侧光、逆光

C. 常见的构图方式有留白构图法、居中构图法、三分之一构图法、对角线构图法

D. 把拍摄主体放在最中间的位置即可，无须考虑陪体与主体的关系、背景对主体的衬托

7. 短视频的脚本通常包括：(　　)。

A. 人员分工、拍摄主题、摄影风格、背景音乐、转场特效

B. 拍摄场地、拍摄器材、拍摄构图、商品布局、剪辑方式

C. 拍摄景别、故事内容、演员台词、镜头时长、运镜方式

D. 前期准备、场景布置、化妆要求、服装要求、道具设置

二、多选题

1. 以下装修实例中，行业和店铺装修风格相符的包括：(　　)。

A. 时尚服装网店——注重简洁、现代和时尚感，使用高质量的商品图片展示服装款式和细节

B. 家居生活用品网店——注重温馨感和实用性，使用温暖的色彩和舒适的布局

C. 美妆护肤网店——注重美感和专业性，使用高清的商品图片和详细的商品描述

D. 数码电子产品网店——注重科技感和清晰性，展示高品质的商品图片和技术规格

2. 提炼产品卖点时，商家关注的方向包括：(　　)。

A. 品牌形象、产品包装　　B. 产品功效、产品品质

C. 售后服务、产品销量　　D. 产品价格、商业概念

3. 在商品详情页创意文案设计过程中，下列说法正确的是：(　　)。

A. 语言风格要保证专业性和严肃感，避免使用幽默风趣的语言

B. 强调产品的价值和独特性，同时文案应易于阅读和理解

C. 将产品与具体的故事、情感或用户的实际体验联系起来，引发用户的情感共鸣

D. 可使用具体的数字和统计数据来佐证产品的优点和特性

4. 关于商品图片拍摄的整体要求，下列说法正确的是：(　　)。

A. 商品图片拍摄的整体要求是将商品的形、质、色充分表现出来，而不夸张

B. 形，指的是商品的形态、造型特征，以及画面的构图形式

C. 质，指的是商品的质地、质量、质感

D. 色，指的是商品的色彩。商品图片拍摄要注意色彩的统一

5. 在商品图片的后期处理过程中，下列说法正确的是：(　　)。

A. 根据所需尺寸，将图片裁剪为适当的大小，使商品更加突出和清晰

B. 若商品图片出现变形或倾斜，可以借助参考线和图像变换技术对图像进行矫形

C. 当商品图片中存在轻微划痕、破损或其他瑕疵时，可以通过后期处理修复这些瑕疵

D. 当商品图片出现偏蓝色或偏红色的情况时，可以通过后期调整对比度进行修复

6. 关于商品短视频的脚本设计，下列说法正确的是：(　　)。

A. 运镜是指镜头距离和视角，包括远景、全景、中景、近景等

B. 对于剧情类短视频，在撰写剧本时需要设定一个清晰的主题或故事目标

C. 对于介绍商品的短视频，可重点关注商品形象、商品使用场景和商品价格策略

D. 如果能在室外拍摄，就尽量不要在室内拍摄，因为室外光线更加柔和

7. 关于商品短视频的后期制作，步骤和内容对应的是：(　　)。

A. 粗剪——建立视频基本框架，筛选整理素材，为后续处理做准备

B. 精剪——对素材进行优化和精细调整，提高视频质量

C. 添加文字——把台词转化为字幕，以及加入恰当的文字介绍

D. 添加转场和特效——优化视频的音频部分

三、判断题

1. 在进行平面设计时，需要注意设计的一致性、简洁明了、视觉吸引力等方面。(　　)

2. 售卖电子产品或工具的店铺，常用舒适的暖色调，强调温馨舒适的感觉。(　　)

3. 商品详情页是对商品进行详细描述和介绍的页面，详情页的设计会对用户的购买行为产生直接的影响。(　　)

4. 在商品图片拍摄中，特写是对商品的特定部分或细节进行近距离拍摄，以突出商品的特点和质感。特写角度可以展示商品的纹理、图案、品牌标志等。(　　)

5. 在撰写商品短视频的脚本时，台词设计一定要抓住老人的痛点，因为老人是网购的主力军。(　　)

6. 在商品短视频的拍摄中，确保能清楚展示商品的独特卖点、功能和优势。使用不同的镜头、角度和特写来突出商品的细节，让观众能够清晰地了解和欣赏商品。(　　)

四、填空题

1. 视觉识别系统是运用整体的传达系统，通过__________、__________的形式语言和系统化的视觉符号，以强力方针及管理系统的形式将组织文化、理念等有效传达给社会大众，形成组织鲜明的视觉形象。

2. 顾客对店铺的第一印象非常重要，__________、__________、__________三项内容常常会影响顾客对店铺的第一印象。

3. 在淘宝等电商平台的商品页面中，根据使用场景的不同，商品短视频一般可以分为__________和详情页视频。

五、讨论分析题

1. 假如你想要在淘宝上开一家专营休闲零食的网店，售卖薯片、果丹皮、曲奇饼干等，你应该如何装修网店？

2. 假如你开了一家美妆护肤品店铺，同时运营着网店的抖音账号。正值春节来临之际，你打算拍一个美妆类的商品短视频，以进一步增加抖音账号粉丝数量，提升网店品牌效应。那么，你应该如何撰写商品短视频脚本？（题材和风格不限）

第7章 零售商品管理

案例引入

ZARA 的快时尚商品管理策略

ZARA 作为国际知名的快时尚品牌，以其快速的市场变化响应、灵活的商品管理和高效的供应链体系而闻名。ZARA 拥有一支专业团队，其成员遍布全球各地，负责收集当地的时尚资讯和消费者需求。同时，ZARA 还借助大数据分析工具，对销售数据、顾客反馈等信息进行深入挖掘，以了解市场趋势和顾客偏好。基于这些信息，ZARA 能够快速设计出符合市场需求的款式，并通过快速迭代的方式不断推出新品，保持店铺商品的新鲜度和吸引力。

在商品采购方面，ZARA 采用集中采购与分散采购相结合的方式，与全球多家优质供应商建立了长期合作关系，通过规模效应降低采购成本。同时，ZARA 还注重供应链的灵活性和响应速度，通过快速下单、小批量多批次的生产方式，减少库存积压和资金占用。此外，ZARA 还建立了严格的供应商评估体系，确保所采购的商品在质量、交货期等方面符合品牌要求。

ZARA 的商品库存管理以“零库存”为目标，并通过高效的供应链管理和精准的销售预测来实现这一目标。ZARA 利用先进的信息系统实时监控库存状态和销售情况，并根据销售数据和市场需求动态调整进货计划和库存结构。同时，ZARA 还建立了完善的库存预警机制，当库存水平达到预设阈值时，系统会自动发出提醒，以便及时采取措施进行调整。

此外，ZARA 还注重加快库存商品的周转速度，通过定期清理滞销商品、优化陈列布局等手段提高库存周转率。通过上述商品管理策略的实施，ZARA 成功实现了商品动销率的显著提升，在全球范围内积累了众多忠实粉丝，销售业绩持续增长。

请结合案例内容，思考和讨论以下几个问题：

1. 在快时尚行业中，如何平衡快速响应市场变化与库存管理之间的关系？如何既保持商品的新鲜度，又避免库存积压和资金占用？

2. 大数据分析工具在零售店铺商品管理中的应用前景如何？如何更好地利用大

数据来提升商品选品、采购和库存管理的效率？

3. 在提升商品动销率的过程中，除了商品本身的因素外，还有哪些关键因素需要考虑？

学习目标

知识目标：

1. 理解商品的基础知识，包括商品的含义、分类、条码以及质量等方面的知识。

2. 掌握商品采购的原则和基本流程，了解如何选择合适的供应商并进行有效的采购谈判。

3. 了解库存的定义以及常用的零售库存管理策略，包括零库存策略、供应商管理库存策略以及联合库存管理策略等。

4. 掌握店铺动销率的概念和分析方法，理解店铺动销率分析在零售业务中的重要性。

技能目标：

1. 能够根据商品的分类和特性，制订有效的商品管理计划。

2. 能够按照采购的流程，并使用一定的谈判技巧，完成商品的采购。

3. 能够运用恰当的库存管理策略，制订合理的库存计划，有效控制库存成本。

4. 能够进行店铺动销率的分析，并运用一定的优化技巧，提高店铺动销率，增强店铺竞争力。

素养目标：

1. 培养商品管理的专业素养，注重商品的质量管理和成本控制。

2. 提升团队协作和沟通能力，与供应商、销售团队等各方保持良好的合作关系。

3. 培养数据分析能力和逻辑思维能力，用数据驱动决策，提高商品管理效率。

学习导图

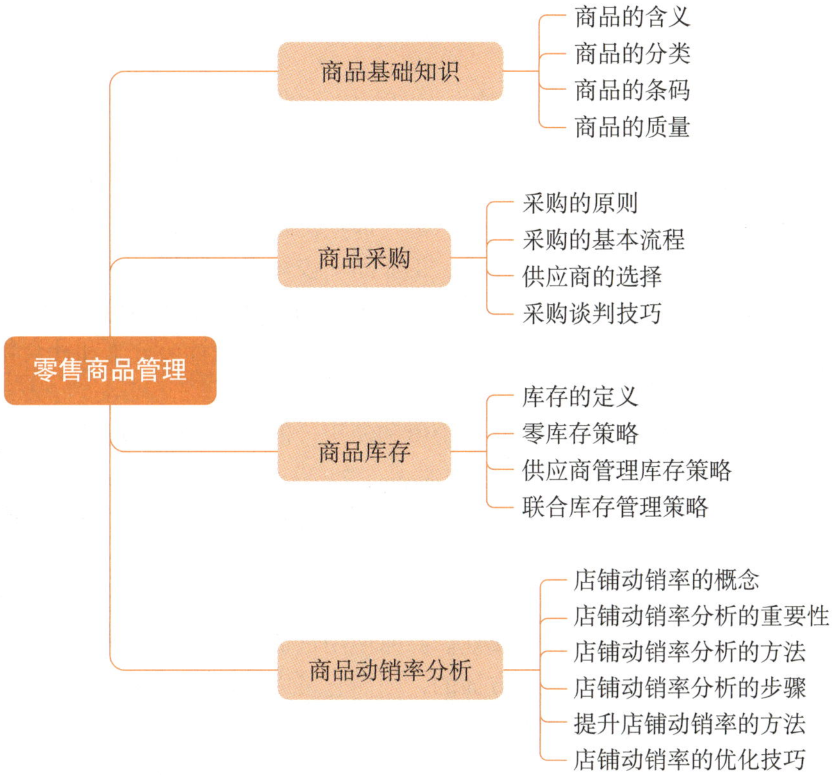

7.1　商品基础知识

7.1.1　商品的含义

商品是指用来交换、能满足人们某种需要的劳动产品。我们可以从以下三方面来理解商品的含义。

1. 商品是具有使用价值的劳动产品

商品的使用价值是指商品能满足人们和社会的某种需要的属性，即商品的有用性。商品的有用性取决于商品的自然属性，离开商品它就不存在了。商品如果不能满足人们的明确需要和隐含需要就失去了使用价值。失去使用价值的劳动产品，如废弃、假冒的劳动产品，不能算作商品。

2. 商品是供他人消费的劳动产品

商品是人们劳动的产物，这种产物可以是有形的，也可以是无形的。有形商品通常是需要人们经过设计、加工、制作等一系列劳动过程而生产出来的有形物品或产品。这里要特别强调，它必须是经过劳动而获得的。某些天然物品，如果人们不劳而获并为己所用就不能称为商品，如空气、雨水、泥土等。如果这些天然物品经过人们的劳动而用于交换则另当别论，如挖出来的土石方，作为建筑材料装袋或装车出售，就属于商品。无形商品包括服务、知识、技术等。

3. 商品是必须通过交换才能实现价值的劳动产品

为自己消费而生产的产品不是商品；为他人生产的产品，如不经过交换，也不是商品。商品必须是通过交换而到达别人手中的劳动产品，也就是说商品必须用于交换。如某人用自己生产的产品来满足自己的需要，他生产的就只是使用价值，而不是商品。他不仅要生产使用价值，而且要为别人生产使用价值，即生产社会的使用价值，他生产的产品才是商品。例如，手工业者自产留下自用的手工业品、农民自产留下自用的农副产品，就不属于商品。商品要交换就必须进入市场，并受市场规律的制约，如价值规律、供求规律、竞争规律等。商品交换是在一定的社会经济条件下产生的，是社会分工和社会化大生产的必然结果。

商品作为用于交换的劳动产品，具有价值和使用价值二重属性。商品价值是凝结在商品中的无差别的人类劳动。两种不同数量的商品，如 20 kg 大米和 10 m 布，之所以能够交换，就是因为它们凝结了等量的人类劳动，或者它们有等量的价值。“作为价值，一切商品都只是一定量的凝固的劳动时间。”正因如此，它们才可以相互比较，才能按照一定比例进行交换。商品价值是在人们的社会劳动中形成的，反映了人与人之间的社会关系，因此，商品价值反映了商品具有的社会属性。商品使用价值是指商品能满足人们和社会的某种需要的属性。商品的性能可以是多方面的，因而它可以满足人们各种各样的需求。商品的各种属性及多方面的使用价值是人们在社会生产活动过程中，随着生产经验的积累、生产技术的提高以及科学知识的增进而陆续发现的。例如，在很长的历史时期内，人们只知道用木材做燃料、建筑材料，制造工具和家具，可是现在，由于科学技术的发展，木材在社会经济生活中得到了更广泛的应用，它已经具有几千种用途。对各种矿产品、农产品乃至某些野生植物的利用，也都有类似的情况。商品价值和商品使用价值共存于商品体，它们相互依存，不可分离。因此，商品既具有社会科学的属性，又具有自然科学的属性。

7.1.2 商品的分类

分类是我们认识事物、区分事物的重要方法之一。科学的分类可以把看起来杂乱无章的事物条理化，帮助人们更好地认识世界和改造世界。商品分类就是为了一定的目的，按照一定的标准，科学地、系统地将商品划分成若干不同类别的过程，一般可将商品划分为门类、大类、中类、小类、品类、品种和单品等层次。商品分类有助于简化复杂的商品市场，便于各方对商品进行归类、比较和分析，也为商家提供了市场定位和差异化竞争的依据，有助于商家制定更有效的市场策略。对于消费者而言，商品分类则有助于他们快速找到所需商品，提升购物体验。商品分类的类目层次及其应用实例如表 7-1 所示。

表 7-1　商品分类的类目层次及其应用实例

商品类目名称	应用实例	
商品门类	食品类	消费品类
商品大类	饮料食品	日用消费品
商品中类	蛋白饮料	家居用品
商品小类	乳及乳制品饮料	洗涤用品
商品品类	酸奶	肥皂
商品品种	原味酸奶	香皂
商品单品	0 蔗糖原味袋装酸奶	薄荷味香皂

商品门类是最高级别的分类，它是一个广泛的概念，反映了商品在国民经济中的行业特征，以便消费者、商家以及行业分析师等能够更清晰地理解商品市场。例如，我们可以按照所属行业进行分类，将商品划分为食品类、消费品类、化工产品类、机械设备类等门类。这些门类代表了不同的生产领域和流通渠道，是商品分类的基础。

商品大类是对商品门类的进一步细分，它通常与具体的生产或流通行业相对应。以食品类为例，它可以细分为饮料食品、焙烤食品、粮食、果蔬及其制品、肉及肉制品、水产品及其制品、调味品等大类。这些大类更加具体地描述了商品的属性和用途，有助于更好地理解和管理商品。

商品中类则是对商品大类的进一步细分，它通常反映了商品在某些方面的共性和特性。例如，饮料食品大类可以细分为蛋白饮料、碳酸饮料、饮用水、茶饮料、咖啡饮料、特殊用途饮料等中类。这些中类进一步明确了商品的种类和特性，有助于消费者更好地选择和购买商品。

商品小类是根据商品的规格、型号、用途等因素对商品中类进行的进一步细分。以蛋白饮料为例，它可以细分为乳及乳制品饮料、植物蛋白饮料、复合蛋白饮料等小类。这些小类提供了更加详细的商品信息，有助于企业更精确地管理商品库存、制定销售策略等。

商品品类是市场上为满足消费者的不同需求而形成的商品集合，通常由具有相似特征、功能或用途的商品组成，这些商品在销售、管理、市场定位等方面具有一定的共性。通过科学的商品品类管理，商家可以更有效地满足消费者需求，提高销售业绩，并优化库存管理和资源配置。以乳及乳制品饮料为例，它可以细分为纯牛奶、酸奶、乳酸菌饮料、含乳饮料等品类。

商品品种是指按商品的性质、成分等方面的特征划分的商品群体，如酸奶这一品类，可以细分为原味酸奶、果粒酸奶、希腊酸奶、老酸奶等品种。原味酸奶口味纯正，适合基础消费；果粒酸奶加入果肉，口感丰富；希腊酸奶蛋白质含量高，质地浓稠；老酸奶采用传统工艺，口感醇厚。这些细分品种满足了消费者对口感、营养、健康等方面的不同需求。

商品单品是根据商品的花色、品级等对商品品种进行的详细区分，它能具体地反映出商品的特征。对一种商品而言，当其品牌、配置、等级、花色、包装容量、单位、生产日期、保质期、用途、价格、产地等属性与其他商品都不相同时，才可称为一个单品。

需要说明的是，商品分类并没有统一、固定的标准，各零售企业可根据市场和自身的实际情况对商品进行分类。但商品分类应该以方便消费者购物、方便商品组合、体现企业特点为目的。

行业直通车

某超市的商品分类包括下述4个层次。

1. 大分类

大分类是超市最粗线条的分类。大分类的主要标准是商品特征，如畜产、水产、果菜、日配加工食品、一般食品、日用杂货、日用百货、家用电器等。为了便于管理，超市的大分类一般以不超过10个为宜。

2. 中分类

中分类是从大分类中细分出来的类别。其分类标准主要有以下几个：

（1）按商品功能与用途划分。例如，在“日配加工食品”这个大分类下，可分出“牛奶”“豆制品”“冰品”“冷冻食品”等中分类。

（2）按商品制造方法划分。例如，在“畜产”这个大分类下，可细分出“猪肉”“牛肉”等中分类。

（3）按商品产地划分。例如，在“果菜”这个大分类下，可细分出“国产水果”与“进口水果”的中分类。

3. 小分类

小分类是从中分类中进一步细分出来的类别。其分类标准主要有以下几个：

（1）按功能与用途划分。例如，在“畜产”大分类、“猪肉”中分类下，可进一步细分出“排骨”“肉糜”“里脊肉”等小分类。

（2）按规格包装划分。例如，在“一般食品”大分类、“饮料”中分类下，可进一步细分出“听装饮料”“瓶装饮料”“盒装饮料”等小分类。

（3）按商品成分划分。例如，在“日用百货”大分类、“鞋”中分类下，可进一步细分出“皮鞋”“人造革鞋”“布鞋”“塑料鞋”等小分类。

（4）按商品口味划分。例如，在“一般食品”大分类、“饼干”中分类下，可进一步细分出“甜味饼干”“咸味饼干”“奶油饼干”“果味饼干”等小分类。

4. 单品

单品是商品分类中不能进一步细分的、完整独立的商品品项，如“355 mL 听装可口可乐”“1.25 L 瓶装可口可乐”“2 L 瓶装可口可乐”“2 L 瓶装雪碧”就属于4个不同的单品。

7.1.3　商品的条码

1. 商品条码概述

商品条码（也称商品条形码）是由一组粗细不同、黑白（或彩色）相间的条、空及对应字符按规则组成，用以表示一定信息的图形。

1973 年，美国统一代码委员会（UCC）选定了国际商业机器公司（IBM）提出的条码系统，并将它作为北美地区的通用产品代码，简称“UPC 条码”。其后，英国、联邦德国、法国等欧洲 12 国开发出了与 UPC 条码兼容的欧洲物品编码，简称“EAN 条码”，又称国际物品编码。条码技术在仓储业的自动化立体仓库中发挥着重要作用，特别是在小型物品的管理和入库不均衡的物品管理方面更显示出其优越性。当印有反映时间、品种、货号、编组号等信息的条码标签的物品经传送带进入仓库时，固定的扫描器会记录条码中的信息，并输入计算机，即可对物品及其相关信息进行科学管理。

我国的条码研究始于 20 世纪 70 年代。1988 年 12 月，中国物品编码中心成立，负责研究、推广条码技术，统一组织、协调和管理我国的条码工作，并在各地设立了物品编码分支机构。1991 年 4 月，我国加入国际物品编码协会（GS1）。同年，我国发布了《通用商品条码》等五项条码国家标准。这些条码标准既填补了我国标准的空白，又推动我国条码技术走上了标准化道路。目前，我国已在多种商品内外包装和图书刊物上广泛使用条码标志，在零售业和储运领域也将逐步扩大条码在自动售货和现代化仓库管理中的使用范围，并将不断改进条码技术，提高条码管理水平。

2. 一维条码

目前，常用的条码主要有国际物品编码（EAN 条码）、通用产品代码（UPC 条码）、交插二五条码（ITF 条码）等一维条码。此外，随着科学技术的发展，二维条码的应用也越来越广泛。

EAN 条码是国际物品编码协会制定的一种国际通用商品条码，主要用于超级市场或一些自动销售系统的单件商品。凡进入国际市场的商品，其包装上必须印有国际物品编码。我国常用的商品条码就是这种类型。EAN 条码常用的有 EAN-13 和 EAN-8 两个版本。

UPC 条码是美国统一代码委员会制定的一种代码，主要在美国和加拿大使用。各国出口到美国、加拿大等北美国家的商品，其包装上必须印有通用产品代码。通用产品代码有标准版条码（UPC-A）和缩短版条码（UPC-E）两种形式。

ITF 条码主要用于运输包装，是印刷条件较差，不允许印刷 EAN-13 条码和 UPC-A 条码时选用的一种条码。1997 年，我国制定了国家标准《交插二五条码》（GB/T 16829—1997）。2003 年，该标准被《信息技术　自动识别与数据采集技术　条码码制规范　交插二五条码》（GB/T 16829—2003）替代。ITF 条码有别于 EAN 条码和 UPC 条码，是一种连续、非定长、具有自校验功能，且条与空都表示信息的双向条码。在商品运输包装上使用的 ITF-14 条码，是由 14 位数字字符代码组成的。

3. 二维条码

二维条码，也称为二维码或二维条形码，是一种在水平方向和垂直方向上均带有信息的条形码。它是用按一定规律在平面（二维方向）上分布的黑白相间的特定几何图形来记录数据符号信息的。在代码编制上，二维条码巧妙地利用构成计算机内部逻辑基础的“0”“1”比特流的概念，使用若干个与二进制相对应的几何形体来表示文字或数值信息，通过图像输入设备或光电扫描设备自动识读以实现信息自动处理。二维条码除了具有一维条码的优点外，还具有编码密度高、数据容量大、编码范围广、容错性高、抗污损能力强、安全性与防伪性高等优点。

常见的二维条码有 QR Code、PDF417、Code 49、Code 16K 等。这些二维条码的信息密度都比传统的一维条码有了较大提高。例如，PDF417 的信息密度是一维条码 Code 39 的 20 多倍。二维条码在商品零售、海关、税务、交通运输、邮政、工业生产等领域都有广泛的应用。

7.1.4 商品的质量

1. 商品质量的概念

商品质量是指商品满足规定或潜在要求（或需要）的特征和特性的总和。这里的规定是指国家或国际有关法规、质量标准或买卖双方的合同要求等方面的人为界定，这是商品质量的最低要求和合格的依据；潜在要求（或需要）是指人和社会对商品的适用性、安全性、卫生性、可靠性、耐久性、美观性、经济性、信息性等方面的期望；特征是指用来区分同类商品的不同品种的显著标志；特性是指不同类别商品所特有的性质，即品质特性。可以说，商品质量是表示商品以其适用功能满足规定和消费者需要的程度的一个综合性概念。

例如，一台电视机不仅要图像清晰、色彩逼真、伴音优美动听、安全可靠、有一定的使用寿命，还要外形美观、操作方便、经济实惠、信誉好、售后服务良好等。

商品质量是一个动态的概念，表现在它具有时间性、空间性和消费对象性上。不同时代、不同地区、不同的消费对象，对同一商品有不同的质量要求，并且这种质量要求会随着科技进步、生活水平的提高和社会发展而不断变化。例如，我国消费者以前更注重商品的实用价值，而现在对商品则既注重实用价值又注重审美价值，要求商品在满足物质需求的同时，还能满足一定程度上的精神需求。

2. 商品质量的构成

（1）从表现形式看。

从表现形式看，商品质量由外观质量、内在质量和附加质量构成。商品的外观质量主要是指商品的外部形态及通过感觉器官能直接感受到的特性，如商品的式样、造型、结构、色泽、气味、食味、声响、规格（尺寸、轻重）等。商品的内在质量是指通过仪器、实验手段能反映出来的商品特性或性质，如商品的物理性质、化学性质、机械性质及生物性质等。商品的附加质量主要是指商品的信誉、经济性、销售服务等。不同种类的商品，对外观质量、内在质量和附加质量各有侧重。商品的外观质量往往可以反映商品的内在质量，并通过附加质量得到更充分的实现。

（2）从形成环节看。

从形成环节看，商品质量由设计质量、制造质量和市场质量构成。设计质量是指在生产过程之前，在设计人员对商品的品种、规格、造型、花色、质地、装潢、包装等方面进行设计的过程中形成的质量因素；制造质量是指在生产过程中，按照设计要求，经过一系列生产工序而实际形成的质量因素；市场质量是指在整个流通过程中，对已在生产环节形成的质量的维护、保证与附加的质量因素。设计质量是商品质量形成的前提条件，是商品质量形成的起点；制造质量是商品质量形成的主要方面，它对商品质量的各种性质起着决定性作用；市场质量是商品质量实现的保证。

3. 确保商品质量前提下的竞争优势打造

商品及其质量是零售店铺的根本，如果商品本身质量不过关，那么一切都将是空谈。零售店铺在经营管理过程中，需要重视商品质量，打造质量出色的商品。

在确保商品质量的前提下打造竞争优势，应做到以下几点：

（1）品牌资源，独占市场。比如品牌授权店，直接拥有市场核心资源。如果能拿到品牌的货源，品牌因为资质保护具有天然优势，那么基本不用担心市场。

（2）稀缺资源，人无我有。稀缺资源往往是行业的创新产品或者某些独家渠道资源，这种类型的商品进入门槛较高。

（3）价格竞争力强，人优我廉。在同样的商品质量下，价格更低廉。

7.2　商品采购

7.2.1　采购的原则

采购是零售业务运营中的重要环节，零售企业需要从供应商处选择、购买商品，并确保这些商品满足消费者的需求。采购应遵循适价原则、适质原则、适量原则、适地原则及适时原则。

1. 适价原则

适价原则是指在物资品质相同的情况下，所采购物资的价格不高于同类物资的价格。价格永远是采购活动中的核心要素，这就要求采购者及时了解所处行业的市场情况，尽可能多地获取相关资料。

2. 适质原则

适质原则是指所采购的物资的质量应是有保证的，是符合相关要求的。采购质量对企业的成本以及信誉都有着至关重要的影响。因此，在日常的采购工作中，采购者应该安排部分时间去推动供应商改善、稳定物资品质，只有采购的质量得到保证，才有可能提高企业的经营质量。

3. 适量原则

适量原则是指采购的物资的数量应是适当的。采购者应根据资金周转率、储存成本、物料需求计划等综合计算出最经济的采购量。物资采购量过大会造成过高的存货储备成本与资金积压；而物资采购量过小则会增加采购次数，提高采购成本。因此，采购者控制适当的采购量（即适量）是非常必要的。

4. 适地原则

适地原则是指企业应选择地理位置合适的物资供应商。企业在选择供应商时应考虑其地理位置的远近，供应商离企业越近，所需运输费用就越低，机动性就越高，协调沟通就越方便，成本自然也就越低；反之，运输费用就越高，机动性就越低，协调沟通就越不便，成本自然也就越高了。

5. 适时原则

适时原则是指采购物资的时间应是合适的，是符合企业生产计划的，且供应商应在预定时间内交付物资。采购者若提前太多时间将物资采买回来，会造成库存过多，积压大量的采购资金；若延期采购，则会导致企业不能按时出货，引起客户的不满。因此，采购者应根据企业的生产计划合理安排采购时间，并在采购过程中协调和促使供应商按预定时间交货。

7.2.2 采购的基本流程

采购流程通常是指有需求的采购方实施采购工作的具体过程，主要包括确定采购需求、制订采购计划、选择供应商、签订采购合同、发出采购订单、订单跟踪与催货、货物验收入库等环节。

1. 确定采购需求

采购需求是采购的任务来源。任何采购都产生于企业中某个部门的确切需求。各部门负责具体业务活动的人应该清楚地知道本部门的独特需求：需要什么、需要多少、何时需要。当采购部门收到各部门发来的物料需求单后，就会对所要采购的物料进行汇总，再分配到各个采购员，给各个采购员下达采购任务单。

2. 制订采购计划

采购员在接到采购任务单后，要制订具体的采购工作计划。采购工作计划一般包括三部分内容：首先是进行资源市场调查，包括对商品、价格、供应商的调查分析；其次是选定供应商；最后是确定采购方法、采购日程计划、运输方法及货款支付方法等。

3. 选择供应商

根据确定的采购需求，企业可以优先考虑与自己有长期良好合作关系的供应商。但是，企业不能完全依赖已有的供应商，一旦他们不能满足新的采购需求，就必须重新进行选择。企业可通过出差、电话、电子邮件和招标等方式选择能够供应所需商品且信誉良好的供应商。

4. 签订采购合同

选定供应商之后，采购方一般要与供应商进行反复的磋商和谈判，讨论包装、运输、价格、质量、送货、服务及风险赔偿等各种限制条件，最后签订正式的采购合同。

5. 发出采购订单

当签订了采购合同之后，就要准备订货了。对于小型的采购，采购方签订了合同就相当于下了订单；而对于大型的采购或长期合作的供应商，采购方要选择在适当的时候发出订货单。

6. 订单跟踪与催货

将采购订单发给供应商之后，为了确保货物符合规定并按时进库，采购方应对订单进行跟踪和催货。企业一般会在发出采购订单的同时确定相应的跟踪和催货日期。有些企业甚至会设置一些专职的跟踪和催货人员。

7. 货物验收入库

收到货物后，采购方要按照订单条款进行验收。首先要核对发货单，看货物种类、数量、品质是否与合同相符；其次要检查各类单据是否齐备，如装箱单、发票等；最后要检查外包装是否完好，入库时是否需要另行包装。以上几项检查无误后就可以卸货、清点、入库了，同时由仓储部门经手人填写货物入库单或将货物信息输入仓储管理信息系统中。

7.2.3　供应商的选择

零售企业在确定采购需求和制订采购计划后，需要全面了解供应商的实力和潜力，从而做出明智的选择。在供应商评估过程中，零售企业需综合考虑各项因素，并根据自身的需求和目标来权衡各指标的重要性。最终选择的供应商应该是最符合企业需求和能够实现利益最大化的合作伙伴。具体来说，零售企业在选择供应商时应重点考虑以下因素。

1. 资质与信誉

（1）合法性：评估供应商是否具有合法注册的营业执照，以及是否遵循相关法律法规。

（2）行业认证：查看供应商是否获得了如 ISO 9001 等质量管理体系认证，以及其他行业特定的认证。

（3）商业信誉：了解供应商在行业内的声誉，确认是否有违约、欺诈等不良记录。

2. 产品质量

（1）样品测试：要求供应商提供样品，通过实验或实际使用来评估产品质量。

（2）质量稳定性：考察供应商的产品质量历史记录，分析其波动范围。

（3）质量认证：确认供应商的产品是否通过了必要的质量认证。

3. 价格与成本

（1）价格合理性：对供应商的报价进行市场调研，确保其价格在合理范围内。

（2）成本分析：分析供应商的成本结构，预测未来的价格走势。

4. 交货能力与速度

（1）交货周期：了解供应商的交货时间，确保其能满足企业的生产需求。

（2）产能分析：评估供应商的产能，确保其有能力满足企业的采购量。

5. 供应商服务与支持水平

（1）供应商售前服务：考察供应商在售前咨询、技术支持等方面的表现。

（2）供应商售后服务：了解供应商的退换货政策、产品维修等售后服务情况。

6. 合作意愿与态度

（1）沟通效率：与供应商沟通，评估其回应速度和专业度。

（2）合作态度：了解供应商是否愿意与企业建立长期稳定的合作关系。

7. 技术创新能力

（1）研发投入：了解供应商在研发方面的投入情况。

（2）新产品开发：评估供应商是否有能力开发新产品或新技术。

8. 持续改进能力

（1）质量管理体系：评估供应商是否有完善的质量管理体系，并能否持续改进。

（2）客户反馈处理：了解供应商对客户反馈的处理能力和改进速度。

7.2.4 采购谈判技巧

采购谈判是商务谈判的一种类型，是指买方与卖方为谋求达成协议，就商品买卖的相关事项，如商品的价格、订购数量、品种、规格、技术标准、质量保证、包装要求、售后服务、交货日期与地点、运输方式、付款条件等进行反复磋商的谈判过程。

在采购谈判中，最重要与最关键的环节就是价格谈判。价格通常是整个谈判的焦点所在，是谈判双方激烈争辩的主要议题，谈判最后达成的价格协议直接关系到双方的利益。在价格谈判中，谈判人员掌握报价技巧、还价技巧及让步技巧是十分必要的。

1. 报价技巧

在谈判进入正式磋商阶段之后，由谁先报价要根据谈判的性质和不同的需要来决定。一般来讲，在己方对市场行情、对方的情况（包括需求、底价等）很了解的情况下，争取率先报价比较有利；反之，则最好请对方先报价，作为己方出价的参考。如果双方势均力敌，己方应先报价，以争取主动。如果己方对自己的报价有着极为充分的理由，也应该先报价。

2. 还价技巧

在采购谈判的磋商阶段，通常一方报价以后，另一方就会还价。在还价之前必须充分了解对方报价的全部内容，准确了解对方提出条件的真实意图。为了摸清对方报价的真实意图，需要逐项核对对方报价中所提的各项交易条件，摸清对方报价中的哪些条件是关键的、主要的，哪些是细枝末节的、次要的。注意倾听对方的说明，但不可主观地猜度对方的动机和意图，以免给对方提供反击的理由。

3. 让步技巧

采购谈判可以看成双方不断地让步最终实现价值交换的过程。采购谈判人员要准确把握供应商的需求，确定每次做出的让步都是供应商所需要的，而不是抱着旁敲侧击的心理在一些不能满足供应商需要的方面进行让步，以期供应商觉得能得到补偿。如果供应商并不认为这种让步可以满足其需求，就会继续提出要求，这样等于白白损失掉己方原有的利益。所以一定要针对供应商的要求做出让步，这样才能达到让步的目的，更快达成目标。

微课

采购谈判

7.3　商品库存

7.3.1　库存的定义

库存是指为有形产品提供存放场所并对存放物进行保管、存取与控制的过程。库存的存在是为了解决供给与需求之间不匹配的问题，它影响着供应链持有的资产、所发生的成本以及提供的响应性。高水平的库存会降低运输成本，但会增加库存成本；低水平的库存会提高库存周转率，但一旦供不应求又会降低响应性。因此，管理者应做好相关数据分析，制定行之有效的库存策略。

在商品库存管理中，需要注重库存记录与监控、预警机制与补货策略、退货与售后管理。首先，需要建立完善的库存记录系统，及时记录和更新商品的库存信息，确保库存的准确性和可靠性。通过实时监控库存情况，及时补充和调整库存，避免出现库存不足或过剩的情况。其次，需要设定库存预警值，提前发现库存不足的情况，及时采取补货措施，保证商品的供应和销售。同时制定合理的补货策略，避免库存积压和滞销。最后，要建立完善的退货与售后处理机制，确保用户的售后需求得到及时响应和解决，维护用户的权益和满意度。

库存管理是供应链管理的核心环节之一。从供应商、制造商、批发商到零售商，库存存在于供应链的各个环节，也是联系各个环节的纽带，因此，企业要做好库存监控，确定库存的订货点和订货量，在确保满足企业经营需要的前提下，合理控制库存量，避免库存积压造成管理成本的增加。零库存、供应商管理库存、联合库存管理是三种常用的零售库存管理策略，下面分别进行介绍。

科技瞭望塔

在库存管理中，新科技的应用正带来显著变革。某知名电商企业引入智能仓储机器人与 AI 技术，显著优化了库存管理流程。智能仓储机器人能够通过高精度激光导航与货物识别系统，自主规划路径并精准搬运货物，实现 24 小时不间断作业，极大地提高了货物搬运效率和准确性。这些机器人不仅加快了货物周转速度，还减少了人力成本，使员工能专注于具有更高附加值的工作。

此外，该企业还应用 AI 技术进行智能库存预测与管理。通过利用大数据技术分析历史销售数据、季节性因素及市场趋势，AI 系统能够准确预测未来库存需求，避免库存积压或短缺，从而有效降低库存成本。智能调度系统则根据实时订单信息，自动分配搬运任务和配送路线，进一步提升了整体运营效率。

这些新技术的应用，使该企业库存管理更加精细化、智能化，不仅提高了工作效率和客户满意度，还显著降低了运营成本，在激烈的市场竞争中为企业赢得了先机。

7.3.2 零库存策略

零库存不能简单理解为库存为零，“零”是一个相对的概念，指在一定时间、一定范围内没有多余库存的理想状态。零库存作为一种特殊的库存概念，是指物料始终处于采购、生产、销售、配送等环节当中，保持动态周转状态，而不以仓库存储的静态形式存在。零库存管理不只是库存管理人员的事，它涉及采购、计划、生产、销售等各个环节，关联着企业的每一项活动。实现零库存的方式主要有以下三种。

1. 第三方保管方式

所谓第三方，是指专门负责物流或仓储的企业。通过一定的程序，企业将所有的物资交由供需双方外的第三方企业保管，而由企业向第三方企业支付一定的代管费用。这样，企业将不再保有库存，从而实现零库存。这种零库存形式的优势显著，第三方企业利用其专业优势，可以实现较高水平和较低费用的库存管理，企业不再设仓库，省去了建设仓库的大量成本和管理费用，可集中精力进行生产经营，实现生产经营的专业化。因此，第三方保管方式是当前国内企业实现零库存的主要方法，其中常见的一种方法是委托营业仓库存储和保管货物。

2. 协作分包方式

协作分包方式是制造企业从产业结构上对供应链管理进行整合的一种模式，它要求若干分包企业以柔性生产、准时交付的形式帮助主企业的库存趋近于零。同时，主企业也将承担所有销售库存，使分包企业对主企业的半成品库存为零。主企业负责开拓产品市场、主体设计，承担主工艺的装配；分包企业则负责分包零部件制造、分包供应、分包劳务和分包销售。在实际操作中，各分包企业需要按照主企业要求的生产速度与进度来安排和调整生产活动，并在指定的时间内送货到位。

3. 科学配送方式

配送作为物流的重要中间环节，其速度和节奏对库存管理效果有直接的影响。科学配送方式是指对整个物流配送体系进行统一的信息管理和调度，按照采购方的订货要求，在第三方物流基地或指定地点进行理货、配货，然后将配好的货物按采购方的需求量送交采购方的物流方式。科学配送方式包括多批次及少批量配送、集中库存、即时配送和适时适量生产等方式，这些先进、优化的配送方式可以有效降低收货企业的物流成本、优化其库存配置，同时能够保证对收货企业的及时供应，帮助其达到零库存的理想目标。

7.3.3 供应商管理库存策略

供应商管理库存（Vendor Managed Inventory，VMI）是一种供应链集成化运作的决策代理模式，它以双方都获得最低成本为目标，在一个共同的框架协议下将用户的库存决策权委托给供应商，由供应商代理分销商或批发商行使库存决策权，并通过该框架协议经常性地进行监督和修正，使库存得到持续改进。

1. 供应商管理库存系统的构成

供应商管理库存系统可分成两个模组：一个是需求预测计划模组，可以进行准确的需求预测；另一个是配销计划模组，可根据实际客户订单、运送方式等进行高客户满意度及低成本的配送。

（1）需求预测计划模组。需求预测最主要的目的是协助供应商进行库存管理决策，准确的预测可以让供应商明确了解应该销售何种产品、销售给谁、以何种价格销售、何时销售等。

（2）配销计划模组。配销计划最主要的目的是有效地管理库存，VMI 可以比较库存计划和实际库存量从而得知目前的库存量还能维持多久，并依据需求预测计划模组得出的需求预测生成补货计划。

2. 供应商管理库存的优势

（1）提升企业的核心生产能力。通过供应商管理库存，企业能从外部资源管理中解脱出来，集中精力提升核心生产能力，利用供应商在资源方面的专业优势，进行自我管理。同样，客户企业也无须建立大面积的仓库，可以减少库存资金占用，从而提升采购、品质检验、出入库、仓管及运输管理等一系列工作的效率，并能够有效集中更多的人力、物力和财力用于提升其核心竞争力。

（2）低成本和高服务质量。不同于客户企业自行管理库存，供应商对自身的产品进行的管理肯定更专业，经验更丰富，存放环境更好，设施也更先进。在供应商的专业管理下，材料或产品更容易保持高质量状态，必要时能以更高的合格品率上线生产，不耽误生产效率。这样有助于提高客户服务水平，同时降低库存管理成本。

（3）降低缺货风险，减少库存积压。一方面，供应商可以掌握客户企业的物料使用情况，同时直接了解到客户企业库存的消耗变动情况，从而及时补充物料，降低客户企业的缺货风险。另一方面，充分的信息共享能帮助供应商知晓市场需求的变化，从而及时调整内部生产计划和采购计划，避免客户企业形成超量的库存积压，占用大量资金。

7.3.4　联合库存管理策略

联合库存管理（Jointly Managed Inventory，JMI）指供应链上的各节点企业通过对消费者需求保持协调一致的认识和预测，共同进行库存的管理和控制，利益共享、风险同担。联合库存管理是一种新型的供应链库存管理方法，体现了以协调为中心的管理思想，相邻节点需求的确定都是供需双方协调的结果，使库存管理不再是独立运作的过程。

1. 联合库存管理的模式

（1）集中库存模式：在集中库存模式下，各个供应商的零部件直接存入核心企业的原材料仓库中，将各个供应商的分散库存变为核心企业的集中库存。集中库存模式要求供应商按核心企业的订单要求，实行小批量、多频次的配送，直接将各个供应商的库存送到核心企业的仓库中，以补充库存。在这种模式下，库存管理的重点在于核心企业应根据生产的需要，保持合理的库存，保证既能满足市场需求，又能使库存总成本最小。

（2）无库存模式：供应商和核心企业都不设立库存，核心企业实行无库存模式，而供应商直接向核心企业的生产线进行连续、小批量、多频次的库存补充，并与之实行同步生产、同步供货，把核心企业所需要的品种和数量的原材料适时送到需要的地点。这种准时化供货模式尽可能地消除了库存，最大限度地提高了供应链的效率并降低了成本。但是，其对供应商和核心企业的运作标准化、配合程度、协作精神提出了更高的要求，对操作过程的要求也极为严格。

2. 联合库存管理的优势

（1）信息优势：信息作为稀缺资源，对企业的发展非常重要。JMI 模式通过在上下游企业之间建立起战略性的合作伙伴关系，实现了企业在库存管理上的信息共享，既保证了供应链上游企业能够通过下游企业及时准确地获取市场需求信息，又能使各企业的活动围绕客户需求的变化展开。

（2）成本优势：JMI 模式在库存管理方面实现了从分销商到制造商再到供应商的一体化，让三方都能实现准时采购。准时采购不仅能减少库存，还能加快库存周转，缩短采购和交货提前期，降低企业的采购成本。

（3）物流优势：JMI 模式通过优化库存层次、减少物流环节、实现准时采购与快速响应，以及建立战略联盟和信息共享机制，降低了物流成本，提高了物流效率，加强了供应链上下游企业的协作，从而实现了物流运作的整体优化。

（4）战略联盟优势：JMI 模式的实施以各方之间的充分信任为基础，企业之间利益共享、损失共担，既加强了企业之间的联系与合作，又保证了企业之间基于库存管理的独特合作模式不会轻易地被竞争者模仿，从而为企业塑造了竞争优势，强化了战略联盟的稳固性。

微课

库存管理办法

7.4 商品动销率分析

7.4.1 店铺动销率的概念

动销率是指店铺一段时间内实际出售的商品数量与同期库存量的比率。换句话说，动销率衡量的是一家店铺中商品的周转速度和销售力度。店铺动销率的计算公式为：

动销率 = 实际销售数量 ÷ 库存数量 × 100%

其中，实际销售数量是指在一定时间内，店铺中实际售出的商品数量；库存数量是指店铺中存货的数量，包括在途库存、在库库存和备货库存等。

例如，如果一家店铺在一个月内实际出售了 500 件商品，而月初存货量为 1 000 件，则该店铺的动销率为 50%。这个数字表明这家店铺在一个月内销售了一半的库存。在实践中，动销率通常按照季度或年度进行计算，以更好地反映商品销售的长期趋势。

与动销率相对应的概念是滞销率，滞销率的计算公式如下：

滞销率 = 滞销商品数 ÷ 全店商品总数 ×100%

其中，滞销商品数是指 90 天内没有成交的商品数量。

店铺动销率是一个非常重要的指标，它揭示了一个店铺中商品销售的速度和效率。如果动销率高，说明店铺的销售能力强，能够快速打动顾客，并引导他们进行购买。反之，如果店铺的动销率低，说明商品滞销，顾客购买力不足，或店铺的运营策略有问题。因此，正确地分析店铺动销率，能够帮助店铺判断卖场中哪些商品或类别在本季度或本年度的销售表现最好，哪些应该优先进货和加大推广力度；同时帮助商家更好地了解运营效果，认识市场需求，拓展客户群体，提高销售水平。

一般来说，动销率在 50% 以上说明店铺销售效果良好，如果低于 50%，则说明商品在仓库中滞留了太长时间，店铺利润受到影响。

7.4.2　店铺动销率分析的重要性

首先，店铺动销率分析对于经济效益的评估起着至关重要的作用。通过分析店铺动销率，可以了解店铺的销售情况，进而评估店铺的营利能力。如果店铺动销率较高，说明店铺的销售较为活跃，商品得到了顾客的认可和青睐，店铺的营利能力较强。相反，如果店铺动销率较低，则说明店铺的销售不活跃，可能的原因包括商品不受欢迎、价格偏高等，这时商家可以对动销率低的商品进行调整和改进，以提高经济效益。

其次，店铺动销率分析对于库存管理起着重要的指导作用。库存是店铺的重要资产，占用了大量的资金和场地资源。动销率分析可以帮助经营者判断每件商品的库存是否过剩或者不足。如果某件商品的动销率较低，说明库存可能过剩，此时经营者可以相应减少采购量，避免资金和场地的浪费。而如果某件商品的动销率较高，说明库存可能不足，此时经营者可以适当增加采购量，以确保供应链的稳定，增加销量和利润。

最后，店铺动销率分析还能帮助经营者更好地进行市场竞争分析。不同店铺之间的动销率对比可以反映出市场竞争的情况。如果自己店铺的动销率较低，而竞争对手的动销率较高，说明竞争对手的经营策略和市场定位可能更具竞争力。此时经营者可以通过分析竞争对手的产品、定价、促销等策略，从中吸取经验和教训，进而优化自己的经营模式，提高动销率和市场竞争力。

此外，店铺动销率分析还可以借助先进的技术手段，例如人工智能和大数据分析等，对经营情况进行更深入、更全面的挖掘。通过人工智能的模型分析，可以发现一些隐藏在销售数据背后的规律和趋势，帮助经营者做出精准的经营决策。大数据分析可以对海量的销售数据进行整理和分析，帮助经营者快速发现问题和机会，并在经营中进行相应的调整。

7.4.3 店铺动销率分析的方法

1. 销售情况分析

销售情况是影响店铺动销率的重要因素之一。如果店铺的销售情况良好，动销率就会相应提高。反之，如果店铺的销售情况不佳，动销率就会下降。

（1）销售额分析：销售额是反映店铺销售情况的重要指标之一。如果店铺的销售额较高，说明店铺的销售情况良好，动销率也会相应提高。

（2）销售渠道分析：销售渠道包括线上渠道和线下渠道。如果店铺的线上渠道和线下渠道都能够得到充分的利用，那么动销率就会相应提高。

（3）销售周期分析：销售周期是指从接受订单到货款回收的过程，包括季节性销售周期和非季节性销售周期。如果店铺能够根据销售周期及时调整商品的进货和销售策略，那么动销率就会相应提高。

2. 库存管理分析

库存管理也是影响店铺动销率的一个重要因素。如果店铺的库存管理能力强，一般动销率就会提高。因此，分析店铺的库存管理情况对于提高动销率具有重要意义。

（1）库存周转率分析：库存周转率是指在一定时间内，店铺中存货的周转次数。如果店铺的库存周转率高，说明店铺的库存管理能力强，动销率也会相应提高。

（2）库存结构分析：库存结构是指店铺中存货的种类和数量。如果店铺的库存结构合理，能够满足消费者的需求，那么动销率就会相应提高。

（3）库存预警分析：库存预警是指在一定时间内，店铺中存货的数量是否达到了预警线。库存预警可分为超储预警和缺货预警。如果货物库存高于超储预警线，会造成资源浪费；如果货物库存低于缺货预警线，商家可能会面临供不应求的局面。若商家能及时发现库存预警信号，并采取相应的措施，那么动销率就会相应提高。

3. 销售策略分析

销售策略是指商家为了提高销售业绩而采取的一系列措施和方法，包括产品定位、价格策略、促销活动、渠道管理等。销售策略对店铺动销率的影响主要体现在以下几个方面：

（1）产品定位分析：产品定位是指商家根据市场需求和竞争情况，明确产品的定位和差异化特点，以满足消费者的需求。如果产品定位不准确，产品与市场需求不匹配，就会导致销售不畅，动销率低。因此，商家需要根据市场需求和竞争情况，精准定位产品，提高产品的竞争力，从而提高店铺动销率。

（2）价格策略分析：价格策略是指企业根据对顾客需求的估量和成本分析，制定能吸引顾客的价格的方法。如果价格过高，消费者就会选择其他品牌或者其他渠道购买，导致销售不畅，动销率低。因此，商家需要根据市场需求和竞争情况，制定合理的价格策略，提高产品的竞争力，从而提高店铺动销率。

（3）促销活动分析：促销活动是指商家为了提高销售业绩而采取的一系列促销措施，包括满减、折扣、赠品等。如果促销活动不具有吸引力，消费者不愿意购买，就会导致销售不畅，动销率低。因此，商家需要根据市场需求和竞争情况，开展具有吸引力的促销活动，提高产品的竞争力，从而提高店铺动销率。

（4）渠道管理分析：渠道管理是指商家根据产品特性、目标市场和消费者行为，对其分销渠道进行规划、开发、组织和监控的过程。如果渠道管理不到位，渠道选择不合理，就会导致销售不畅，动销率低。因此，商家需要根据产品特点和市场需求，选择合适的渠道，提高产品的覆盖率和销售效率，从而提高店铺动销率。

7.4.4　店铺动销率分析的步骤

1. 收集数据

首先，商家要收集店铺的销售数据和库存数据。销售数据包括每件商品的销售量、销售额、销售渠道等信息，可以通过 POS 系统、销售报表等途径获取。库存数据包括每件商品的库存量、进货量、退货量等信息，可以通过库存管理系统、采购记录等途径获取。此外，还可以收集其他相关数据，如顾客的购买行为、市场竞争对手的销售数据等。

2. 计算动销率

根据收集到的销售数据和库存数据，计算每件商品的动销率。通常是用实际销售数量除以库存数量，并乘以 100%，得到百分比形式的动销率。

3. 分析动销率

对每件商品的动销率进行详细的分析。首先，可以比较不同商品之间的动销率，找出销售较好和销售较差的商品。其次，可以比较同一商品在不同时间段的动销率，找出销售的季节性和周期性规律。此外，还可以比较店铺自身的动销率与竞争对手的动销率，评估店铺在市场上的竞争力。

4. 寻找原因

对于动销率较低的商品，需要进一步分析其原因。可以从多个方面进行分析，如商品的定价是否合理、宣传推广是否充分、竞争对手的策略是否有影响等。商家可以通过市场调研、顾客反馈、竞争对手分析等方式，找出动销率低的原因。

5. 制定改进措施

根据原因分析，制定相应的改进措施。对于动销率较低的商品，可以考虑通过调整定价、加大宣传力度、改进产品质量等方式，提高商品的销售量和动销率。对于动销率较高的商品，可以考虑通过加大宣传力度、提高价格等方式，进一步提高销售量和利润。

6. 跟踪和评估

制定改进措施并实施后，需要进行跟踪和评估。可以通过再次计算动销率，比较改进前后的差异，来评估改进措施的有效性。同时，还可以收集顾客反馈、销售数据等信息，了解改进措施的效果和顾客的满意度，以便进行进一步的调整和优化。

7.4.5　提升店铺动销率的方法

1. 从产品角度提升动销率

如果从产品角度提升动销率，有以下四种方法：

方法一：针对店内 30 天内没有访客的产品，设立活动专区，进行引流，观察产品销售情况。能成交的产品可以保留下来，有了流量却不能成交的产品就需要移到清仓区。

方法二：针对店内 30 天内有访客，但是无成交的产品，设立单品活动，通过让利促进产品转化。对于让利后还不能转化的产品，建议当作赠品福利或进行低价秒杀抢购处理掉。

方法三：针对店铺内常年销量不佳的产品，要分析销量差的原因，如果确定是产品的原因，应及时下架处理。

方法四：处理掉滞销产品后，店内要保持有规律的上新，补充新鲜血液，从新产品中挖掘潜力爆款，用新产品满足用户新的需求。注意，店铺的上新也要根据实际情况来，如店铺的供应链强就增加上新，供应链弱就适当减少上新，灵活调整。

2. 从活动角度提升动销率

通过店铺活动优化，促使买家多下单购买，如“店铺满减活动”“多件多折”“秒杀活动”“抽奖活动”“搭配购买优惠”“直播专享”“试用活动”“清仓甩卖”等，从而达到提升店铺动销率的目的。注意，开展活动时要多给活动曝光机会。

7.4.6 店铺动销率的优化技巧

第一，优化产品选择和定位。商家应该选择符合目标市场需求的产品，并确保产品的质量和设计具有竞争力。了解目标客户的购物偏好和需求，为其提供合适的产品。同时，根据不同的客户群体进行产品定位，满足不同客户的购买需求，从而提高销售转化率和动销率。

第二，优化供应链管理。供应链管理对于店铺的运作效率和库存管理有着重要影响。要建立稳定的供应链系统，确保产品的及时供应和质量稳定。与供应商建立良好合作关系，保持及时和有效的沟通，避免出现供应链断裂的情况。同时，根据产品的销售情况进行合理的订货规划，避免出现库存过剩或不足的问题，以提高动销率。

第三，优化定价策略。定价是影响动销率的一个重要因素。商家需要根据产品的成本、市场需求和竞争对手的定价情况等因素来制定合理的价格。价格过高可能会导致产品难以销售，价格过低可能会影响店铺的利润。适当的定价能够吸引更多的顾客，提高销售转化率和动销率。此外，商家还可以通过促销活动，如发放优惠券、打折等方式来吸引顾客，提高动销率。

第四，优化店铺陈列和销售环境。良好的陈列和销售环境对于吸引顾客和提高动销率至关重要。合理布局店铺空间，能够使顾客更好地浏览和选择产品。商家可以通过精心设计商品陈列方式，增强顾客的购买欲望。此外，整洁和舒适的销售环境也能够提升顾客的购买体验，增强顾客的购买意愿，提高动销率。

第五，优化营销策略。营销是促进店铺销售的重要手段。商家可以通过市场调研和分析，了解目标客户的需求和购买习惯，从而制定更加精准的营销策略。可以通过线上线下渠道进行多样化的宣传和推广，提高店铺的知名度和曝光度。同时，建立客户关系管理体系，与顾客进行良好的互动和沟通，提高顾客的忠诚度和二次购买率。

第六，利用大数据分析和人工智能技术进行优化。借助先进的大数据分析和人工智能技术，可以更全面、更准确地了解顾客的需求和购买行为，从而制定更精准的营销和促销策略。商家可以通过大数据分析找出热门产品、顾客的购买偏好等信息，以便更好地做出经营决策。人工智能技术可以帮助商家进行销售预测和库存管理，以避免出现产品过多或过少的问题，提高动销率。

微课

店铺动销率分析

巩固提升

一、单选题

1. 关于商品的含义，下列说法不正确的是（　　）。

A. 商品是具有使用价值的劳动产品

B. 商品是人们劳动的产物，这种产物一定是有形的

C. 商品是必须通过交换才能实现价值的劳动产品

D. 商品价值是凝结在商品中的无差别的人类劳动

2. 采购的适量原则指的是（　　）。

A. 采购物资的数量应适当

B. 采购物资的价格不高于同类物资的价格

C. 采购的物资质量应符合相关要求

D. 企业应选择地理位置合适的物资供应商

3. 采购谈判中最关键的议题是（　　）。

A. 品种与规格　　B. 技术标准与质量保证

C. 包装要求与售后服务　　D. 价格

4. 以下哪项不属于采购谈判技巧？（　　）

A. 报价技巧　　B. 还价技巧　　C. 情感控制技巧　　D. 让步技巧

5. 滞销商品是指（　　）。

A. 30 天内没有成交的商品　　B. 60 天内没有成交的商品

C. 90 天内没有成交的商品　　D. 120 天内没有成交的商品

6. 如果一家店铺在一个月内实际出售了 500 件商品，而月初存货量为 1 000 件，则该店铺的动销率为（　　）。

A. 20%　　B. 50%　　C. 100%　　D. 200%

二、多选题

1. 以下哪些因素会影响采购的时间？（　　）

A. 企业的生产计划　　B. 供应商提供的配套服务

C. 物料需求计划　　D. 采购物资的价格

2. 实现零库存的方式有哪些？（　　）

A. 第三方保管方式　　B. 协作分包方式

C. 科学配送方式　　D. 传统仓储方式

3. 店铺动销率的优化技巧包括：（　　）。

A. 优化产品选择和定位　　B. 优化定价策略

C. 优化营销策略　　D. 优化产品成本

三、判断题

1. 商品是指用来交换、能满足人们某种需要的劳动产品。（　　）

2. 良好的商品库存管理是网店正常运营的重要保障。在商品库存管理中，应当在库存为零后再进行补货，尽量减少库存，降低库存成本。（　　）

3. 企业采购的数量应尽量多，以备不时之需。（　　）

4. 采购谈判技巧中，还价技巧是指采购方为争取到理想的价格而使用的技巧。（　　）

5. 零库存的概念可以简单理解为库存为零。（　　）

6. 如果动销率较低，说明商品销售较好，顾客对商品的需求较高，店铺应及时补充库存，保证销售的连续性。（　　）

四、填空题

1. 商品作为用于交换的劳动产品，具有 ____________ 和 ____________ 二重属性。

2. 商品分类就是为了一定的目的，按照一定的标准，科学地、系统地将商品划分成若干不同类别的过程，一般可将商品划分为门类、____________ 、____________ 、小类、品类、品种和单品等层次。

3. 库存结构是指店铺中存货的 ____________ 和 ____________ 。如果店铺的库存结构合理，能够满足消费者的需求，那么动销率就会相应提高。

五、讨论分析题

1. 请结合某家店铺以往的采购数据，制作店铺的日常需求预测表，并对该店铺的采购数据进行分析。

2. 请选择一家你熟悉的店铺，尝试对该店铺动销率的影响因素进行分析。

第 8 章 零售数字化营销

案例引入

热风品牌的数字化营销之路

在数字化浪潮中，快时尚品牌热风通过一系列创新举措，成功实现了从线下到线上、从单一渠道到全渠道销售模式的转型。通过微信小程序商城、图文内容营销、短视频营销以及直播营销等多元化手段，热风不仅拓展了销售渠道，还极大地提升了品牌影响力和客户体验。

热风在微博和微信公众号上建立了完善的图文内容营销体系，定期发布时尚搭配指南、新品推荐、折扣信息等内容，通过精美的图片和富有吸引力的文案，吸引用户的关注与转发。例如，在微博平台上，热风会发布一系列当季时尚穿搭的图文，展示如何利用其最新款式的服装和鞋履打造出不同的风格，同时附上购买链接，引导用户直接进入小程序商城购买。

热风利用短视频平台（如抖音、快手）进行产品展示和品牌传播。运营人员制作了多个短视频，通过模特的试穿、产品的细节展示以及用户的使用反馈，直观地向消费者展示产品的优势。此外，热风还与 KOL 合作，通过 KOL 的试穿分享和种草视频，提升产品的曝光度和用户的信任度。

热风在直播营销方面同样表现出色。通过微信小程序、抖音等平台，热风定期举办直播活动，邀请品牌代言人、网红主播或门店导购进行直播带货。在直播中，主播不仅展示产品细节和穿搭效果，还通过互动问答、限时抢购等方式提高用户的参与度，增强用户的购买欲望。例如，在“双十一”期间，热风举办了一场长达 8 小时的直播活动，通过丰富的产品介绍、现场试穿以及限时折扣，吸引了大量用户观看和购买。

通过一系列的数字化营销策略，热风品牌实现了显著的业绩增长。微信小程序商城的访问量和成交量大幅提升，品牌影响力也得到了进一步扩大。同时，图文内容营销和短视频营销为品牌带来了持续的曝光，使用户黏性不断增强，而直播营销则成为品牌快速推动销售的重要渠道。

请结合案例内容，思考和讨论以下几个问题：

1. 热风通过微信小程序商城、图文内容营销、短视频营销和直播营销等多种手段，实现了线上线下的无缝连接。这种全渠道数字化营销策略的精髓是什么？

2. 在实施数字化营销策略后，如何通过数据分析和用户反馈来评估营销效果？如何根据评估结果不断优化营销策略？

3. 数字化转型涉及多方面的改变，包括技术升级、组织架构调整、业务流程再造等。零售店铺向数字化营销转型需要注意哪些关键点？热风的数字化营销之路可以为其他零售店铺提供哪些启示？

学习目标

知识目标：

1. 理解图文内容营销的概念、类型，以及它在零售营销中的重要作用。

2. 掌握图文内容营销的步骤，以及相关的注意事项和技巧。

3. 了解短视频营销的作用和特点，熟悉短视频营销的不同形式及其在零售营销中的应用场景。

4. 掌握短视频营销的步骤，以及短视频营销的注意事项和技巧。

5. 熟悉直播营销的方式和特点，理解直播营销在提升品牌认知度、促进销售等方面的作用。

6. 了解直播营销的流程，掌握直播开场、直播过程、直播结尾等不同阶段的工作重点。

技能目标：

1. 能够根据品牌特点和市场需求，制定有效的图文内容营销策略，并创作高质量的图文内容。

2. 能够运用短视频营销技巧，制作具有吸引力和传播力的短视频内容，并选择合适的平台进行推广。

3. 能够策划和执行直播营销活动，并采取适当的方法提高直播的观看量和转化率。

4. 熟练掌握数字化营销工具的使用，能够对营销效果进行数据分析，并据此优化营销策略，提高营销效果和用户满意度。

素养目标：

1. 培养创新思维和审美能力，不断探索新颖、独特的数字化营销内容和形式。

2. 提高市场敏感度，增强竞争意识，及时关注行业动态和竞争对手的情况，灵活调整营销策略。

3. 培养持续学习和自我提升的意识，关注数字化营销的最新动态和技术发展，不断更新相关知识和技能。

学习导图

- 零售数字化营销
  - 图文内容营销
    - 图文内容营销的概念
    - 图文内容营销的作用
    - 图文内容营销的类型
    - 图文内容营销的步骤
    - 图文内容营销的注意事项
    - 图文内容营销的技巧
  - 短视频营销
    - 短视频营销的作用
    - 短视频营销的形式
    - 短视频营销的特点
    - 短视频营销的步骤
    - 短视频营销的注意事项
    - 短视频营销的技巧
  - 直播营销
    - 直播营销的方式
    - 直播营销的特点
    - 直播营销的流程

8.1　图文内容营销

8.1.1　图文内容营销的概念

图文内容营销是指通过图像和文字相结合的方式来传达信息、推广产品或服务，从而吸引目标受众，并促使他们采取行动的营销策略。这种营销方式利用视觉和文字的双重力量来吸引目标受众的注意力，并传达特定的信息，以达到品牌宣传、产品推广、销售增长等目的。

在数字化时代，人们对图像和文字的接受能力越来越强，图文内容成为一种非常有效的传播工具。图文内容营销的目标是通过吸引目标受众的眼球和引起情感共鸣，增强他们对品牌或产品的认知、兴趣和信任感。通过制作有吸引力、有趣味性、有情感价值的图文内容，企业可以更好地吸引和保持目标受众的关注，提高品牌曝光度和影响力。

图文内容营销可以采用多种形式和渠道，如社交媒体平台、博客、网站、电子邮件等。企业可以通过在这些平台上发布图文内容，吸引用户的关注并引导他们采取进一步的行动，如订阅、分享、购买等。通过选择合适的平台和内容形式，企业可以更好地与目标受众互动，提高品牌的可见性和用户参与度。

图文内容营销的关键是制作高质量、有价值的内容。内容应该与目标受众的需求和兴趣密切相关，能够解决他们的问题、提供有用的信息或娱乐。同时，内容应该具有独特性和创新性，能够与竞争对手区别开来。此外，内容的形式和风格也需要与目标受众的喜好和习惯相吻合，以提升内容的吸引力和传播效果。

图文内容营销的优势在于能够传达更多的信息和情感，与受众建立更紧密的联系。相比于纯文字或纯图像的传播方式，图文内容能够更好地吸引人们的注意力，引起人们的兴趣，提供更多的信息和细节，提高受众的参与度和互动性。同时，图文内容也更易于记忆和传播，可以通过分享和转发来扩大影响力和覆盖范围。

法律透视镜

为了营造良好网络生态，保障公民、法人和其他组织的合法权益，维护国家安全和公共利益，国家互联网信息办公室于2019年12月15日发布《网络信息内容生态治理规定》(以下简称《治理规定》)，该规定自2020年3月1日起正式施行。

《治理规定》重点规范了网络信息内容生产者、网络信息内容服务平台、网络信息内容服务使用者以及网络行业组织在网络生态治理中的权利与义务，这在我国网络信息内容生态治理领域具有里程碑式的意义。而且，以规范“网络信息内容生态”作为网络空间治理立法的目标，这在全球也属首创。

《治理规定》第十一条第一款规定，鼓励网络信息内容服务平台坚持主流价值导向，优化信息推荐机制，加强版面页面生态管理；第十二条规定网络信息内容服务平台采用个性化算法推荐技术推送信息的，应当设置符合本规定要求的推荐模型，建立健全人工干预和用户自主选择机制。这有利于从本质上破解“流量至上”的算法弊端，从实质上提高网络信息内容生态质量。

8.1.2 图文内容营销的作用

1. 吸引用户注意

图像是人类认识客观世界的主要方式之一，图文结合的营销方式具备较强的视觉冲击力，能够更好地吸引用户的注意力并激发用户的情感共鸣。例如，某汽车品牌发布了一张震撼的跑车图片，搭配简短而吸引人的口号，让用户一眼就被吸引并产生购买欲望。

2. 提高信息传递效率

图文结合可以更直观地传递信息。通过合适的图片和配文，可以更准确地表达产品或服务的特点和优势。例如，某健身品牌在社交媒体上发布了一张健身教练示范动作的图片，配以简明扼要的文字说明，让用户快速了解并掌握正确的运动方式。

3. 提升互动性和分享性

图文内容更容易引发用户的互动和分享，提升品牌的曝光度和影响力。例如，某旅游品牌发布了一张美丽的旅行目的地照片，邀请用户在评论区分享自己的旅行经历或心愿，引发了用户的积极参与和社交互动。

4. 建立品牌形象和情感连接

通过精心设计的图文内容，可以塑造品牌的独特形象，与用户建立情感连接。例如，某婴儿用品品牌发布了一组温馨的家庭生活照片，配以真实而感人的文字描述，让用户产生共鸣，并对品牌产生信任和好感。

8.1.3　图文内容营销的类型

1. 图片引导

这类内容通过精心设计的图片来吸引和引导读者的注意力与兴趣，并通过配文来传达产品或服务的信息。在图文内容营销中，图片引导起着重要的作用，它可以通过视觉方式传递信息、激发读者的情感和兴趣，进而促使读者更深入地了解内容并参与其中。

首先，图片引导可以通过图片的选择和布局来传递信息。创作者要根据内容的主题和目标受众来选择合适的图片，确保图片与文字内容相互呼应和补充。在布局方面，可以使用醒目的大图、拼图、拼贴等方式，使图片能够吸引读者的目光，并引导读者阅读和理解文本。

其次，图片引导可以通过视觉元素的运用来激发读者的情感和兴趣。比如，创作者可以运用色彩、光影、构图等视觉元素来打造丰富的视觉效果，使图片更具吸引力和感染力。同时，可以运用表情、动作、场景等元素来唤起读者的共鸣，增强与读者的情感连接。这样的图片引导可以使读者更加愿意在内容中停留，进而深入了解内容并参与其中。

再次，图片引导可以通过引发读者的好奇心和想象力来增强内容的吸引力。创作者可以运用一些独特的视角、细节或透视来呈现图片，激发读者的探索欲望。比如，可以使用局部放大、特写镜头等方式来突出重点，引起读者的兴趣和思考。这样的图片引导可以使读者主动探索和思考内容，进而更加深入地理解内容。

最后，图片引导可以通过直观的方式来传递信息和理念。图片具有直观性和易懂性的特点，能够用简洁明了的方式传达复杂的概念和信息。创作者可以运用符号、图标、图表等形式来传递信息，使读者更容易理解和接受内容。这样的图片引导可以提高内容的可读性和可理解性，从而提升内容的传播效果和影响力。

2. 视觉故事

这类内容通过图片和文字相结合的方式来讲述一个有情节和情感的故事，以引起读者的共鸣和兴趣，从而增强内容的吸引力和影响力。视觉故事在图文内容营销中具有重要的作用，它可以通过情节的展开、人物的塑造、情感的表达和故事结尾的设置等方式，让读者更加深入地理解内容。

首先，视觉故事可以通过情节的展开来引起读者的注意和兴趣。一个好的视觉故事应该具有引人入胜的情节，能够吸引读者的目光并让他们想要了解更多。在展开情节时，创作者可以通过图片和文字相互呼应的方式，让读者在观看图片的同时，借助文字描述对故事情节进行理解和推测。这样的视觉故事可以激发读者的好奇心，吸引他们更加深入地探索和理解内容。

其次，视觉故事可以通过人物的塑造来增强内容的吸引力。人物是视觉故事的核心，人物形象和故事情节相互交织，可以使故事更加生动有趣。创作者可以通过生动的形象、鲜明的性格和丰富的情感来塑造人物，使读者产生共鸣，并与读者建立情感连接，从而使读者更深入地理解故事，并对故事中的产品或服务产生认同感和兴趣。

再次，视觉故事可以通过情感的表达来增强内容的影响力。情感是视觉故事的灵魂，它可以通过图片和文字的组合来传递。创作者可以运用色彩、光影、构图等视觉元素来表达情感，使故事更具感染力。同时，可以通过人物的表情、动作和场景的描绘来唤起读者的情感反应，使他们更深入地理解故事。这样的视觉故事可以使读者产生情感共鸣，增强对内容的信任感和认同感，并促使他们进一步采取行动，例如购买产品或服务。

最后，视觉故事还可以通过故事结尾的设置来引发读者的思考和反思。好的视觉故事结尾应该具有寓意性或启发性，可以让读者产生深层次的思考和共鸣。创作者要精心设计故事的结尾，使读者可以从中得到一些启示或触动，从而更加深入地思考和理解内容。这样的视觉故事可以增强内容的记忆和传播效果，使读者更愿意将故事分享给他人，从而进一步扩大内容的影响力。

3. 信息图表

信息图表在图文内容营销中扮演着非常重要的角色。这类内容通过文字和图像相结合的方式，将复杂的数据和信息以简洁、直观的形式呈现给观众，从而提升信息的可读性和可理解性。

信息图表可以帮助读者更好地理解和记忆信息。相比于纯文字的表达方式，信息图表能够通过图像的形式更直观地展示数据和信息，使读者迅速抓住重点，降低信息的理解难度。此外，信息图表还可以提高信息的可视化程度，使信息更加生动有趣，吸引读者的注意力，提高内容的传播效果。

要想制作出有效的信息图表，需要注意以下几点：第一，信息图表应该具有简洁明了的结构。它们应该能够通过简洁的图像和少量的文字直观地传达核心信息，避免信息过于复杂或冗长。第二，信息图表的设计要符合阅读习惯。它们应该按照从左到右或从上到下的方向逐步展示信息，使读者能够自然地阅读。第三，信息图表的颜色、字体和图像的选择非常重要。它们应该与品牌形象相符，同时要保持一致性和可读性。

8.1.4 图文内容营销的步骤

图文内容营销的步骤具体如下：

（1）目标受众定位：确定目标受众及其特征、兴趣和需求，以便有针对性地设计图文内容。

（2）确定营销目标：明确想要达到的营销目标，如提升品牌知名度、提高销售量等。

（3）制订策略和计划：根据目标受众和营销目标，制订相应的图文内容策略和实施计划。

（4）选择吸引人的图片：选择高质量、吸引人的图片或插图，确保与目标受众的兴趣和品牌形象相符。

（5）精心撰写配文：用简洁、有吸引力的文字来配合图片，清晰地传达信息，引起受众的情感共鸣。

（6）选择合适的平台和渠道：根据目标受众的特征和行为习惯，选择合适的平台或其他在线渠道发布图文内容。

（7）定期分析和优化：监测图文内容的表现和目标受众的反馈，根据数据分析结果进行优化和调整，以提升营销效果和效益。

通过以上步骤的有机组合，可以有效地进行图文内容营销，并达到预期的营销效果。

8.1.5　图文内容营销的注意事项

1. 保持一致的品牌形象

企业应该确保图文内容与品牌形象的一致性，从而提高品牌的辨识度和可信度。品牌形象一致性不仅仅是视觉上的一致性，还包括品牌在各种媒介上的营销内容的口吻、态度等方面的一致性。企业需要将品牌形象一致性原则贯穿于图文内容营销的各个环节，从而使品牌形象更加统一和明确。

2. 注意版权和合规问题

在图文内容营销中，涉及版权问题的情况时常发生。在转载、传播、引用、修改他人原创作品时，都需要特别注意版权问题。通常企业的营销内容都直接或者间接获取了商业利益，且有时涉及的版权问题比较复杂，因此必须谨慎行事，确保使用的图片和文字不侵犯他人的版权，并遵守相关法律法规，避免出现法律风险。

3. 关注用户体验

确保图文内容在各种设备上都能够有良好的展示效果，避免过长的加载时间和难以阅读的排版。

4. 深入了解目标受众

通过市场调研和数据分析，了解目标受众的需求和偏好，以提供更有针对性的图文内容。

5. 不断创新和优化

保持对新趋势和新创意的敏感性，不断尝试新的图文营销方式，并根据反馈数据进行优化和改进。

8.1.6　图文内容营销的技巧

1. 简洁明了

在图文内容营销中，短小精悍的文案是非常重要的。用户不会花费太多的时间来阅读一大段文字，因此需要简洁明了地传达信息，让文案简短易懂，用户能一目了然，这样才能吸引用户的关注。为使文案简洁明了，就要避免使用过于晦涩的专业术语。使用晦涩的专业术语并不会显得更专业，文案的第一要点就是要抓住读者眼球，内容专业但读者不喜欢阅读对图文内容营销来讲是致命的。简单易懂的内容才能让读者更感兴趣。此外，图文内容还应注意突出主要信息，避免冗长和模糊不清。

2. 激发用户的情感共鸣

图文内容营销要注重激发用户的情感共鸣，与用户建立情感连接。用户不仅仅关注产品或服务本身，更注重与品牌的情感连接。情感是内容营销的关键。用户的购买决策往往是由情感驱动的。通过在图文内容中注入情感元素，企业可以激发用户的情感反应，从而与用户建立更深层次的连接。情感可以是喜悦、幽默、温暖、激励等。通过激发用户的情感共鸣，企业可以提升品牌形象在用户心中的价值和意义。通过讲述品牌故事、分享消费者故事，以及传递品牌的核心价值观，企业可以与用户建立情感连接，并赢得他们的关注和忠诚。

经典案例库

在这个快节奏的时代，微信公众号“慢生活驿站”推出了一场别出心裁的情感营销活动——“时光信箱”。活动邀请读者写下给未来自己的一封信，可以是一年后的期许、五年后的梦想，甚至是十年后的自我对话。这封信将被精心封存，按照读者指定的时间寄回。

活动的图文推送内容用温暖的色调和细腻的笔触描绘了一幅幅关于时间、成长与自我对话的画面。文字间流淌着对未来的憧憬、对当下的珍惜，以及对过往的温柔回望。配图则选用了手写信笺、复古邮票、时钟等元素，营造出一种穿越时空的情感氛围。

活动一经推出，便引起了读者的热烈反响。许多人留言表示，在写下这封信的过程中，仿佛与自己进行了一场深刻的心灵对话，感受到了前所未有的平静与力量。他们期待在未来的某个时刻，当这封信悄然降临时，能给自己带来一份意外的惊喜和感动。

“慢生活驿站”通过这场“时光信箱”活动，不仅成功激发了读者的情感共鸣，还巧妙地将品牌理念——“慢下来，感受生活的美好”——融入每一个参与者的心中，实现了品牌与消费者之间的深度连接。

3. 制造互动和分享

某知名咨询公司发布的研究报告表明，互动内容在培育潜客方面的有效性为93%，在树立品牌独特性方面的有效性为88%。与传统广告相比，图文内容营销更加注重与受众的互动。它不仅仅是为了推销产品或服务，更是为了树立品牌形象、赢得受众的信任，并与受众建立长期的关系。通过提供有价值的内容，企业可以吸引潜在用户，建立用户的品牌忠诚度，并最终转化为销售。要想利用图文内容来制造互动，鼓励用户生成内容，可以在图片中添加问答、投票或调查等元素，也可以鼓励用户分享与品牌相关的照片或故事。这样的互动不仅能够提高用户参与度，还能够提升用户对品牌的认知度和忠诚度。

以分享提现这个方法为例，企业只需提供很小的物质激励，例如10元现金，用户邀请满10个人注册即可进行提现。该活动平摊下来后，单个用户的注册成本从原先投放的5元甚至10元，直接降低到了1元，同时用户的行为完全是自发的，在物质奖励的刺激下，用户会不断将注册链接分享给好友，为企业带来更多的用户。

4. 制作高质量的图片

很多时候，在用户浏览网站进行咨询与转化的过程中，一张图片可能会胜过千言万语。研究表明，视觉营销在很大程度上左右着转化率，当文章中出现高质量的图片时，有利于延长用户的页面停留时间；同时，搜索结果中的高质量图片同样可以引起访客的好奇，提高点击率。高质量的图片可以增加总体浏览量，吸引用户互动，提高用户参与度，并很好地建立起用户的信任感。所谓高质量的图片，即图片大小、清晰度、分辨率、美观度、视觉冲击力等方面符合上下文含义，能引发用户思考及唤起用户的记忆。所以图文内容营销要选择高质量的图片或插图，确保图像清晰、美观，能够吸引用户的眼球。

5. 引起用户的好奇心

图文内容营销可以使用一些引人注目的标题或口号，引起用户的好奇心，促使他们点击和了解更多。图文内容有足够的吸引力，读者才愿意继续浏览。在撰写图文内容时，要善于抓住用户的痛点，让用户欲罢不能。在内容开篇就要考虑如何吸引用户继续看第二句话，而第二句话写完以后自然要考虑怎样吸引他们去看第三句话，就是要通过这种层层递进的方式，才能让读者一直看到图文内容末尾。

微课

图文内容营销

8.2　短视频营销

在数字时代，随着移动互联网的普及和用户对多媒体内容需求的增加，短视频营销成为企业推广品牌和产品的重要策略。通过精心制作并在流行的短视频平台上发布有趣、引人注目的短视频，企业可以吸引更多的目标受众，提高品牌曝光度和用户参与度，并提升在搜索引擎中的可见性。

8.2.1　短视频营销的作用

短视频营销是一种利用短视频进行品牌推广和产品宣传的营销策略。短视频是一种通常持续几秒到几分钟的视频形式，具有简洁、有趣和易于消化的特点。通过制作精彩的短视频内容，企业可以更好地传递信息，吸引用户的注意力，并在竞争激烈的市场中脱颖而出。

对零售企业来说，短视频营销具有以下作用。

1. 提高品牌曝光度

短视频平台拥有庞大的用户群体，通过发布有吸引力的短视频，企业可以迅速吸引用户的关注并提高品牌曝光度。这可以帮助企业在激烈的市场竞争中快速建立起知名度和品牌影响力。

2. 提高用户参与度

与传统的文字内容相比，短视频能够更好地引起用户的兴趣。通过将视觉元素、音频和文字元素等相结合的方式，企业可以创造出更具吸引力的内容，提高用户的参与度和留存率。

3. 增强叙事能力

短视频提供了一个创造性的平台，使企业能够以更生动的方式讲述品牌故事和产品特点。通过有效的叙事手法和引人入胜的视觉效果，企业可以引发用户的情感共鸣，并提升用户对品牌的认知度和忠诚度。

4. 提升在搜索引擎中的可见性

短视频在搜索引擎的搜索结果页面中排名越高，就越容易被用户发现。通过优化短视频标题、描述和标签，以及在社交媒体上分享和推广短视频内容，企业可以提升其在搜索引擎中的可见性，吸引更多有意向的用户。

8.2.2 短视频营销的形式

1. 品牌故事视频

品牌故事视频能够以其独特的叙事方式，巧妙地吸引观众的眼球。相较于传统广告，这种视频形式更加注重情节发展和故事的深度。通过引人入胜的剧情和丰富的情感体验，品牌故事视频不仅能吸引观众关注，更能在无形中加深他们对品牌的记忆。

品牌故事视频致力于传达品牌的核心价值和理念，以此构建鲜明的品牌形象。它巧妙地展示了品牌的独特之处和成长历程，让观众在故事中了解品牌的起源以及品牌发展壮大的过程。这种沉浸式的体验能够使观众对品牌产生深厚的情感，从而提高对品牌的认同度和忠诚度。

更值得一提的是，品牌故事视频能够通过引发情感共鸣来加深观众对品牌的认知和记忆。它巧妙地运用人物情感变化和故事发展，让观众在观看过程中与故事角色产生强烈的共鸣。这种情感上的联系使观众更容易记住品牌和产品，同时也能激发他们的购买欲望，促使他们积极选择该品牌的产品。

总之，品牌故事视频以其独特的叙事手法、深度的情感共鸣和鲜明的品牌形象塑造，成为品牌宣传中的一股新势力，为品牌赢得了更多的关注和喜爱。

2. 产品演示视频

产品演示视频以其直观性和生动性成为吸引观众目光的有力工具。与传统的文字或图片相比，视频能够以更加直观的方式展示产品的外观、功能以及实际使用方法，使观众轻松理解产品的核心特点和优势，对产品的功能和用途形成更清晰的认识。

此外，产品演示视频在增强观众购买欲望方面也表现出色。它通过精心设计的展示方式，突出产品的与众不同之处，更容易引起观众的兴趣。观众在观看视频的过程中，会对产品产生强烈的好奇心和购买欲望，从而主动选择购买该产品。

更重要的是，产品演示视频通过解决观众的问题和满足他们的需求，为产品赋予了更高的价值。视频中，产品往往被呈现为解决实际问题的有效方案，其实际效果能够得到直观的展示。观众在观看视频时，会对产品的实际效果产生强烈的认同感，从而建立起对产品的信任感。这种信任感的建立，对于产品的推广和销售具有至关重要的意义。

3. 创意广告视频

创意广告视频是通过独特的故事情节来吸引观众的兴趣。这种视频通常会有一系列引人入胜的故事情节，通过情节的发展和转折来引起观众的好奇心和关注。观众在观看视频的过程中会被故事情节所吸引，从而更容易记住和理解视频中传递的信息。

同时，创意广告视频会通过视听效果来营造独特的氛围和情感体验。这种视频通常会运用各种视觉效果以及配乐和音效，来创造出令人印象深刻的视听体验。观众在观看视频的过程中会因为视觉和听觉上的刺激而感到兴奋、愉悦或惊喜，从而更容易与品牌或产品产生情感共鸣。

此外，创意广告视频还会通过令人印象深刻的元素来吸引观众的注意力。这种视频通常会运用幽默、讽刺、夸张或意外等元素，以及突破传统的方式来吸引观众的关注。观众在观看视频的过程中会因为这些元素而感到好奇或惊喜，从而更容易记住和分享视频。

8.2.3　短视频营销的特点

1. 简短精准

短视频通常时长较短，能够迅速吸引用户的注意力，传递核心信息，避免用户疲劳，减少用户流失。

2. 创意吸引

短视频营销需要通过创意的方式吸引用户的眼球，通过视觉、听觉和情感上的刺激来引起用户的兴趣和共鸣。

3. 快速传播

短视频易于在社交媒体上分享和传播，用户可以快速转发和评论，提升品牌的影响力和曝光度，提高营销效果。

4. 移动优先

用户通常在移动设备上观看短视频，因此需要考虑到移动端的用户体验和适配性。

8.2.4　短视频营销的步骤

1. 了解目标受众

在进行短视频营销之前，企业需要深入了解自己的目标受众。了解目标受众的兴趣、喜好和消费习惯，有助于企业创作出更具针对性的短视频内容，提高用户的参与度和转化率。

2. 定位和策划

明确营销目标和品牌定位，制定切合实际的短视频营销策略和内容主题。

3. 制作短视频

将创意付诸实践，制作出高质量、吸引人的短视频内容，确保视频能够吸引用户的眼球并传递品牌信息。短视频的时间限制要求企业必须在短暂的时间内吸引用户的注意力。因此，创造有趣、引人注目的内容是至关重要的。通过运用独特的故事情节、视觉效果和音效、配乐，企业可以打动用户的心弦，使他们对品牌产生兴趣。

4. 选择合适的平台

根据目标受众的特点和喜好，选择合适的短视频平台进行发布和推广，如快手、抖音、B 站等。不同的短视频平台有着不同的受众，企业需要根据平台受众和调性，将不同风格和内容的视频发布于合适的平台。

5. 定期更新和互动

定期更新短视频内容，与用户互动并回应评论，提高用户参与度和忠诚度。

6. 数据分析和优化

为了确保短视频营销的效果，企业需要对发布的短视频进行数据分析和优化。通过数据分析工具，对短视频的观看量、分享率、点赞率、转化率、评论数量等指标进行监测和分析，评估短视频营销的效果，优化视频内容和营销策略。

8.2.5 短视频营销的注意事项

1. 版权与合规问题

首先，短视频营销中的版权问题是非常复杂且重要的。在创作和使用短视频时，必须确保自己拥有相关的版权或拥有合法的授权，不可以将他人的作品直接用在自己的短视频中，包括音乐、视频、图片等。若侵犯他人的版权，可能会面临法律纠纷以及侵权的惩罚。

为了避免侵权问题，短视频创作者可以选择使用版权友好的素材，包括免版权的音乐、版权开放的图片或视频片段等。在短视频平台上，有一些资源库提供了免版权的素材供创作者使用，创作者可以从中选择合适的素材以确保自己的短视频不侵犯他人版权。

其次，短视频平台也有相关的版权政策与规定。这些规定旨在保护原创内容的版权，并防止未经授权的内容在平台上传播。短视频平台通常会对上传的视频进行审核，以确保其符合版权规定。如果违反相关规定，短视频可能会被删除，平台甚至会对上传者进行处罚。因此，短视频创作者应当遵守平台的规定，以保证自己的短视频在平台上合法合规。

最后，短视频营销也需要遵守相关的法律与规定，以确保营销宣传的合法性。短视频营销的内容必须真实、准确，并遵守广告法律法规，不得进行虚假宣传、误导消费者，也不得侵犯他人的商标权等。违反相关法律法规可能面临法律风险，影响企业形象与声誉。

2. 品牌一致性

首先，品牌一致性是建立品牌认知度的关键因素之一。通过在不同的短视频中保持一致的形象和声音，能够让消费者更容易地辨认出品牌，并与品牌建立联系。无论是品牌标志、口号、声音，还是品牌的核心价值观等，都应在短视频中得到体现和传达。通过建立并保持品牌一致性，品牌能够在市场竞争中脱颖而出，建立起与消费者的情感连接。

其次，品牌一致性有助于塑造品牌的独特形象和风格。通过在短视频中保持一致的形象和风格，品牌能够形成自己独特的风格和视觉传达，使消费者记住品牌并产生相关联想。短视频中使用的视觉效果、音效、字体、图标等都应与品牌的整体形象相一致。这样做不仅能够提高品牌的辨识度，还能够建立品牌的个性和独特性。

再次，品牌一致性有助于提升品牌的专业形象和可信度。通过在短视频中保持一致的品牌形象和风格，品牌能够向消费者传达自己的专业性和可信度。一致的品牌形象和风格能够给用户留下一种稳定和可靠的印象，让用户相信品牌的价值和承诺。这有助于品牌与用户建立长期的关系，并提高用户对品牌的忠诚度。

最后，品牌一致性还能够为品牌的营销活动带来更高的效益。通过在不同的短视频中保持一致的品牌形象和价值观，品牌能够形成一个整体的营销战略。这样一来，品牌的各项营销活动将更加有条理、更加一致，能够相互协调并提升整体的营销效果。

3. 视频质量和清晰度

视频质量一般指的是视频内容的技术属性，如分辨率、帧率、色彩和对比度等。高质量的视频能够提供更为清晰、生动的画面效果，给用户带来更好的观看体验。在短视频营销中，视频质量的好坏直接关系到用户的观看体验和对品牌的印象。因此，短视频创作者需要选择合适的摄影设备和后期处理工具，以确保创作出高质量的短视频。

视频清晰度关系到视频中各个区域的细节能否清晰地展示出来。一般来说，分辨率越高，视频的清晰度也就越高。高清晰度的视频能够更好地展示品牌和产品的细节，让观众更加真实地感受到品牌和产品的特点与优势。在短视频营销中，选择适当的分辨率，如 720 p 或 1 080 p，可以保证视频的清晰度，提升品牌形象。

4. 引导行动

在引导行动的设计中需要注意以下几点：

首先，引导行动的目标是促使观众采取有利于品牌或企业的行动。通过在短视频中设置明确、可感知的行动目标，品牌或企业可以引导观众做出特定的行为，以实现营销目标。例如，引导观众点击链接以访问品牌网站、参与活动或购买产品，引导观众关注品牌社交媒体账号或订阅电子邮件等。

其次，引导行动的设计需要考虑观众的心理和行为特征。短视频往往是快节奏的，观众的注意力和耐心有限，因此引导行动必须简明扼要、直接明确。可以通过在视频中添加强调效果、动画或文本来突出引导行动的目标，使观众一眼就能明白自己下一步需要采取的行动是什么以及该如何操作。

再次，引导行动的效果与品牌定位和视频内容的相关性密切相关。在制作短视频时，要确保引导行动与品牌形象、产品或服务相关，并与视频内容紧密结合。如果引导行动与视频内容不相关或矛盾，观众可能会感到困惑或失去兴趣，也就无法达到预期的效果。因此，在设计引导行动时，需要仔细考虑其与视频内容的一致性和相关性。

另外，引导行动应该尽量符合观众的期望和利益。观众希望通过观看短视频获得有价值的信息或享受视觉上的刺激，因此引导行动应该与观众的期望保持一致，并提供有意义的信息或体验。例如，可以利用短视频向观众提供独家优惠、娱乐内容或有趣的故事，以激发观众的兴趣和参与意愿，进而引导观众采取行动。

最后，衡量和优化引导行动的效果至关重要。在进行短视频营销时，应通过统计分析和数据追踪等手段，了解观众对引导行动的反应，以及所达到的转化率。根据数据分析结果，可以对引导行动的设计进行优化和调整，提升引导行动的效果。例如，改进呈现方式、优化按钮位置或引导文案，以提高观众的点击率和转化率。

8.2.6 短视频营销的技巧

1. 引起好奇心

使用引人入胜的开场或设置悬念，引起用户的好奇心，吸引用户继续观看下去。

2. 唤起情感共鸣

通过情感化的内容和故事，唤起用户的情感共鸣，与用户建立起深层次的情感连接。

经典案例库

春节期间，某知名家电品牌推出一则温情脉脉的短视频《家的温度》。短片中，一名在外工作的年轻人无法回家过年，独自一人在城市的小屋里过除夕。正当他倍感孤独时，家中年迈的父母通过智能家电的远程功能，为他远程烹饪了一桌丰盛的年夜饭。镜头下，父母忙碌的身影与年轻人手机屏幕上跳跃的美食画面相互交织，传递出跨越千山万水的亲情温暖。短片结尾，年轻人手捧一杯热茶，望着窗外绚烂的烟花，心中满是对家人的思念与感激。此时，品牌Logo缓缓出现，配以文案：“家的温度，不仅在于相聚的喜悦，更在于无论你身在何方，家的温暖始终相伴。”这则短片巧妙地将春节团圆的主题与品牌智能家电的便捷性相结合，通过引起情感共鸣的方式触动了消费者的内心。它让人们深刻体会到了科技带来的生活便利和亲情连接，有效传达了品牌的社会责任感，并提升了消费者的品牌忠诚度。

3. 添加字幕和文本

在视频中添加字幕和文本，帮助用户更好地理解和记忆信息。

4. 运用视频剪辑技巧和音效

运用多样化的视频剪辑技巧和音效，增强视频的节奏感和吸引力。

5. 设计良好的故事结构

恰当运用故事结构的要素和编排技巧，如起承转合、高潮迭起，让视频更具有吸引力和连贯性。

6. 利用流行的挑战和话题标签

在短视频平台上，流行的挑战和话题标签能够吸引更多的用户参与和讨论。企业可以利用这些流行元素来制作短视频，并与用户进行互动。这不仅可以提高品牌的曝光度，还可以提升用户参与度和分享率。

7. 与 KOL 合作

与 KOL 合作是短视频营销的一种有效策略。通过与在短视频平台上拥有大量粉丝和较强影响力的 KOL 合作，可以提高品牌曝光度，并获得更多用户的关注和信任。

8. 激励用户生成内容（UGC）

用户是网络内容的浏览者，也是网络内容的创作者。激励用户生成内容是提高用户参与度和互动性的一种有效方法。企业可以鼓励用户在短视频平台上创建与品牌相关的内容，并进行分享和讨论。这不仅可以提高用户参与度，还可以建立起忠诚的品牌社区。

微课

短视频营销

8.3　直播营销

技术的发展，直播的爆火，给零售业带来了无限可能。与图文和视频相比，直播可以实现用户与主播的实时互动，使用户快速产生情感共鸣。

直播营销是随着移动互联网时代视频直播的出现和流行而产生的一种线上销售模式。在该模式下，主播在直播平台上通过对商品的试用和经验分享为消费者提供商品展示，进而促使消费者点击购买商品。

8.3.1　直播营销的方式

直播营销的方式在很大程度上决定了直播效果，企业或店铺需要根据营销目标选择合适的直播营销方式。常见的直播营销方式主要有以下四种。

1. 名人营销

首先，名人营销在直播营销中的优势主要体现在品牌曝光和影响力方面。知名人士尤其是演艺界名人通常拥有广泛的粉丝基础和较高的关注度，他们的参与可以带来大量的流量和关注，从而提高产品或品牌的曝光度。同时，借助名人的影响力和号召力，也能够吸引更多的观众和潜在消费者，提高转化率。

其次，名人营销可以提升消费者对产品或品牌的信任度和认可度。由于名人通常具有良好的形象和口碑，消费者往往会将名人的选择与品牌的品质和价值联系在一起，从而增强对产品或品牌的信赖感。

最后，名人营销可以提升直播活动的娱乐性和互动性，提高观众参与度和留存率。名人的参与可以为直播活动带来更多的话题和互动，吸引观众的关注和参与。观众通过与名人互动、参与抽奖等方式，可以增强对直播内容的兴趣和参与意愿，从而增加直播的观看时长，提高留存率。

2. 利他营销

利他营销的核心理念是关注观众的需求和利益。与传统的推销手段相比，利他营销更注重与观众的互动和沟通，了解他们的需求和关注点，并通过直播内容或活动来满足这些需求。利他营销强调为观众提供有价值的内容，帮助观众解决问题、获取信息或获得娱乐，从而建立起观众对品牌的信任度和忠诚度。

利他营销也注重品牌形象和价值观的传递。通过关注观众的需求和利益，品牌可以展示自己的专业知识、价值观和社会责任感，从而树立起良好的品牌形象。利他营销注重品牌与观众之间的情感连接，通过与观众的互动和共鸣，传递出品牌的人文关怀，增强观众对品牌的认同感和信任感。

此外，利他营销还可以通过直播活动来提升观众的参与感和互动性。利他营销要求与观众进行互动和共创，通过问答、抽奖、用户分享等方式，提高观众的参与度和留存率。观众可以通过直播平台与主播进行实时互动，提出问题、分享经验或表达意见，从而增强与品牌之间的互动和联系。

然而，利他营销也面临着一些挑战和风险。首先，利他营销需要品牌真正关注观众的需求和利益，提供有实际价值的内容和服务。如果品牌只是以利他营销为名，却没有真正关注观众的需求，就可能失去观众的信任和忠诚。其次，利他营销需要品牌在直播过程中保持真实和透明，避免过度宣传或虚假宣传，以免引起观众的反感或失望。

因此，在进行利他营销时，品牌应该始终以观众的需求和利益为出发点，提供有价值的内容和服务。品牌需要与观众建立起真实和亲密的关系，通过互动和共鸣来增强观众对品牌的认同感和信任感。最重要的是，品牌应该将利他营销作为直播营销策略的一部分，与其他营销手段相互结合，形成一个整体的推广方案，以实现更好的营销效果。

3. 对比营销

对比营销的重点是突出产品或品牌的优势。与传统的推销手段相比，对比营销更加注重与竞争对手的对比，通过展示自己的产品或品牌与竞争对手相比所具备的优势，来吸引观众的注意力。对比营销强调的是产品或品牌的独特卖点和差异化，通过与竞争对手的对比，让观众认识到自己的产品或品牌在专业知识、技术实力、产品质量或服务水平等方面的优势，从而增强观众对品牌的信任和认可。

需要注意的是，对比营销需要品牌真实、客观地与竞争对手进行对比，避免夸大自己的优势或刻意贬低竞争对手，以免观众产生误解或反感。同时，对比营销需要品牌具备真实的竞争优势，否则可能会被观众识破，导致品牌形象受损。品牌应该始终以真实、客观为原则，展示自己的竞争优势，并与观众进行积极的互动和沟通，突出自己的独特卖点和差异化，让观众认识到自己的产品或品牌的价值和优势。

4. 采访营销

采访营销是借助行业专家或意见领袖的权威性和影响力，来提升消费者对产品或品牌的认可度和信任度。通过对行业专家或意见领袖进行实时采访，品牌可以借助他们的声誉和知识，向观众传递产品或品牌的优势和特点，从而建立起观众对品牌的信任和认可。

采访营销需要品牌选择合适的采访对象，确保其在行业内具有一定的权威性和影响力，以使观众信服。同时，采访营销需要品牌与采访对象进行充分的沟通和准备，确保采访内容与品牌的定位和形象相符，避免信息传递的失真和偏差。

8.3.2 直播营销的特点

1. 社会临场感

首先，直播营销具有实时互动性。直播活动通常以实时的方式进行，消费者可以在直播过程中通过弹幕、评论或者点赞等方式与主播进行实时互动。这种实时互动性使消费者能够更加直接地参与到直播中，与主播真实互动，从而增强了用户的参与感，提高了用户的忠诚度。同时，主播可以根据观众的反馈和需求来调整直播内容，实时解答观众的问题，满足消费者的个性化需求，提升用户体验。

其次，直播营销具有真实性。由于直播是实时进行的，用户能够目睹主播的一举一动，有效避免了一些静态图片或文字广告的不真实感。同时，用户可以亲自见证产品的使用效果、服务的质量，并根据主播的实际操作来评估产品的真实性和可靠性。这种真实性能够增强用户对品牌的信任，促使用户做出购买决策，从而促进销售。

再次，直播营销具有社交性。在直播过程中，观众可以通过弹幕、评论、点赞等方式与主播互动，也可以与其他观众进行交流和讨论。这能够增强观众的参与感，使他们感到自己是一个集体的一部分，产生归属感。观众可以分享自己的观点、建议和购买体验，与其他观众互动，扩大社交圈，形成一种社群效应。这种社交性有助于提高观众对品牌的忠诚度和认可度。

最后，直播营销还能够有效传递情感和故事。在直播中，主播能够通过言语、表情、肢体语言等方式传递情感，使观众更容易与其建立情感连接。同时，主播可以通过分享品牌故事、用户故事以及背后的创作故事等，增强广告内容的情感吸引力。情感和故事的传递能够深深地触动观众的内心，使其更有可能对品牌产生情感共鸣，从而做出购买决策。

2. 强时效性

直播营销的强时效性主要体现在以下几个方面：

（1）直播营销的实时性。直播活动以实时的方式进行，主播和观众可以即时互动。与传统媒体广告相比，直播营销能够更迅速地触达消费者，而且可以在现场实时演示产品、服务或活动。观众能够目睹主播的一举一动，并获得实时的信息和体验。这种实时性能够迅速吸引观众的注意和参与，让消费者更快地了解产品或服务。

（2）直播营销的即时反馈。在直播过程中，观众可以通过弹幕、评论和点赞等方式即时反馈自己的观点和意见。主播可以立即看到观众的反馈，并及时回应和调整直播内容。这种即时反馈机制使企业能够更准确地了解观众的需求和喜好，及时掌握市场反馈，快速调整营销策略。观众的反馈也为企业提供了宝贵的市场洞察，有助于企业优化产品、改进服务和解决问题，将直播营销与消费者需求紧密结合。

（3）直播营销的紧急事件处理能力。在一些突发事件或重大促销活动中，直播营销能够迅速调动资源，及时发布宣传信息，吸引大量观众的关注。企业可以在直播中实时回应事件、解释政策、消除谣言或采取安抚措施。直播的快速传播和互动能力，使企业能够更及时地回应紧急事件，降低危机的影响和负面的舆论效应。

（4）直播营销的有限期限。直播活动通常是在特定的时间段内进行的，观众必须在规定的时间段内参与。这种有限期限的特点增强了直播的紧迫感和珍稀感，观众会因此而觉得参与到直播中是一件很特别的事。企业可以通过限时折扣、特别活动或限量发售等方式，刺激观众在直播期间进行购买，提高销售量。此外，直播后的回放也可以设置一定的时间期限，使观众可以在一定时间内回看直播内容。这种有限期限的调整和利用，能够有效激发观众的购买和分享欲望，提高品牌的曝光度和转化率。

（5）直播营销的即时销售能力。企业可以在直播过程中直接推广和销售产品或服务，观众可以通过直播平台上的链接或二维码，直接点击或扫描并完成购买。这种即时销售能力使直播营销具备了强大的促销效果，加快了销售过程，节省了消费者的购买时间。而且，许多直播平台还提供实时销售数据和报告，使企业能够实时了解销售情况和效果，及时调整营销策略。

3. 强互动性

直播营销的强互动性是指通过实时在线直播的方式，与观众进行即时、双向的互动交流。这种互动性是直播营销与其他传统媒体营销方式的明显区别之一，它为企业搭建了一个与观众密切互动的平台。直播营销的强互动性主要体现在以下三个方面：

首先，直播营销能够为观众提供更强的参与感。通过直播平台，观众可以随时向主播提问、发表评论，并通过弹幕、点赞、送礼物等功能表达自己的态度和情感。与传统的电视广告或线下活动相比，直播营销能够使观众实时进行反馈和参与，让观众感觉到自己参与其中的重要性。观众的参与感能够激发他们与品牌的情感共鸣，增强对品牌的好感和信任感。

其次，直播营销能够促进粉丝互动和社群建设。直播平台上的弹幕、评论功能以及直播结束后的回放，为观众之间、观众与主播之间的互动提供了便捷的渠道。观众可以在直播中相互交流，分享自己的观点和经验，形成一个有利于交流和沟通的社群。主播还可以与粉丝进行私聊和互动，建立更为紧密和稳固的品牌粉丝群体。这种粉丝互动和社群建设不仅能增强观众对品牌的黏性，也有利于品牌的口碑传播和用户忠诚度的提高。

最后，直播营销能够促进用户生成内容。观众在直播过程中可以通过评论、弹幕等形式生成大量有关产品或服务的内容。这些用户生成的内容能够丰富品牌的宣传素材和营销资源，提升品牌的曝光度和影响力。此外，主播还可以通过抽奖、打赏等方式激励观众进行创作和分享，进一步提高用户生成内容的数量和质量。这些用户生成内容不仅能够在直播平台上产生积极的影响，还可以在社交媒体平台上进行传播和分享，扩大品牌的影响范围。

4. 形式与内容自由广泛

首先，直播营销具有丰富多样的直播形式。直播平台提供了多种不同的直播形式，例如直播拍卖、直播问答、直播比赛、直播讲座等，不同的直播形式能够通过各自独特的方式吸引观众的关注和参与。企业可以根据产品的特点、营销策略和目标受众的需求，选择最合适的直播形式进行内容创作和传播，以使营销效果最大化。

其次，直播营销涉及的内容领域非常广泛。直播营销的应用不限于特定行业或领域，而是几乎涵盖了所有行业和领域。无论是电子产品、服装饰品、美妆护肤、食品饮料，还是旅游、教育培训、文化艺术等，企业都可以通过直播形式展示和推广自己的产品或服务。这种自由广泛的内容与形式使直播营销适用于各个行业和领域，为企业提供了更多的创作空间和传播渠道。

最后，直播营销鼓励创意实践和互动参与。直播营销自由广泛的内容形式，为企业提供了更多的创意表现和包装机会。企业可以通过直播平台展示产品的特点和用途，演示产品的使用方法和效果，增强消费者对产品的了解和信任。此外，直播平台的互动功能也能鼓励观众的参与和创意互动。观众可以通过弹幕、评论、点赞等方式与主播互动交流，还可以通过抽奖、打赏等方式获得更多参与的机会和奖励。这种互动参与能够激发观众的兴趣，增强品牌与观众之间的黏性。

5. 高转化率

首先，直播营销能够通过实时的产品展示激发观众的购买欲望。直播平台提供了实时直播的功能，企业可以通过直播形式展示产品的特点、功能和使用效果。观众能够真切地看到产品的实物展示、演示或试用情况，这种实时的产品展示方式具有很强的说服力和吸引力。与图片和文字介绍相比，直播形式能够更真实地展现产品的优点和特色，激发观众对产品的兴趣和购买欲望。在直播展示产品的过程中，企业还可以加入限时优惠、赠品等促销手段，进一步引发观众的购买冲动，提高转化率。

其次，直播营销能够利用情感引导增强观众的情感认同和亲近感。直播形式带来的真实性和互动性使观众更容易与主播建立情感连接，形成情感认同。通过直播，企业可以展示品牌的文化和价值观，与观众分享品牌故事，引发观众的共鸣和信任。观众在直播中可以即时与主播交流、向主播提问，这种近距离的互动能够加深品牌与观众之间的情感联系，使观众对品牌产生亲近感和好感。观众也因此更有可能产生购买意愿，并愿意将自己的情感认同转化为实际购买行动。

最后，直播营销能够通过互动促进观众的参与和购买。直播平台提供了弹幕、评论、点赞等互动功能，观众可以即时参与到直播中，与主播互动交流并表达自己的观点和意见。企业可以通过直播过程中的互动，回答观众的问题、解除观众的疑虑，为观众提供满意的购买体验和个性化的服务。观众通过互动参与能够更深入地了解产品或服务，并在互动中获得购买的决策支持。企业还可以通过直播平台的促销活动，如抽奖、打折等，激发观众的购买欲望并引导其做出实际的购买行为，从而提高购买转化率。

科技瞭望塔

在新零售的浪潮中，某知名服装品牌率先探索数字人直播的无限可能，携手顶尖 AI 技术团队，打造了一场前所未有的购物盛宴。品牌精心设计了数字人主播“时尚精灵”，以其独特的外貌、流畅的语言和丰富的肢体动作，迅速吸引了消费者的目光。

“时尚精灵”在直播间内穿梭于各类新品之间，详细介绍服装的设计理念、材质特点与搭配建议。它不仅能够实时回答观众的提问，还能根据观众的兴趣偏好进行个性化推荐，让购物体验更加贴心与高效。更重要的是，数字人主播打破了时间和空间的限制，实现了24小时不间断直播，让全球消费者随时都能感受到品牌的魅力。

数字人直播营销活动，不仅极大地提升了品牌的曝光度与知名度，还显著促进了销售转化。数据显示，活动期间销售额同比增长了30%，直播间互动率更是高达80%，数字人直播为消费者带来了全新的购物体验，也为零售行业树立了数字化转型的新标杆。品牌负责人表示，未来品牌将继续深化与AI技术的融合，探索更多创新营销方式，为消费者带来更多惊喜与感动。

8.3.3 直播营销的流程

1. 直播开场

通过直播开场，可以让观众直观了解直播的内容、形式和组织者等信息。在开场阶段，需要给观众留下良好的第一印象，以帮助观众判断该直播是否具有可看性。常见的直播开场形式有直接介绍、数据引入、故事开场、道具开场、借助热点等。

2. 直播过程

直播过程的任务主要是对直播内容进行详细的展示。在直播过程中，除了全方位、详细地展示产品或服务，还应该设计一些互动活动，增强观众对活动的兴趣。常见的互动方式有弹幕互动、红包、抽奖、参与剧情、发起任务等。

3. 直播结尾

结尾时还留下的观众一定程度上就是本次营销活动的潜在目标用户了，要最大限度地吸引直播结束时的剩余流量，常见的方式有引导关注、销售转化、下次预告等。

微课

直播营销

巩固提升

一、单选题

1. 图文内容营销的类型不包括：(　　)。

A. 图片引导　B. 视觉故事　C. 信息图表　D. 广告视频

2. 图文内容营销的技巧不包括：(　　)。

A. 激发用户的情感共鸣　B. 重复展示商品

C. 引起用户的好奇心　D. 制造互动和分享

3. 对零售企业来说，短视频营销的作用不包括：(　　)。

A. 提高品牌曝光度　B. 提高用户参与度　C. 成本低　D. 增强叙事能力

4. 与图文和视频相比，直播营销最大的特点是：(　　)。

A. 内容丰富　B. 即时性　C. 针对碎片时间　D. 适合所有群体

5. 直播营销形式与内容自由广泛的体现不包括：(　　)。

A. 直播平台提供了多种不同的直播形式

B. 直播营销不仅限于特定行业或领域

C. 直播营销鼓励创意实践和互动参与

D. 直播营销的内容随心所欲，不受任何限制

二、多选题

1. 图文内容营销的注意事项包括：(　　)。

A. 展示商品的图片尽可能大　B. 注意版权和合规问题

C. 保持一致的品牌形象　D. 关注用户体验

2. 短视频营销的形式包括：(　　)。

A. 创意广告视频　B. 品牌故事视频

C. 产品演示视频　D. 弹幕广告视频

3. 短视频营销的特点包括：(　　)。

A. 简短精准　B. 复制性强　C. 快速传播　D. 夸张的表现手法

4. 常见的直播营销方式包括：(　　)。

A. 名人营销　B. 对比营销　C. 病毒营销　D. 采访营销

5. 直播营销的特点包括：(　　)。

A. 强互动性　B. 具有社会临场感　C. 高转化率　D. 强时效性

三、判断题

1. 图文内容营销的关键是制作高质量、有价值的内容。内容应该与目标受众的需求和兴趣密切相关，能够解决他们的问题、提供有用的信息或娱乐。(　　)

2. 信息图表通过文字和图像相结合的方式，将复杂的数据和信息以简洁、直观的形式呈现给观众，从而提升信息的可读性和可理解性。(　　)

3. 品牌故事视频是通过直观的展示和演示来吸引观众的注意力。(　　)

4. 为了增加视频流量，可以在视频的制作过程中将他人流量较大的作品直接用在自己的短视频中，包括音乐、影片、图片等。(　　)

5. 名人营销是借助行业专家或意见领袖的权威性和影响力，来提升产品或品牌的认知度和可信任度。(　　)

6. 与图片和文字介绍相比，直播形式能够更真实地展现产品的优点和特色，激发观众对产品的兴趣和购买欲望。(　　)

四、填空题

1. 在进行图文内容营销的目标受众定位时，要确定目标受众的 ____________、____________ 和 ____________，以便有针对性地设计图文内容。

2. 短视频是一种通常持续几秒到几分钟的视频形式，具有 ________、________ 和 ________ 的特点。

3. 利他营销的核心理念是关注观众的 ________ 和 ________。

五、讨论分析题

试举一个企业进行图文内容营销的案例，并进行简要分析。

第9章 零售店铺客户服务

案例引入

“悦选生活”的全方位客户服务体验

“悦选生活”是一家专注于中高端家居生活用品的零售连锁店，致力于为客户提供从售前咨询、售中支付到售后配送的一站式优质服务。店铺通过精细化的客户关系管理，不断优化客户体验，提升客户的品牌忠诚度。

场景1：张女士计划为新房添置一套高品质床上用品，走进“悦选生活”店铺后，她立即受到客服小李的热情接待。了解到张女士的需求后，小李详细介绍了店内几款热销床上用品的材质、特性及适合人群，同时根据张女士的睡眠习惯和房间风格给出了个性化建议。小李邀请张女士试躺体验几款床品，并详细解释每款产品带来的不同感受，帮助张女士做出最合适的选择。张女士对小李的专业性和耐心服务感到非常满意，决定购买推荐的床品套装。

场景2：张女士选定床品后，准备结账。“悦选生活”支持多种支付方式，包括现金、银行卡、移动支付及数字货币。小李耐心询问张女士的支付偏好，并介绍了当前店铺的支付优惠活动。在确认支付时，小李引导张女士使用店铺内安全的移动支付设备，确保交易过程的安全性和便捷性。支付完成后，小李立即确认订单状态，并向张女士提供了电子发票和售后服务卡。整个支付过程顺畅无阻，张女士对店铺的支付服务给予了高度评价。

场景3：张女士完成支付后，店铺立即安排物流配送。小李通过电话和张女士确认了收货地址和时间。考虑到张女士的需求，店铺提供了定时配送服务，确保在张女士方便的时间段内送达。张女士通过店铺提供的物流跟踪系统，实时查看配送进度，确保了物流信息的透明性。床上用品准时送达，包装完好，张女士对配送服务表示非常满意。

场景4：为了进一步提升客户满意度和忠诚度，“悦选生活”采取了多项客户关系管理措施。张女士收货后，小李通过电话进行了回访，询问产品使用情况和满意度，并收集了反馈意见。店铺推出了会员制度，张女士注册成为会员后，享受了积分累积、会员专享折扣等福利。根据张女士的购物记录和偏好，店铺定期推送个性化的优惠信息和新品推荐。张女士感受到了店铺对她的重视和关怀，成了“悦选生活”的忠实顾客。

“悦选生活”通过全方位、精细化的客户服务，不仅满足了顾客的购物需求，还提升了顾客的购物体验和品牌忠诚度。售前的专业咨询和互动体验、售中的安全便捷支付、售后的快速高效配送以及持续的客户关系管理，共同构成了“悦选生活”独特的客户服务体系。

请结合案例内容，思考和讨论以下几个问题：

1. 如何进一步提升售前客户沟通的效率和专业性？是否可以通过引入智能客服系统实现常见问题的自动解答？

2. 零售店铺可以提供哪些支付方式，以满足不同顾客的支付需求？如何兼顾支付环节的安全性和便捷性？

3. 在物流配送方面还有哪些创新点可以提升顾客体验？如何实现精准配送和预测性配送，从而为顾客提供灵活的配送时间选择和个性化的配送服务？

4. 如何通过对顾客购物行为和偏好进行大数据分析，更好地理解和满足顾客的个性化需求？如何加强顾客反馈的收集和分析，及时调整和优化服务策略？

学习目标

知识目标：

1. 理解售前客户沟通接待服务的重要性，掌握客户沟通的原则和技巧，以及客户在线接待的标准流程。

2. 熟悉售中店铺支付服务的多种方式，包括第三方支付、无接触支付、扫码支付、电子钱包支付和数字货币支付等，了解各种支付方式的优缺点和在店铺中的应用。

3. 了解售后物流配送服务在零售业务中的重要性，明确物流配送服务的保障要求，熟悉物流模式的分类与特点，了解物流模式选择应考虑的因素，以及物流配送服务中常见的问题及其对策。

技能目标：

1. 能够运用所学的客户沟通技巧和原则，有效地与客户进行在线沟通，解答客户疑问，提升客户满意度。

2. 能够根据客户需求和支付习惯，推荐合适的支付方式，并熟练掌握各种支付方式的操作流程。

3. 能够根据店铺的实际情况和客户需求，选择合适的物流模式，并能够协调物流服务供应商确保物流配送的准确性和及时性。

4. 能够处理物流配送服务中常见的问题，如送货速度慢、商品质量问题等，并提出有效的解决方案。

素养目标：

1. 培养以客户为中心的服务理念，关注客户需求，提升客户服务的综合素养。

2. 提高应变能力和解决问题的能力，面对复杂情况时能够冷静分析和迅速响应。

3. 树立持续学习和自我提升的意识，关注客户服务领域的最新动态和技术发展，不断更新知识和技能。

4. 注重服务细节和客户体验，不断提升服务品质，为客户提供更优质、更便捷、更安全的购物体验。

学习导图

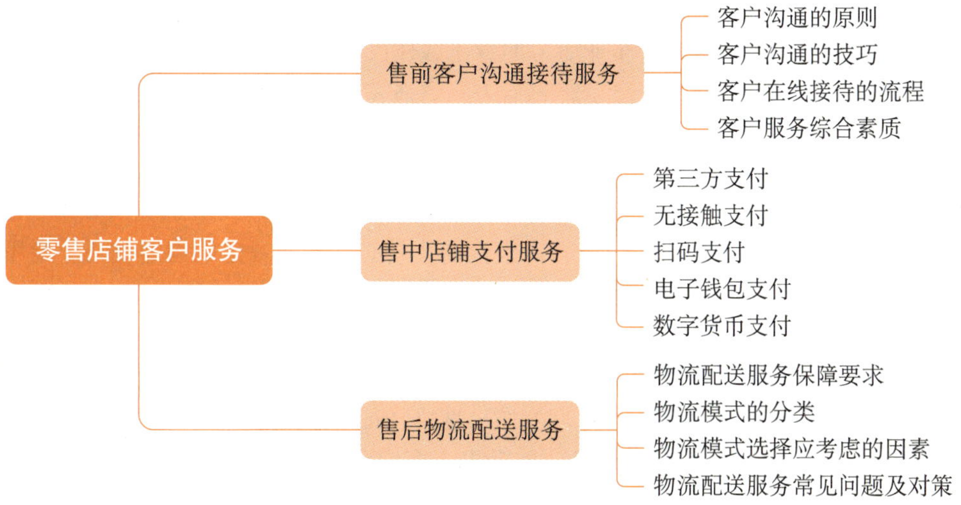

9.1　售前客户沟通接待服务

在竞争日益激烈的市场环境下，客户沟通成为店铺维持老客户、吸引新客户的重要策略。优质的客户沟通不仅能够帮助店铺更好地了解客户需求，提升客户满意度，还能够促进销售增长和品牌传播，使店铺在竞争中脱颖而出。

9.1.1　客户沟通的原则

在与客户沟通的过程中，要把握好沟通的原则，主要包括尊重原则、规范原则、适度原则和互动原则。

1. 尊重原则

尊重是良好沟通的前提与基础。在与客户沟通的过程中，客户服务人员需要以友善、诚恳的态度与客户平等地进行交流，尊重客户的人格，尊重客户的生活习惯、消费习惯等，同时尊重客户的选择，不能以玩笑或其他任何形式伤害客户的尊严。

2. 规范原则

客户服务人员需要依据企业制定的服务流程及服务准则进行规范化操作，自觉遵守并执行客户服务人员行为准则，严格规范自己的言谈举止。在客户服务过程中，需要做到行动不出格、言语不失礼，符合社交礼仪规范要求，给客户留下良好的印象。

3. 适度原则

与客户进行沟通交流时，客户服务人员需要合理把握尺度，既要以热情友好的态度接待客户，及时主动了解客户需求，又要自尊自爱、不卑不亢，保持与客户平等交流的姿态，凭借自己专业的服务意识与服务技能，帮助客户高效解决问题。

4. 互动原则

要想与客户建立起良好的合作关系，就需要主动、积极地与客户进行交流互动，深入调研客户的新需求，了解客户对企业服务的意见或建议，从而采取有效的优化措施。同时，加强与客户之间的互动，有利于激发客户活力，增强客户对企业的依赖感、归属感。

9.1.2 客户沟通的技巧

店铺客户服务人员要想与客户进行有效沟通，就必须掌握一定的沟通技巧。常用的客户沟通技巧主要包括有效倾听、有效提问和有效反馈。

1. 有效倾听

有效倾听是指聆听者需要通过讲述者的表达，洞察其话语背后的真正内涵。通过有效倾听，客户服务人员可以对客户的语言习惯、性格特征等有一个深入的了解，以便在与客户交流的过程中，快速捕捉客户需求，并提出令客户满意的解决方案。要做到有效倾听，需要遵守以下准则：

（1）不随意打断客户发言。当客户在表达自己的想法时，客户服务人员需要认真聆听，否则会让客户产生被轻视、不被尊重的感觉。在客户发言过程中，如果必须要对某个观点即刻做出澄清，客户服务人员需要礼貌告知客户，并留意客户反应，巧妙应对。

（2）注意力集中。在客户发言过程中，客户服务人员需要全神贯注地聆听，站在客户的角度思考问题，抓住客户想要解决的核心问题，并真诚地给予反馈。只有这样才有可能赢得客户信任，与客户建立起稳定友好的合作关系。

（3）理解并给予反馈。客户服务人员需要表现出对话题的兴趣，认真聆听客户的发言，理解客户话语背后的真正内涵。可以通过简要概括的形式回应客户，这样不仅能够明确客户需求，向客户表明自己认真聆听的态度，而且可以使客户产生好感，积极投入整个沟通过程中。

2. 有效提问

有效提问是指通过不断发问的形式，引导客户说出自己的核心需求，从而帮助客户高效解决问题。通过有效提问，客户服务人员能够引导客户配合自己的调研方向展开谈话，有利于准确把握和了解客户需求，减少与客户之间的误会，建立起良好的客户合作关系。要做到有效提问，需要遵守以下准则：

（1）明确提问目标。向客户提问时，首先需要明确要通过提问解决什么问题，然后围绕提问目标向客户进行发问，避免沟通过程中偏离重点，浪费时间。

（2）尊重客户差异。针对不同类型的客户，客户服务人员需要选择合适的提问方式，有针对性地提出问题，这样不仅可以照顾到不同客户的情绪，提升客户体验，而且可以全面掌握不同类型客户的具体需求。

（3）逻辑清晰，突出重点。提问是企业全面掌握服务质量，了解客户需求，帮助客户更好地解决问题的一种方式。因此，在提问之前，客户服务人员需要厘清问题之间的关系，层层递进，以逻辑清晰、简洁明了的方式向客户发问，突出提问的重点，从而便于客户接收与理解信息，并帮助客户快速解决问题。

（4）合理把握问题数量、难度及提问时间。在提问过程中，客户服务人员需要对问题数量、问题难度以及提问时间等做到合理把控。否则，问题数量过多、问题太难、提问耗费时间过长等，都会使客户丧失耐心、配合度降低，也就难以获得良好的提问效果。

3. 有效反馈

有效反馈是指在沟通交流中，针对各类问题，客户服务人员都能积极地表达出自己的真实想法，并提出可行性建议。通过有效反馈，客户服务人员可以使客户感受到企业真挚的服务态度，帮助客户及时、高效地解决问题，也可以增进与客户之间的情感联系，深入了解客户需求，为企业运营方案调整提供方向。要做到有效反馈，需要遵守以下准则：

（1）真诚平等。在与客户交流的过程中，客户服务人员需要认真倾听客户的需求，以真诚、热情、平等、耐心的态度积极帮助客户解决问题，全心全意为客户服务，这样才可以使客户满意度得到有效提升。

（2）可实施性强。反馈通常是针对某一问题给予明确回复。因此，在客户服务中，客户服务人员需要精准定位客户需求，并针对客户的问题提出合理的解决方案。客户的问题得到解决，客户对企业服务的评价自然也会提升。

微课

客户服务沟通能力提高

9.1.3　客户在线接待的流程

1. 迎接问好

迎接问好是客户服务人员接触客户时所要做的第一件事。有些客户服务人员可能会觉得这非常简单，很容易就做得到。然而，在实际网店运营过程中，很多客户服务人员都没有做好这一步，导致客户流失。图 9-1 所示是两种不同的问好方式。第一种客服沟通的方式不对，不能只回复一个“在”字，回答得过于简单，给客户的感觉是你很忙，根本没空搭理他，这样太冷漠了。正确的沟通方式应该是第二种，这样的迎接问好会让客户感到诚心诚意，有一种亲切的感觉。客户服务人员可以运用诙谐幽默的方式与客户进行沟通，另外再搭配合适的表情，使整个聊天氛围轻松、愉悦。这样能使客户感受到客户服务人员的热情和亲切感，增强对客户服务人员的好感，进而拉近买卖双方之间的距离，让成交变得更容易。

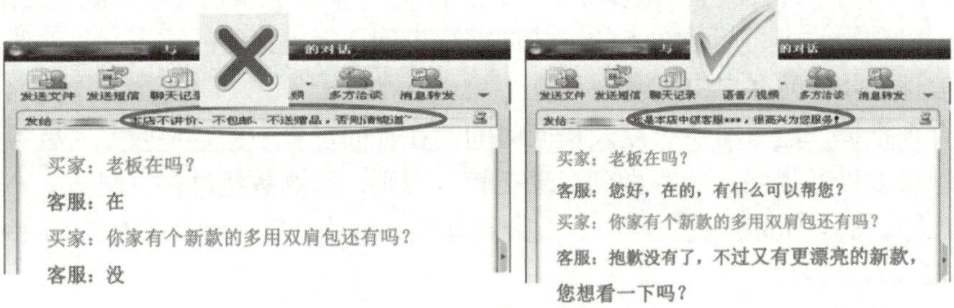

图 9-1　两种不同的问好方式

2. 导购答疑

根据买卖双方共赢的原则，向客户推荐符合其要求、店内最具货源优势和质量优势的商品；同时客户服务人员一定要参考店内销售走势和库存情况进行推荐，否则可能商品推荐成功却没有库存，使得客户等待很长时间才能收到货，导致客户对本店的好感度下降，降低店铺的回客率。不管在实体店购物还是在网上购物，客户都会对商品及服务提出一些疑问，这就需要客户服务人员及时进行解答。在实体店购物时，服务人员可以与客户面对面进行沟通，直接对实物进行演示、讲解。而在网上购物时，客户服务人员只能通过文字表述来解答客户的疑问，这不仅需要客户服务人员对客户的疑问做出切实有效的回答，而且需要力争解答的过程耗时尽可能短。这就需要客户服务人员对商品、物流等相关信息有全面的认知和了解。

3. 关联营销

通常客户咨询下单后，很多客户服务人员就认为这次交易完成了，其实不然，很多有心的客户服务人员还会根据客户下单的商品，分析客户的潜在需求。所谓潜在需求，是指客户还缺什么但是客户可能还没购买或者还没想到。这时客户服务人员不妨直接推荐一些关联商品给客户，帮助客户快速锁定所需商品，进一步提高服务效率，促进交易。推荐商品时，关键是要根据客户的实际情况以及商品间的关联性进行引导，一定要站在客户的角度为其解决问题，让客户感觉这是一个双赢的结果。最重要的一点就是要学会发问，很多时候并不是客户服务人员不用心，而是不与客户积极沟通，不懂得怎样让客户主动把自己的需求告诉我们。盲目推荐是低效的，而且容易引起客户的反感。聪明的客户服务人员会向客户提出一些有针对性的问题，让客户觉得够专业，这样有利于提高交易转化率和客单价，降低店铺的运营成本。

4. 订单促成

在促成订单的过程中，客户服务人员经常会遇到客户议价、索取赠品、询问商品真伪等情况。同时，店铺是否拥有完善的售后保障制度和安全快速的物流运输，也是客户普遍关注的问题。商品品质、售后保障制度及物流等方面是在前期采购、运营过程中就已经确定的，在交易过程中不宜被随意更改或根本无法更改，客户服务人员仅需快速、有效地给予客户正确的答案即可。客户服务人员应该想办法尽量缩短客户思考的时间，使客户快速做出决定以促成订单。客户服务人员催付时，除了可以使用提前编辑好的话术外，还可以使用系统自带的催付话术。如果客户不在线，客户服务人员还可以给客户留言或者使用短信、电话进行催付。

5. 礼貌告别

礼貌告别，不仅仅是说声“再见”这么简单，客户服务人员需要像对待亲人一般对待店铺的每一位顾客，可以说一些关怀和叮嘱的话语。客户服务人员可以先提醒顾客签收时的一些注意事项，然后提醒顾客如果有任何问题可以随时与在线客服进行联系等，这样做既可以体现出客户服务的完整性，也可以减少售后纠纷的发生。接下来，再与顾客进行真诚的告别，在感谢顾客光顾的同时，也要对顾客进行简单的祝福。至此，完整的销售流程就顺利结束了。

9.1.4　客户服务综合素质

为了做好客户的沟通接待服务，客户服务人员需要从技能素质、心理素质、品格素质等方面提升自身的综合素质。

1. 技能素质

（1）良好的语言表达能力。掌握一定的语言沟通技巧，不断提高自己的语言表达能力，逻辑清楚地向客户传达重点信息，这样可以提高与客户沟通的效率，带给客户良好的体验。

（2）丰富的行业知识经验。客户服务人员只有对行业有深入的了解，对行业知识经验有丰富的储备，才能帮助客户及时解决各种问题。同时，丰富的行业知识经验可以使客户服务人员的言行更有说服力，从而增强客户的信任感。

（3）熟练的专业技能。不断提高自己的专业技能水平，可以使客户服务人员在处理问题的时候更加得心应手，工作效率也会随之提高。这样，客户服务人员在面对客户提问时，可以从容不迫，高效解决问题，从而使客户满意度得到提升。

（4）敏锐的洞察力。了解客户的心理活动是做好客户服务工作的关键所在。在与客户进行沟通交流时，客户服务人员需要具备敏锐的洞察力，及时察觉客户心理活动的变化，并根据情况灵活做出应对。

（5）学会倾听。客户服务人员工作的核心是为客户解决问题，因此，学会倾听，明确客户需求是对客户服务人员最关键、最基本的要求。在倾听客户诉求的过程中，客户服务人员需要抓住客户的核心问题，并帮助客户从根本上解决问题。

2. 心理素质

（1）处变不惊的应变能力。客户服务人员需要面对形形色色的客户，应对各类突发状况。处变不惊的应变能力要求客户服务人员无论遇到什么情况，都能保持沉着冷静，然后迅速梳理事件脉络，并妥善、有效地解决问题。

（2）挫折打击的承受能力。由于客户服务工作比较复杂，受到客户性格、习惯以及沟通方式等多方面因素的影响，因此客户服务人员在工作中难免会遇到挫折、受到打击。这就要求客户服务人员理性看待问题，提高自己的心理承受能力，积极面对困难。

（3）情绪的自我掌控和调节能力。客户服务工作对客户服务人员的心理素质有着较高的要求。作为服务工作者，客户服务人员需要具备快速调节情绪的能力，学会掌控自己的情绪，以热情积极的态度为客户服务，不能将自己的负面情绪传递给客户。

（4）积极进取、热情服务的良好心态。面对客户提问要保持热情友好的态度，全心全意为客户服务，这样客户也会感受到企业的真诚，从而对企业产生好感。另外，即使在与客户沟通时出现问题，也要保持积极的态度，不怕挫折，冷静分析问题、解决问题。

3. 品格素质

（1）忍耐与宽容。作为服务工作者，客户服务人员需要具有极大的耐性和包容性。在遇到问题时，客户难免会产生焦急的情绪，希望问题可以快速得到解决。这时，客户服务人员需要理解并包容客户，耐心询问客户的根本诉求，并帮助客户解决问题。

（2）严格遵守承诺。诚信是企业长远发展的立足之本。客户服务人员在工作中应该遵守各项规章制度，不要轻易向客户允诺，一旦对客户做出承诺就要竭尽全力去实现，保证言行一致，否则就会丧失客户的信任，严重影响企业声誉。

（3）勇于承担责任。在工作中，每个人都难免会出现疏漏。当自己的失误导致出现问题时，客户服务人员要自觉承担起责任，并想方设法解决问题，将影响降到最低。

（4）真诚待人。客户服务人员要拥有博爱之心，真诚对待每一位客户，关注并尽力解决每一位客户的诉求，这样会让客户感受到企业对自己的重视，可以有效提高客户满意度，增强客户信任。

（5）谦虚。谦虚是一种美德，客户服务人员应该时刻以谦虚的心态去面对客户，不能因为自己的专业知识丰富而向客户夸耀，拔高自己的姿态，否则会让客户产生不被尊重的感觉，从而影响企业口碑。

（6）强烈的集体荣誉感。团队凝聚力是影响客户服务质量的重要因素。只有每个客户服务人员尽心尽力做好自己的本职工作，积极帮助客户解决问题，才能使整个企业的服务质量得到认可。

微课

客户服务综合素质提升

9.2　售中店铺支付服务

良好的店铺支付服务对零售店铺来说意义是非常重大的，快速、安全、便捷的支付方式可以节省顾客的时间，提供更为流畅的购物体验，并有助于减少支付欺诈和盗窃风险，增强消费者对零售店铺的信任感。常见的店铺支付方式有第三方支付、无接触支付、扫码支付、电子钱包支付、数字货币支付等。店铺可以根据自己的需求和可用的技术设施进行选择。有些店铺可能会提供多种支付方式，以便客户根据自己的偏好和习惯选择合适的方式进行支付。

9.2.1　第三方支付

1. 第三方支付的概念

第三方支付是指一个独立的机构或平台作为中介，为顾客和商家提供支付服务的支付方式。它允许顾客通过第三方支付平台完成支付，而不直接将资金转移给商家。常见的第三方支付平台包括贝宝（PayPal）、支付宝（Alipay）、微信支付（WeChat Pay）等。它们在全球范围内拥有大量用户，成为现代支付体系中不可或缺的一部分。

第三方支付的主要步骤如下：

（1）注册账户：顾客需要在第三方支付平台上注册账户，提供必要的个人信息和支付工具（如银行卡、电子钱包等）。

（2）连接银行账户或支付工具：顾客将自己的银行账户或其他支付工具与第三方支付平台进行连接，以便从中扣款支付。

（3）选择支付方式：在购物时，顾客选择使用第三方支付平台进行支付，在商家的支付页面上选择第三方支付图标或链接即可。

（4）授权支付：顾客授权第三方支付平台支付特定金额给商家。在此过程中需要验证用户身份和授权进行支付。

（5）完成支付：授权完成后，第三方支付平台会从顾客的账户中收取款项，并将资金转移到商家的账户。商家收到款项后会确认支付，至此完成交易。

2. 第三方支付的优缺点

第三方支付的优点：

（1）方便快捷：第三方支付提供了方便快捷的支付方式，消费者无须携带现金或银行卡，只需要通过手机或其他支付工具即可完成支付，节省了时间和精力。

（2）多样化的支付方式：第三方支付平台提供多种支付工具，包括绑定银行卡、电子钱包、虚拟卡等，为消费者提供了多样化的选择。

（3）提高支付安全性：第三方支付平台采用了一定的安全措施，如加密技术和风险检测等，确保支付过程的安全性，减少了支付风险和欺诈的可能性。

（4）提供额外服务：第三方支付平台通常还提供额外的服务，如账户管理、交易记录、消费分析等，为用户提供了更好的支付管理和追踪工具。

第三方支付的缺点：

（1）依赖互联网连接：第三方支付通常需要依赖互联网连接进行支付交易，如果网络连接不稳定或出现故障，可能会导致支付失败或延迟。

（2）手续费问题：一些第三方支付平台可能会收取一定的手续费，对于商家和消费者来说可能会增加一定的成本负担。

（3）隐私和数据安全风险：将个人信息和支付数据存储在第三方支付平台上可能存在隐私和数据安全方面的风险，虽然平台通常会采取一定的安全措施，但仍需要注意个人信息和支付数据的保护。

（4）接受限制：不是所有的商家都接受所有的第三方支付方式，这可能会限制消费者的选择和便利性。

需要注意的是，并非所有的第三方支付平台都具备相同的优缺点，具体的优缺点可能会因平台而异。因此，在选择使用第三方支付时，消费者和商家应该综合考虑自己的需求和实际情况，选择适合自己的支付方式。

3. 第三方支付在店铺中的应用

第三方支付在店铺中的应用主要体现在以下几个方面：

（1）扫码支付：第三方支付平台通常提供扫码支付服务，店铺可以生成支付二维码，并展示在收银台或商品上。顾客使用支付应用程序扫描二维码，即可完成支付交易，方便快捷。

（2）移动支付：许多第三方支付平台提供移动支付应用程序，店铺可以在收银台或店内设备上安装这些应用程序，使顾客能够通过移动设备进行支付。顾客只需将手机或其他移动设备靠近支付终端或用设备扫描二维码，即可完成支付。

（3）支付安全和风控：第三方支付平台通常有严格的支付安全和风控机制，能够对支付过程进行实时风险监测和处理。这为店铺提供了更高的支付安全性，减少了欺诈和支付风险。

（4）数据管理和分析：第三方支付平台通常提供商户后台管理系统，店铺可以通过该系统查看交易记录等数据，用于业务运营和决策。

店铺通过接入第三方支付平台，可以提升支付便利性，增加支付选择，提高支付安全性，并获得更多的数据管理和分析工具，为店铺提供更好的商业洞察。

9.2.2 无接触支付

1. 无接触支付的概念

无接触支付是一种使用近场通信（NFC）技术进行支付的方式，消费者可以通过简单接触或者靠近 NFC 读取器或 POS 终端来完成支付，无须物理上插入卡片或输入密码。

无接触支付的工作原理是，消费者的支付工具（如手机、信用卡或手环）内置了一个 NFC 芯片，当支付工具与商户的 NFC 读取器或 POS 终端靠近时，双方之间会进行加密通信和数据传输，完成支付过程。

2. 无接触支付的优缺点

无接触支付的优点：

（1）无接触支付提供了更方便快捷的支付体验，消费者只需将支持近场通信技术的移动设备或银行卡靠近支付终端即可完成支付，不需要插卡或输入密码。

（2）无接触支付有助于提高交易安全性，因为消费者的支付信息不会被直接传输或暴露给商户，减少了信息泄露和盗刷的风险。

（3）无接触支付也能减少现金的使用，方便了商家的收款和结算。

（4）无接触支付促进了店铺支付的数字化转型，推动了支付方式的创新和技术发展，为未来智能支付生态系统的构建奠定了基础。

无接触支付的缺点：

（1）技术兼容性是一个挑战，不同的支付终端和设备所支持的无接触支付方式可能不一致，给用户带来了使用上的限制和不便。

（2）网络稳定性和连接性问题也可能导致无接触支付失败或延迟，尤其在信号不稳定的区域或设备故障时。

3. 无接触支付在店铺中的应用

无接触支付在店铺中的应用广泛而多样化。许多店铺已经采用了无接触支付技术，包括超市、餐厅、咖啡店、快餐连锁店、服装店等。

一些商家还推出了自己的无接触支付方式，如使用店内的智能终端或电子点餐系统，顾客可以选择所需商品或服务并支付。此外，无接触支付还被广泛应用于自动售货机、无人便利店和无人超市等新兴零售形态。总的来说，无接触支付在店铺中的应用正在不断创新和发展，为顾客提供了更便捷、安全和高效的支付体验。

9.2.3　扫码支付

1. 扫码支付的概念

扫码支付，顾名思义，就是通过扫描条码来完成支付的方式。其核心在于将条码作为支付凭证，用户通过手机等移动设备的扫描功能，将支付信息传输到支付系统，从而完成交易。扫码支付因其简单、快速、安全的特点，广泛应用于各种场景，如电商、餐饮、公交等。它已成为现代生活中不可或缺的支付方式之一，极大地便利了人们的日常生活。

2. 扫码支付的优缺点

扫码支付的优点：

（1）扫码支付方便快捷，顾客只需要使用手机上的支付应用扫描商家提供的条码，即可完成支付，省去了携带现金或银行卡的麻烦。

（2）扫码支付安全可靠，采用加密和安全协议，保护用户的支付信息，减少了支付风险。

（3）扫码支付可以在各种场景下使用，包括实体店铺、餐厅、公共交通、无人售货机等，提供了更多的支付选择和便利。

（4）扫码支付有助于促进数字经济的发展，加速无现金支付的普及，方便商家管理和用户消费，推动经济的流通和发展。

扫码支付的缺点：

（1）扫码支付需要依赖移动设备和互联网连接，如果手机电量不足或网络信号不稳定，可能导致支付失败或延迟。

（2）使用不同的支付应用和不同的条码可能导致用户使用的不便，需要在多个应用之间切换和管理。

（3）一些用户可能对扫描条码时的隐私和数据安全问题有顾虑，担心个人信息被滥用或泄露。

（4）尽管扫码支付的应用在一些大城市和发达国家已经很广泛，但在一些偏远地区或发展中国家仍存在接受度低的问题，可能限制了其应用范围和便利性。

3. 扫码支付在店铺中的应用

扫码支付在店铺中的应用非常广泛。许多实体店铺、餐厅、咖啡店、超市和商场等都提供扫码支付作为一种便捷的支付选择。顾客只需使用手机上的支付应用扫描商家提供的条码即可完成支付。扫码支付主要应用于线下场景，线上场景可采用第三方支付等支付方式。

9.2.4 电子钱包支付

1. 电子钱包的概念

电子钱包，又称数字钱包或移动钱包，是一种基于电子技术的支付工具。它允许用户通过智能手机、电脑或其他电子设备，进行资金的存储、管理和支付。电子钱包的功能不仅限于存储电子货币，还支持多种支付方式，如在线支付、NFC 近场支付等。用户可以随时查看余额、交易记录，并参与各种区块链项目。

2. 电子钱包支付的优缺点

电子钱包支付的优点：

（1）电子钱包支付为用户带来了极大的便利，用户只需使用手机上的电子钱包应用，即可随时随地完成付款，无须携带实体钱包或寻找零钱。

（2）电子钱包支付提供了更高的安全性，采用多层加密和身份验证，保护用户的支付信息不被泄露。

（3）电子钱包常常与商家合作提供各种优惠和奖励，让用户在支付过程中享受更多实惠。

（4）跨平台支持和线上/线下支付的功能使电子钱包支付更加灵活，适用于各种购物场景。

电子钱包支付的缺点：

（1）对于不熟悉或不方便使用手机的人群来说，接受和使用电子钱包支付可能存在一定的学习和适应周期。

（2）电子钱包支付依赖于网络连接和技术设备，如果网络信号不稳定或手机电量不足，可能会导致支付失败或不便使用。

（3）由于电子钱包关联着银行账户或信用卡等信息，一旦手机丢失或被盗，用户的支付资金和个人信息就有被盗用的风险。

（4）尽管电子钱包支付已被一些商家接受和使用，但并不是所有商家都支持或接受电子钱包支付，可能存在使用限制或不便之处。

3. 电子钱包支付在店铺中的应用

电子钱包支付在店铺中的应用非常多样化，用户可以通过电子钱包应用方便地在各类商店和服务场所完成支付，提升了支付的便捷性和效率。

以下是一些常见的电子钱包支付在店铺中的应用场景：

（1）在线购物：电子钱包支付可以在各大电商平台上使用，用户可以选择电子钱包应用进行付款。通过扫描二维码或输入相应信息，用户可以快速完成在线购物支付流程，避免了烦琐的银行卡支付步骤。

（2）实体店铺消费：越来越多的实体店铺开始接受电子钱包支付。用户可以在店铺收银台使用电子钱包应用进行支付。这种支付方式快速方便，避免了现金和刷卡支付的烦琐步骤。

（3）自助服务设备：许多自助服务设备，如自助售货机、自助餐厅等也支持电子钱包支付。用户可以使用电子钱包应用完成自助购物、自助点餐，并直接通过手机完成支付，方便快捷。

9.2.5　数字货币支付

1. 数字货币支付的概念

数字货币支付是指使用加密货币（也称为虚拟货币或数字资产）进行交易和支付的方式。目前，市场上存在众多不同类型的数字货币，如数字人民币等。

2. 数字货币支付的优缺点

数字货币支付的优点：

（1）数字货币支付通过去中心化的方式，消除了中间机构，使交易更加透明和快速。

（2）数字货币支付使用密码学和分布式账本技术保障了高安全性，减少了欺诈和数据被篡改的风险。

（3）数字货币支付便捷且成本低廉，可实现即时交易和跨境支付。

（4）隐私保护、可追溯性和提升金融包容性等方面的优势，为用户提供了更加便利、安全和包容的支付方式。

数字货币支付的缺点：

（1）数字货币市场的高度波动性可能导致投资风险和不稳定性。

（2）数字货币支付技术和基础设施相对较新，可能存在一定的风险和不成熟性。

（3）数字货币支付监管政策和法规的不明确或不一致可能导致不确定性和市场混乱。

（4）数字货币支付可能面临着网络安全风险，包括黑客攻击和账户被盗等威胁，因此用户需要采取适当的安全措施来保护自己的资产和个人信息。

3. 数字货币支付在店铺中的应用

数字货币支付在中国电商平台店铺中的应用目前还相对有限，仍处于探索和试验阶段。我国央行已经推出了自己的数字货币，即数字人民币（Digital Currency Electronic

Payment，DCEP），并在一些城市进行试点应用。数字人民币的推出有望进一步推动数字货币支付在中国电商平台上的应用，为消费者和商家提供更多的支付选择。

然而，数字货币在电商平台上的大范围应用仍面临一些挑战，包括监管环境、安全性、接受度和技术标准等方面的问题。因此，虽然数字货币支付在我国的电商平台上有一定的应用，但要实现大规模应用还需要时间和进一步探索。

9.3 售后物流配送服务

物流配送服务是店铺客户服务的重要组成部分。优秀的物流配送服务有助于保证商品新鲜度，提高配送效率，降低运营成本，扩大市场覆盖范围，提高顾客满意度，增强店铺竞争力，优化库存管理和提升品牌形象。

9.3.1 物流配送服务保障要求

物流配送服务是指零售企业采用网络化的计算机技术和现代化的硬件设备、软件系统及先进的管理手段，严格地、守信用地按客户的要求，进行一系列分类、编码、整理、配货等理货工作，定时、定点、定量地将商品送达各类客户，满足其对物流的需求。物流配送服务本身并不创造产品的形质效用，而是产生空间效用和时间效用。物流配送服务保障有以下三点要求。

1. 备货保障

所谓备货保障，是指配送中心需科学规划采购与备货，根据销售预测制定备货策略，优化库存结构。备货流程需高效协同，确保信息准确、快速响应。在管理上，要实时监控库存，灵活调整备货量。同时，要设定明确的考核指标，如备货准确率、库存周转率等，以保障物流配送服务的顺利进行。

2. 品质保障

所谓品质保障，是指配送的商品要达到客户所希望的质量要求，不能将过期的、有质量问题和有瑕疵的货物送给客户，否则会引起客户的不满和投诉。在物流配送中，货物的物理损伤、仓储中损伤、运输中损伤、错误输送等几乎每天都在发生，配送中心要做好补偿措施，持续优化品质保障服务，提升客户满意度。

3. 运输时效保障

所谓运输时效保障，是指零售企业要在客户希望的时间内完成货物配送。订货截止日期、进货周期、订货单位、订货频率等都是衡量配送中心运输效率的指标。零售企业可以通过优化运输流程，确保货物能够准时、安全地送达客户手中，满足客户的时效需求。

9.3.2 物流模式的分类

目前常见的物流模式主要有自营物流、第三方物流、物流联盟及物流一体化等几种。

1. 自营物流

所谓自营物流就是企业自身经营物流。这种物流模式需要零售企业自行组建物流配送系统，经营管理企业的整个物流运作过程。企业自营物流主要包括以下三类：

（1）完全型自营：企业为构造适应零售业务需要的物流系统，对物流各功能、各环节进行研究和管理，建立一个功能健全、环节配套的物流运作系统的方式。

（2）管理型自营：分两种类型，第一种类型是企业在掌握物流管理主要权力的前提下，将有关的物流作业委托给物流企业去做，即从市场上购买有关的物流服务，如由专门的运输公司负责原料和产品的运输；第二种类型是物流服务的基础设施为企业所有，但委托有关的物流企业来运作，如请仓库管理公司来管理仓库，或请物流企业来管理运作现有的企业车队。

（3）整合型自营：企业将各种物流资源系统、物流活动系统以及企业内外各种系统用供应链思想整合、集成起来，形成统一、高效的物流管理体系的方式。

2. 第三方物流

第三方物流是物流产业专业化发展和分工细化的结果，它是由相对“第一方”发货人和“第二方”收货人而言的第三方专业企业来承担企业物流活动的一种物流形态。第三方物流公司通过与第一方或第二方的合作来提供专业化的物流服务，它不拥有商品，不参与商品买卖，而是为顾客提供以合同为约束、以结盟为基础的系列化、个性化、信息化的物流代理服务。

3. 物流联盟

物流联盟是指多家物流企业或生产制造实体企业以降低交易费用为目的而组成的联合体。它是一种介于自营和外包之间的物流模式，并可以有效降低这两种物流模式的风险。这种物流模式的主要特征是费用风险共担和利益共享，通过互联网技术将分散的单个企业有效地连接起来，从而进行统一计划、统一调度，提高配送效率。

4. 物流一体化

物流一体化是指以物流系统为核心，由生产企业、物流企业、销售企业至消费者的供应链整体化和系统化。它旨在消除物流链条体系上下游成员之间的利益冲突，提高物流体系的运作效率。在这种物流配送模式下，物流企业与生产企业之间为代理合作关系。当客户订购商品后，生产企业将产品信息、客户信息等传输给物流代理公司，然后物流代理公司负责将产品发往客户手中。

9.3.3　物流模式选择应考虑的因素

物流模式的选择是物流管理中至关重要的一环，它直接关系到企业的运营成本、服务质量和市场竞争力。在选择物流模式时，需要考虑以下因素。

1. 成本

成本是选择物流模式时应考虑的首要因素。企业需要在保证服务质量的前提下，寻求成本最低的物流方案。成本包括直接运输成本、仓储成本、管理成本以及因物流延误或损失而产生的潜在成本。比如，某电子产品制造商在选择物流模式时，对比了空运和海运。

空运虽然速度快，但成本高昂；海运虽然耗时较长，但成本远低于空运。综合考虑产品上市时间和成本预算，该制造商最终选择了海运结合一定比例的空运（针对急需补货的情况），以实现成本效益的最大化。

2. 物流效率

物流效率指的是物流活动完成的及时性和准确性。高效的物流能够缩短交货周期，提高客户满意度，增强企业的市场竞争力。比如，一家电商平台在促销活动期间，为了应对订单量的激增，选择了与多家物流公司合作，采用分布式仓储和智能调度系统。这样，订单可以就近发货，大大缩短了配送时间，提高了物流效率。

3. 货物安全

货物安全是物流活动中不可忽视的一环。选择物流模式时，必须考虑货物的易损性、防盗防损措施以及运输过程中的风险管控。比如，一家珠宝公司在选择物流合作伙伴时，特别注重物流公司的安全保障能力。它选择了一家拥有先进监控系统、专业安保团队和丰富运输经验的物流公司，确保珠宝在运输过程中的安全。

4. 运输方式

运输方式的选择应根据货物的性质、数量、运输距离和交货时间要求等因素综合考虑。常见的运输方式包括公路运输、铁路运输、水路运输和航空运输等。比如，一家汽车制造企业需要将新车从生产基地运往全国各地的经销商处。对于近距离的运输，该企业选择公路运输，因为公路运输灵活性强、门到门服务方便；对于远距离且批量大的运输，则选择铁路运输，因为铁路运输成本较低且运能大。

5. 经济性

经济性原则要求企业在选择物流模式时综合考虑各种因素，寻求长期的经济效益。这包括物流成本的合理化、物流资源的优化配置以及物流服务的创新等。比如，一家快消品企业在优化物流模式时，引入了自动化仓储系统和智能配送系统。虽然初期投资较大，但长期来看，这些系统大大提高了仓储和配送效率，降低了人力成本，实现了物流活动的经济性。

物流模式的选择是一个复杂而细致的过程，需要企业根据自身情况和市场环境进行综合考虑。通过科学合理地选择物流模式，企业可以在保证服务质量的同时，降低运营成本，提高市场竞争力。

科技瞭望塔

在新零售浪潮的推动下，“鲜速达”作为一家专注于生鲜配送的智慧超市，通过深度融合人工智能与物联网技术，打造了一套高效、精准的物流配送体系，极大地提升了消费者体验与运营效率。

随着生活水平的提高，消费者对生鲜食品的新鲜度、安全性和配送速度提出了更高的要求。传统生鲜零售面临着库存积压、损耗率高、配送时效不稳定等痛点，为了破解这些难题，“鲜速达”应运而生，借助智能科技重塑生鲜供应链与物流配送流程。

1. 智能库存预测与管理

“鲜速达”利用人工智能算法分析历史销售数据、季节变化、天气因素等多维度信息，实现库存需求的精准预测。系统能够自动调整进货量，减少库存积压与损耗，同时确保商品供应充足。同时，系统借助图像识别技术，智能监控库存状态，自动盘点并预警缺货或过期商品，提高库存管理效率。

2. 动态路径规划与智能调度

在配送环节，“鲜速达”采用 AI 智能调度系统，根据实时交通信息、配送员位置、订单分布等因素，动态规划最优配送路径，降低空驶率，缩短配送时间。系统还具备智能排班功能，根据订单高峰时段自动调整配送员工作时间，优化人力资源配置。

3. 实时监控温湿度与车辆状态

“鲜速达”在冷链物流车上安装物联网传感器，实时监测车内温度、湿度等环境参数，确保生鲜产品在运输过程中的新鲜度与安全性。通过物联网平台，管理人员可远程监控车辆状态，及时发现并处理异常情况，保障配送质量。

4. 智能收货与无人配送

在社区配送点，“鲜速达”引入智能快递柜，利用物联网技术自动识别与记录货物信息，用户通过手机 App 即可实现自助取件，无须等待配送员。在部分区域，“鲜速达”还对无人配送车进行了试点，车辆通过 GPS 与传感器实现精准定位与避障，自主完成“最后一公里”配送，提高配送效率与灵活性。

“鲜速达”通过智慧物流配送体系的构建，实现了从库存预测、订单处理、路径规划到配送执行的全面智能化。这不仅大幅降低了运营成本与损耗率，还显著提升了配送速度与服务质量，赢得了消费者的广泛好评。

更重要的是，这一模式为新零售时代的生鲜零售提供了可借鉴的样本。通过人工智能与物联网技术的深度融合，零售企业能够更好地应对市场变化，满足消费者多元化、个性化的需求，推动行业向更高质量、更高效的方向发展。

9.3.4　物流配送服务常见问题及对策

1. 送货速度慢

对于配送速度不能达到客户要求的问题，改进方法如下：第一，重新拟定送货路线，选择时间较短的路线；第二，调整配送作业流程，对着急的客户可以先配送，对不着急的客户后配送；第三，考虑共同配送，把几个客户的货物集中在一起配送。

2. 送货不准时

要想提高送货的准时性，有以下几种方法：第一，制定合理的配送管理规章制度和作业规范，并且严格执行。第二，测算送货所需要的时间，根据时间安排送货。第三，加强人员业务培训，提高员工素质，这也是提高客户满意度的一种方法。第四，调整商品品种，适当增加经常缺货的商品的库存量。库存过多会造成浪费，配送中心要减少库存，但也要把握好度，要保证畅销商品有充足的库存。

3. 与客户缺乏有效沟通

配送中心有时缺乏与客户沟通的途径，为了解决这个问题，可以在店铺中公布多种客服方式及投诉处理程序，加强人员管理。这样就能把客户的意见和建议及时反馈到配送中心，也能把配送中心掌握的情况及时告知客户，减少误会的发生，提升客户满意度。

4. 商品质量问题

在配送过程中，有时会出现商品质量问题，对于这种情况，解决途径主要有以下几种：第一，制定并严格执行配送系统的岗位责任制，保证每个模块的工作质量都能达标；第二，对工作人员进行业务培训，提高其工作能力；第三，对配送商品进行严格的检查，以保证其质量完好及准确配送。

微课

物流服务策略

巩固提升

一、单选题

1. 以下不是客户在线接待流程中的一个步骤的是（　　）。

A. 迎接问好　　B. 产品推荐　　C. 关联营销　　D. 礼貌告别

2. 第三方支付的优点不包括：（　　）。

A. 不依赖互联网　　B. 方便快捷　　C. 安全性高　　D. 支付方式多样

3. 关于扫码支付，下列说法中错误的是：（　　）。

A. 扫码支付可以在各种场景下使用，如实体店铺、餐厅、无人售货机等

B. 扫码支付虽然加速了无现金支付的普及，但却阻碍了数字化经济的进一步发展

C. 付款码可能对应不同的应用，需要在多个应用之间切换和管理

D. 如果手机电量不足或网络信号不稳定，可能导致支付失败或延迟

4. 以下哪种物流模式是企业自己建立的物流体系？（　　）

A. 第三方物流　　B. 物流联盟　　C. 物流一体化　　D. 自营物流

5. 以下哪种物流模式是将多个物流服务提供商组成联盟，共同为客户提供物流服务？（　　）

A. 自营物流　　B. 第三方物流　　C. 物流联盟　　D. 物流一体化

二、多选题

1. 在与客户进行沟通的过程中，要把握好沟通的基本原则，包括：（　　）。

A. 尊重原则　　B. 规范原则　　C. 适度原则　　D. 互动原则

2. 下列属于客户服务人员应具备的心理素质的是（　　）。

A. 处变不惊的应变能力　　B. 严格遵守承诺

C. 挫折打击的承受能力　　D. 情绪的自我掌控和调节能力

3. 下列属于有效倾听的是（　　）。

A. 不随意打断客户发言　　B. 全神贯注地听客户的问题

C. 不断向客户陈述自己的观点　　D. 极力向客户推荐热销产品

4. 常见的店铺支付方式包括：（　　）。

A. 第三方支付　　B. 扫码支付

C. 电子钱包支付　　D. 比特币支付

5. 下列哪些属于第三方物流的服务内容？（　　）

A. 运输服务　　B. 仓储服务

C. 订单处理与管理　　D. 生产加工服务

三、判断题

1. 优质的客户沟通不仅能够帮助店铺更好地了解客户需求，提升客户满意度，还能够促进销售增长和品牌传播，使店铺在竞争中脱颖而出。（　　）

2. 无接触支付是一种使用近场通信（NFC）技术进行支付的方式，消费者可以通过简单接触或者靠近 NFC 读取器或 POS 终端来完成支付，无须物理上插入卡片或输入密码。（　　）

3. 物流联盟是由多个物流服务商组成的联盟，可以为客户提供更全面、更高效的物流服务。（　　）

四、填空题

1. 店铺客户服务人员与客户进行有效沟通，必须掌握一定的沟通技巧。常用的客户沟通技巧主要包括＿＿＿＿＿＿、＿＿＿＿＿＿和＿＿＿＿＿＿。

2. ＿＿＿＿＿＿支付是指使用加密货币（也称为虚拟货币或数字资产）进行交易和支付的方式。

五、讨论分析题

1. 小李、小林、小马三人想合伙开一家无人售货社区便利店，关于支付方式，三人有不同的看法。小李想采用最常见的扫码支付，小林则认为应采用无接触支付，而小马觉得应采用电子钱包支付。你觉得对于无人便利店来说，这三种支付方式各有什么优劣？

2. 请针对某网店的物流数据，对该网店的物流运费、订单时效和异常物流情况进行分析。

参考文献

[1] 冯江华，田秋丽，黄翼，等 . 新零售概论 [M]. 北京：北京师范大学出版社，2020.

[2] 张建锋，等 . 新零售之旅：数智化转型与行业实践 [M]. 北京：电子工业出版社，2022.

[3] 曾鸣 . 智能商业 [M]. 北京：中信出版社，2018.

[4] 王坚 . 在线：数据改变商业本质，计算重塑经济未来 [M]. 2 版 . 北京：中信出版社，2018.

[5] 王斌，曹三省 . 直播与短视频深度运营 [M]. 北京：中国广播影视出版社，2021.

[6] 熊友君 . 直播电商：带货王修炼真经 [M]. 北京：中国广播影视出版社，2021.

[7] 王利阳 . 社区新零售 [M]. 北京：人民邮电出版社，2017.

[8] 王超，刘立丰 . 智能零售 [M]. 杭州：浙江大学出版社，2019.

[9] 邱云，唐鸿铃 . 智慧零售实务 [M]. 成都：西南交通大学出版社，2023.

[10] 天下网商 . 新零售全解读 [M]. 北京：电子工业出版社，2018.

[11] 陈德人，等 . 网络零售 [M]. 2 版 . 北京：清华大学出版社，2015.

[12] 李集城 . 零售基础 [M]. 西安：西安电子科技大学出版社，2023.

[13] 郭伟 . 零售基础 [M]. 北京：高等教育出版社，2023.

[14] 谭长春 . 新零售模式下的快消品营销策略 [M]. 北京：清华大学出版社，2020.

[15] 陈道志，哈默 . 内容电商 [M]. 北京：人民邮电出版社，2018.

[16] 淘宝大学 . 网店视觉营销 [M]. 北京：电子工业出版社，2013.

[17] 代丽丽，张伟华 . 网店视觉营销与设计 [M]. 北京：中国财富出版社，2019.

[18] 北京鸿科经纬科技有限公司 . 网店运营基础 [M]. 2 版 . 北京：高等教育出版社，2022.

[19] 卢彰诚，等 . 网店数据化运营与管理 [M]. 北京：清华大学出版社，2023.

[20] 卢彰诚 . 电子商务综合实践教程 [M]. 北京：中国人民大学出版社，2021.

[21] 卢彰诚 . 电子商务专业毕业设计指导 [M]. 北京：清华大学出版社，2013.

[22] 邱丽萍，谭玲，卢彰诚 . 跨境电子商务基础 [M]. 北京：北京理工大学出版社，2023.

[23] 卢彰诚 . 产教深度融合的电子商务专业群人才培养体系创新研究与实践 [M]. 延吉：延边大学出版社，2019.

[24] 沈玉梅，郝文红 . 电子商务师：基础知识 [M]. 北京：中国劳动社会保障出版社，2020.

[25] 卢彰诚 . 浙江中小商贸流通企业的商业模式创新研究：基于电子商务的视角 [J]. 中国商贸，2012(17)：17-18.

[26] 卢彰诚 . 基于移动互联网的浙江零售企业商业模式创新途径研究 [J]. 江苏商论，2014(7)：18-20.

[27] 全国大学生电子商务“创新、创意及创业”挑战赛网站 .